中世の家族と政治・法

菅原正子著

吉川弘文館

目次

第Ⅱ部　家族の所有と婚姻

序章　中世社会の家族と制度

一　本書の問題意識

家族・親族や婚姻の問題は、いつの時代においても身近なことがらであり、女性ぬきでは語ることができない。歴史学においては、家族史は「家」や女性史とともに論じられてきた傾向にあり、政治史のなかにおいては女性を含めた家族・親族が議論の対象とされることは少なかったといえる。また、中世の家族関係の制度・法をめぐっては、史料解釈の問題も含めていくつかの課題が存在する。

これらのことをふまえ、本書では日本中世の家族・親族、婚姻に関わる問題について、以下の三つの観点から、家族・婚姻史にとどまらず政治・法の世界においても考察をする。すなわち、中世における、㈠家族・親族の政治的な役割、㈡財産所有・居住形態や結婚式等にみられる家族のあり方、㈢武家の法にみえる家族と武家文化の三点である。本書では主に中世後期の家族・親族、婚姻等に関係する諸問題を取り上げ、中世における公家と武家の家族・親族とこれらをとりまく社会・文化や政治・法の特質について考察する。

先ずは、日本中世の家族に関するこれまでの研究について、戦後、特に近年の研究を中心にふりかえった後、日本の中世の法と家族関係の法について述べておこう。

二　家族形態と婚姻史

家族の形態・構成については、明石一紀氏が主に、①合同家族・同族家族・複合家族・家族共同体・世帯共同体・拡大家族、②直系家族・直系拡大家族、③夫婦家族・核家族・単一家族・個別家族・基本家族・小家族、④複婚家族(一夫多妻・一妻多夫)の四つに分類している。明石氏は、古代・中世の家族形態に関して、「いわゆる複合家族的意識の存在は認め難い」とし、家父長制との関連においては、前近代の日本では父母双方が権限を有する親権であったとした。(1)

夫婦の視点からは脇田晴子氏が、「家長夫妻という一組の男女(ナンバー1とナンバー2)を頂点として構成される「家」という血縁と非血縁からなる組織」を「家」ととらえている。(2)最近では、西谷正浩氏が中世の農民は核家族であったことを古文書から明らかにしている。(3)これらの見解によれば、中世の主要な家族形態は、明石氏の分類の③夫婦家族・核家族等に該当し、夫妻(子からみれば父母)を基本的な単位とした家族であった。

中世の家族・親族論と「家」の問題については、婚姻形態や女性の権限・地位ともからんで展開し、女性は中世前期には家督や財産の相続権を有していたが、中世後期には嫁入り婚が一般化して妻は夫に養われ地位が低下したとする説が主流を占めていた。これらのもとになったともいえる高群逸枝氏が提唱した婚姻形態論と、その後の家族・親族論と「家」に関わる議論について、順を追ってみていこう。

高群逸枝氏は代用教員・詩人から女性史の研究へと進み、『母系制の研究』(一九三八年)で、原始・古代の母系氏族共同体が父子観念の発生によって次第に変化していったことを系譜から明らかにし、『招婿婚の研究』(一九五三年）では平安〜室町時代の諸家の日記にみえる婚姻形態から母系制を論じた(4)。その後の高群氏の著書によれば、日本の婚姻形態は次の四段階に大きく分けられる。すなわち、①原始〜平安中期の妻問婚（対偶婚）、②平安中期〜南北朝期の婿取婚、③室町〜江戸時代の嫁取婚、④明治以降の寄合婚（相互婚）である。②と③はさらに詳細に分けられ、②は時代順に、ⅰ前婿取婚、ⅱ純婿取婚、ⅲ経営所婿取婚、ⅳ擬制婿取婚に変化していき、③はⅰ密儀嫁取婚、ⅱ新造嫁取婚、ⅲ純嫁取婚へと変わり、時代が下るにつれて、夫婦は夫の親と同居し、妻は夫に扶養されて財産権を失うとした(5)。

高群氏が系譜や日記史料等を読み解いて古代日本の母系制と婿取婚を指摘したことにより、それまでの歴史学の古代から父系の家父長制であったとする学説が覆されたことの功績は大きい。しかし、高群氏の婚姻史に対しては、洞富雄(6)・栗原弘(7)・西村汎子(8)・関口裕子(9)・江守五夫(10)各氏等からの厳しい批判もある。

洞氏は、婿取婚は貴族社会における婚姻で、夫方居住婚は貧しい階層に多いとした。栗原氏は、高群氏が意図的に史料操作をして理想的な女性史を創作したとしている。西村氏は、『今昔物語集』にみえる四七の婚姻例を分析し、妻方提供の新処居住婚が圧倒的に多いとしながらも、複式夫方居住婚や父系制の芽生えもみられるとしている。また関口氏は、家父長制家族は支配者層で十世紀に、一般庶民で十二世紀に成立し、家職・財産の父系相承の父子直系家族が成立したとした。民俗学の江守氏は、妻問婚は一生涯続くのではなく、やがては夫婦が同居したとしている。

栗原氏は高群氏が残した草稿「日本古代婚姻例集」を校訂した『平安室町家族の研究(11)』を出版しており、高群氏が平安〜室町時代の膨大な貴族の日記史料から採集した貴族の婚姻例が載せられている。高群氏の婚姻史への批判はともかく、この書は家族史研究には日記史料を丹念に読みこんで具体的な事例を集めることが大切であることを示しており、中世の家族史研究には欠かせないであろう。

その後、高群批判も含めた中世婚姻史の研究には、田端泰子[12]・高橋秀樹[13]・辻垣晃一[14]各氏等の論考がある。田端・高橋両氏は、『吾妻鏡』等にみえる鎌倉時代の「嫁す」の言葉に着目し、田端氏は、「嫁す」は婚姻時の移動の主体につける用語で男性にも女性にも用い、夫方居住・妻方居住の両方があるとした。一方高橋氏は、鎌倉期には男性が女性の家に迎えに行って自家に連れて帰るか、最初から女性が男性の家に渡る夫方居住であったとした。辻垣氏は、武家の場合は嫁取婚が十二世紀には成立していたとした。「嫁す」については筆者も『鎌倉遺文』所載の古文書から考察し、「嫁す」が男女の交合を意味することを指摘した[15]。

三　家族制度史と女性史

家族制度史の研究は、法制史からは中田薫[16]・瀧川政次郎[17]・石井良助[18]・勝俣鎮夫[19]各氏の相続法・婚姻法等の諸研究があり、福尾猛市郎氏の『日本家族制度史概説』[20]（一九七二年）にはこれらに基づいた当時の大勢的な見解がみえる。この福尾著によれば、中世前期では家長である惣領が一族を統率し、親（父母）の意思が尊重されて女性も財産を分割相続（鎌倉後期頃からは一期相続）し、女性の家督相続もみられた。しかし、中世後期の室町時代には女性はこれらの相続権を失っていき、戦国期には親権（父）・家長権が強大化して庶子・妻・後家らは家長に扶養され、女性の地位は低下した。福尾氏によれば、庶民層の売券・譲状の売人・譲与者の男女比率は、鎌倉時代では男七〇%、女三〇%であったが、女性比は応仁・文明の頃には三%になったという。

一方、宮川満氏[21]は、武士の場合は中世前期に一族・一門を統制した惣領・家督が、中世後期に「家」意識が成立して各家の嫡長に変り、女性の地位は中世後期の戦乱と嫁入婚によって自主性を失い地位が低下したが、庶民の女性の場合は田畑の女性登録人もみられるなど、地位は比較的高かったとした。

これら福尾・宮川両氏の見解に対する共通の問題点として、筆者が指摘したいことが二点ある。第一は、中世後期の家の家長と家族の関係を、家長権の強大化により、あたかも明治民法の「家」制度の戸主と家族のようなイメージでとらえている点であり。第二は、嫁入りして家長（夫）に扶養され財産権を持たない妻を地位が低いとみなしている点である。この中世後期の妻が扶養されて財産権を持たなかったとする説は、実は史料解釈の相違からくる誤りなのであるが、それについては本論の方で明らかにする。

第一点で触れた明治民法の「家」の戸主は、中世後期の家長とは権限の内容と法的根拠の点で大きく異なっている。明治民法では、戸主は家族を扶養する義務があり（第七四七条）、家族の居所・婚姻・養子縁組に関して決定権を持ち（第七四九・七五〇条）、妻の財産は夫が管理する（第八〇一条第一項）など、戸主が家族に対して強い権限を持つ夫婦不平等の法であった[22]。一方中世社会では、この戸主のように家長が家族に対して強い権限を持つ内容の家族関係の法は存在しなかったといえる。中世後期の家長の権限については、史料に基づいて慎重に論じる必要がある。

第二点に関しては、嫁入りして夫の被扶養者になった妻を地位が低いとするならば、現代において、夫の名字を名乗り専業主婦になって夫に扶養されている妻たちも皆地位が低いということになる。家族であることの意味は、婚姻と扶養関係だけではないはずで、もっと大切な役割、すなわち子供を産んで育て、衣・食・住等の日常の生活を成立させることも含めて考えるのが家族に対する総体的な見方ではないだろうか。出産は妻にとっては死ぬ可能性のある命懸けの行為であった。また、衣・食・住のなかでも衣料の生産や家族の衣服を作ることは、近代までは主に女性の仕事で[23]、夫は妻が衣服を作って用意しなければ着るものがなかった。家族関係の問題は、婚姻形態や経済面だけでなく、出産や子供の養育、生きて活動する上で必要不可欠な衣・食・住等の生活における役割も合わせて、多様な視点から考える必要がある。

一九八〇年代には、家族・親族論が「イエ」の議論[24]と関連して活発化し、中世の家族・親族に関しては平山敏治郎[25]・鈴木国弘[26]・峰岸純夫[27]各氏等の論考が展開し、一九九〇年代の坂田聡[28]・高橋秀樹[29]・西谷正浩[30]各氏等がこれに続いた。

平山氏は主に中世の公家の家族を取り上げ、家名・家系等の家族関係と、家礼等の非血縁も含んだ同族的結合について具体的に考察した。

鈴木氏は、在地領主と百姓・名主層の家族・親族について、鎌倉前期では聟を取り込む女系（外戚）原理を媒介とした複数の家父長的家族間の連携であったが、鎌倉後期には女子を嫁として外に出す直系家族の家父長制家族へと変化していったとした。坂田・高橋両氏は鈴木氏と同様に、中世後期に家父長的な嫡子単独相続制に移行して女性の地位が低下したとしており、鈴木・坂田・高橋の三氏は根本的には福尾著の見解と大きな相違はないといえる。

一方、女性研究者による女性史の分野での家族史研究も進み、中世後期の家族史研究では、一九九〇〜二〇〇〇年代の年脇田晴子[31]・田端泰子[32]・西村汎子[33]・西尾和美[34]・久留島典子[35]・後藤みち子[36]各氏等の論考がある。なかでも脇田・田端両氏の功績は大きい。

脇田氏は、女性の地位は階級差・身分差とのからまりのなかで考慮すべきとし、中世の「家」は近現代社会とは異なり生産や政治・芸能などの組織でもあり、嫁取婚は一夫一婦制の確立をもたらし、妻は家政の統括者として強い権限を持っていたと位置付けた。

田端氏は、主に中世の武家社会の女性に関して幅広くさまざまなテーマで考察しており、脇田氏の路線をふまえつつも基本的には家父長制のなかで妻の地位は低下していったとする立場であるが、一方で鎌倉・室町幕府に勤仕した女房や北条政子・日野富子等の「家」の一員として政治に関わった女性たちについても明らかにしている。

以上に挙げた中世家族史の諸研究のなかで、主要な論考については、福田アジオ・塚本学編『日本歴史民俗論集3 家・親族の生活文化』[37]や、『日本家族史論集』[38]全一三巻に再録されている。

また、女性史と家族・婚姻史を絡み合わせて一般人も読者の対象にした通史がいくつか出されており[39]、この通史にも最近では変化がみられる。すなわち、脇田・田端両氏や後藤氏等の成果を取り入れて、中世後期では夫婦を基礎とした家父長制の下、夫は家を代表する立場にある一方で妻は家内の管理を任されていたとするなど[40]、妻の役割を評価する方向に変わってきている。

四　家父長制をめぐって

ところで、「家父長制」という言葉は、筆者が拙著で述べたように[41]、近代にヨーロッパから日本に入ってきた概念であり、日本史では一九四〇年代頃から用いられはじめた。

この家父長制の概念には、ヨーロッパ社会のキリスト教の思想が反映されている。『新約聖書』のパウロ書簡「コリント人への第一の手紙」第一一章では、すべての男の頭《かしら》はキリスト、女の頭は男、キリストの頭は神としており、女は男の下の最下位に置かれている。キリスト教では最上位の神を「父」と呼んでおり、まさに家父長制の世界である。教会の結婚式では近年まで、新婦は夫に従うことを神に誓わなければならなかった。このヨーロッパ由来の「家父長制」の言葉を日本の中世の「家」にあてはめて用いると、日本中世の「家」の実態よりも家父長制の概念の方が一人歩きをし、中世の「家」の家長が、前述した近代の戸主のような強力な権限を持ったイメージでとらえられる危険性がある。

中世末期に来日したキリスト教カトリックのイエズス会士たちからみれば、日本の男性と女性の関係や夫婦のあり方は、ヨーロッパ社会の男性と女性、夫婦とは全く異なるものであった。(42)

イエズス会宣教師として一五六三年（永禄六）に来日したルイス・フロイスの著『日欧文化比較』（一五八五年）には、ヨーロッパの女性たちに比べてはるかに自由に行動していた日本の女性たちのことが書かれている。例えば、同書第二章の35には、「ヨーロッパでは妻は夫の許可が無くては、家から外へ出ない。日本の女性は夫に知らせず、好きな所に行く自由をもっている」とあり、(43) 34には「ヨーロッパでは娘や処女を閉じ込めておくことはきわめて大事なことで、厳格におこなわれる。日本では娘たちは両親にことわりもしないで一日でも幾日でも、ひとりで好きな所へ出かける」とある。(44) また財産所有についても、同章の30には、ヨーロッパの夫婦同財とは異なり、日本では妻が自分の財産を所有していたことがみえる。(45) このことは、イエズス会の巡察師として一五七九〜一六〇三年の間に三回来日したヴァリニャーノの「日本諸事要録」（一五八三年）にもみえ、武士の家中では「妻及び子供の一人一人が家屋と地所を所有し、男も女もみな絹を着用してきわめて美麗な生活をしている」と記している。(46) 日本の戦国期の少なくとも武家社会では夫婦別財であり、住居も夫婦で別々の家屋に住んでいたことになる。

以上のことから推測すると、家長（父・夫）が娘・妻に対して強い権限を持つ家父長制は当時のヨーロッパ社会にはあてはまるが、(47) 日本の中世後期の社会には通用しないと考えられる。「家父長制」の言葉を日本社会に当てはめて用いる際には、西洋の家父長制とは質とレベルが異なることに留意し、家長権の内容を史料に依拠して具体的に示す必要があろう。

中世後期の家族の財産所有については、筆者も十五世紀の公家の山科家の日記と古文書を用いて考察し、山科家の所領等からの収入は家族と使用人の各個人に分配され、山科言国の妻東向には夫言国とは別に銭・米が支給されていたことを明らかにした(48)。山科家と東向の実家高倉家では、家族の間で男女を問わず利子付きで銭の貸し借りさえ行なっていた。中世後期の社会では、男・女の各個人で自己の財産を管理・運用していたといえる。日本の中世後期に女性が財産権を失い扶養されていたとする説は妥当ではないことになる。

五　中世の法と家族

中世の家族関係の法について述べる前に、日本の法の独自性と日本中世の法の特徴について述べておく。法は民族・国家によって異なり、それぞれ独自の特色を持ち、民族・国家の文化の一つでもある(49)。日本の法の特色については、「調停」の制度により和解による紛争の解決が多いことと(50)、問題が起きたときに柔軟に対応できるよう、白黒をはっきりさせない曖昧性(51)が指摘されている。

日本の歴史上の法典・法を概観したときに、大まかに二つの類型に分けることができる。すなわち、(a)外国の法典を継受して体系的に制定された法典、(b)固有の慣習に基づいて慣習法を重視した法である。慣習法とは、成文化されていないが、長い間慣習として行なわれていて成文法と同じ効力を持つ法のことである(52)。(a)には、古代の律令、近代の大日本帝国憲法・明治刑法・明治民法等、(b)には中世の『御成敗式目』や鎌倉・室町幕府の追加法、戦国大名の分国法、村落の法、江戸幕府の法度や触などが該当する。

(b)では、中世社会においては、成文法のほかに不文法の慣習法も広く存在して「大法」などと呼ばれていた(53)。さらに、戦国大名の分国法にしぼってみると、その成立過程は、公家法・武家法・民間の慣習法の三つを統合し、現実の社会生活の変化に応じて取捨選択され、なかでも民間の慣習の法的価値が増大して取捨選択されつつ戦国大名の家法の前提になったとされている。[54] 中世の武家の家法は、①一族子弟に対する家長の法、②従者を対象とする主人の法、③領域内の被支配者を対象とする領主の法に分けられるが、[55] このなかの③が戦国大名の分国法にあてはまるとされている。

この分国法も多種多様で一概にはいえず、分国法の性質・役割については評価が分かれている。分国法の位置付けとしては、河合正治氏は共通利益の保護者、[56] 藤木久志氏は調停権力、[57] 勝俣鎮夫氏は大名権力の強い権力意識[58]などを指摘している。しかし、笠松宏至氏は中世の法の効力は近現代ほど絶対的・継続的ではなかったとしており、[59] 分国法には簡単に大名の支配のための法とはいえない性質がある。前述した日本の法の特徴である和解重視と曖昧性から類推しても、分国法は大名の権力的な支配を強制するような類の法ではなかったと思われる。

家族法は、現代の民法では第四編「親族」と第五編「相続」を合わせて家族法と呼んでいるが、鎌倉・室町幕府の法にはこれらにあてはまるような家族法は非常に少ない。わずかに、鎌倉幕府が貞永元年（一二三二）に制定した『御成敗式目』五一ヵ条に家族法といえる法令が一〇ヵ条（第一八〜二七条）あるが、その大半が所領の相続に関わる法である。[60] この他では刑法のなかに密懐法など家族が関係する法が数ヵ条ある。戦国大名の分国法においても同様で、家族法自体は少なく、あったとしても相続関係がその多くを占めており、現代の民法の第四編「親族」にある婚姻・親子・後見・扶養等に相当するような法は非常に少ない。そもそも日本の中世社会には婚姻届の書類もなく、近世の三行半のような離縁状もあえて作成する必要がなかった。中世社会では、家族、特に婚姻関係では絶対的な成文法はほとんど無きに等しかったといえる。

中世の家族自体を理解・考察するためには、私たちが持っている現代の家族とそれを取り巻く社会等からくる先入観や思い込みを棄てて、中世の社会や風習・文化のなかで考えることが大切である。中世の公家社会の場合は、当時の公家の日記を丹念に読み、日記に具体的に記されている著者やその周辺の家族について解明していくのが有効な方法の一つである。武家や庶民の場合は、なるべく多くの古文書等の史料を集めて分析し、多様な視点から客観的に論じることにより大きな成果が得られよう。また、家族の人間としての心理・心情を理解するためにも、小説等の文学作品も読むことが望ましいと思う。人々の心の動きを考えることも歴史学には必要である。

注

（1）明石一紀「古代・中世の家族と親族」（同『日本古代の親族構造』吉川弘文館、一九九〇年、初出一九八四年）。
（2）脇田晴子「中世における「家」の成立と女性の位置—母性と家政と性愛—」（同『日本中世女性史の研究—性別役割分担と母性・家政・性愛—』東京大学出版会、一九九二年）。
（3）西谷正浩『（歴史文化ライブラリー）中世は核家族だったのか—民衆の暮らしと生き方—』（吉川弘文館、二〇二一年）。
（4）高群逸枝『（大日本女性史）母系制の研究』（厚生閣、一九三八年）、同『招婿婚の研究』（講談社、一九五三年）。
（5）高群逸枝『女性の歴史』上・中・下・続巻（講談社、一九五四～五八年）、同『日本婚姻史（日本歴史新書）』（至文堂、一九六三年）。
（6）洞富雄「奈良時代の夫婦別居制について」（『歴史評論』五六号、一九五四年）、同「奈良時代の夫婦同居制について」（『日本歴史』八六号、一九五五年）、同「招婿婚と聟入式本位婚　高群逸枝と柳田国男の対立」（民俗の思想を考える会編『フオクロア4　女性—その民俗と歴史への視点—』ジャパン・パブリッシャーズ、一九七八年）。
（7）栗原弘「高群逸枝の女性史像」（田端泰子・上野千鶴子・服藤早苗編『ジェンダーと女性（シリーズ比較家族8）』早稲田大学出版部、一九九七年）。
（8）西村汎子「『今昔物語集』における婚姻形態と婚姻関係—高群逸枝説への疑問—」（同『古代・中世の家族と女性』吉川弘文館、二〇〇二年、初出一九七八年）。

(9) 関口裕子『日本古代婚姻史の研究』上・下(塙書房、一九九三年)。
(10) 江守五夫『日本の婚姻—その歴史と民俗—(日本基層文化の民族学的研究Ⅱ)』(弘文堂、一九八六年)。
(11) 高群逸枝(栗原弘校訂)『平安鎌倉室町家族の研究』(国書刊行会、一九八五年)。
(12) 田端泰子『日本中世の女性』(吉川弘文館、一九八七年)六〜九頁。
(13) 高橋秀樹「鎌倉期・在地領主層の婚姻と親族—聟の位置づけをめぐって—」(同『日本中世の家と親族』吉川弘文館、一九九六年)。
(14) 辻垣晃一「嫁取婚の成立時期について—武家の場合—」(『龍谷史壇』一一七号、二〇〇一年)、同「鎌倉時代の婚姻形態」(高橋秀樹編『(生活と文化の歴史学4)婚姻と教育』竹林舎、二〇一四年)。
(15) ことばの中世史研究会編『「鎌倉遺文」にみる中世のことば辞典』(東京堂出版、二〇〇七年)「嫁」の項(筆者執筆)。
(16) 中田薫『法制史論集 第一巻』(岩波書店、一九二六年)。
(17) 瀧川政次郎『日本法制史』(角川書店、一九五九年)。
(18) 石井良助『日本婚姻法史』(創文社、一九七七年)、同『日本相続法史』(創文社、一九八〇年)。
(19) 勝俣鎮夫『戦国法成立史論』(東京大学出版会、一九七九年)。
(20) 福尾猛市郎『日本家族制度史概説』(吉川弘文館、一九七二年)七〇〜一五一頁。
(21) 宮川満「中世家族の特質と動向」(同『家族の歴史的研究』日本図書センター、一九八三年、初出一九七三年)。
(22) 山中永之佑編『(『新・日本近代法論』史料編)日本近代法案内—ようこそ史料の森へ—』(法律文化社、二〇〇三年)二一〇・二一一頁。
(23) 永原慶二『苧麻・絹・木綿の社会史』(吉川弘文館、二〇〇四年)一八頁等には、衣料生産が主に女性の仕事であったことが示されている。また、宝永七年(一七一〇)刊の貝原益軒『和俗童子訓』巻五「教女子法」(石川松太郎編『女大学集(東洋文庫)』平凡社、一九七七年)には、女子は一〇歳から織り・縫い・紡み・績ぐことを習うとしている。
(24) 一九一〇年代以降の「イエ」研究については、飯沼賢司「中世イエ研究の軌跡と課題」(『歴史評論』四二四号、一九八五年)にまとめられている。
(25) 平山敏治郎『日本中世家族の研究』(法政大学出版局、一九八〇年)。

(26) 鈴木国弘「中世の親族と「イエ」―中世女性史研究序説―」(『歴史評論』三七一号、一九八一年)、同「中世前期の家族=親族形態とその意義」(『日本史研究』二四二号、一九八二年)、同「中世前期親族論序説」(『日本史研究』二四七号、一九八三年)、同『日本中世の私戦世界と親族』(吉川弘文館、二〇〇三年)。
(27) 峰岸純夫「中世の家族と共同体」(『歴史評論』四四一号、一九八七年)等。
(28) 坂田聡「中世の家と女性」(『岩波講座　日本通史　第8巻中世2』岩波書店、一九九四年)、同『日本中世の氏・家・村』(校倉書房、一九九七年)、同『(歴史文化ライブラリー) 苗字と名前の歴史』(吉川弘文館、二〇〇六年)。
(29) 高橋秀樹『日本中世の家と親族』(注(13))。最近の「家」の論考には、同「中世の家と女性」(『岩波講座　日本歴史　第7巻中世2』岩波書店、二〇一四年)、同「「家」研究の現在」(同編『(生活と文化の歴史学4) 婚姻と教育』注(14)) がある。
(30) 西谷正浩『日本中世の所有構造』(塙書房、二〇〇六年)、同注(3)著。
(31) 脇田注(2)論文等 (同『日本中世女性史の研究―性別役割分担と母性・家政・性愛―』)。
(32) 田端泰子『日本中世の女性』(注(12))、同『日本中世女性史論』(塙書房、一九九四年)、同『日本中世の社会と女性』(吉川弘文館、一九九八年)、同『幕府を背負った尼御台　北条政子』(人文書院、二〇〇三年)、同『(歴史文化ライブラリー) 乳母の力―歴史を支えた女たち―』(吉川弘文館、二〇〇五年)、同『日本中世の村落・女性・社会』(吉川弘文館、二〇一一年)、同『(ミネルヴァ日本評伝選) 日野富子』(ミネルヴァ書房、二〇二一年) 等。
(33) 西村注(8)著。
(34) 西尾和美『戦国期の権力と婚姻』(清文堂出版、二〇〇五年)。
(35) 久留島典子「婚姻と女性の財産権」(岡野治子編『女と男の時空―日本女性史再考⑤中世(上)』藤原書店、二〇〇〇年)、同「中世後期の結婚と家―武家の家を中心に」(仁平道明編『(アジア遊学157) 東アジアの結婚と女性―文学・歴史・宗教』勉誠出版、二〇一二年)。
(36) 後藤みち子『中世公家の家と女性』(吉川弘文館、二〇〇二年)、同『(歴史文化ライブラリー) 戦国を生きた公家の妻たち』(吉川弘文館、二〇〇九年)、同「室町・戦国時代の婚姻」(高橋秀樹編『(生活と文化の歴史学4) 婚姻と教育』(注(14))。
(37) 福田アジオ・塚本学編『日本歴史民俗論集3　家・親族の生活文化』(吉川弘文館、一九九三年)。
(38) 『日本家族史論集』全一三巻 (吉川弘文館、二〇〇二～二〇〇三年)。

(39) 女性史総合研究会編『日本女性史』全五巻(東京大学出版会、一九八二年)、峰岸純夫編『中世を考える　家族と女性』(吉川弘文館、一九九二年)、脇田晴子・林玲子・永原和子編『日本女性史』(吉川弘文館、一九八七年)、関口裕子・服藤早苗・長島淳子・早川紀代・浅野富美枝『家族と結婚の歴史〔新装版〕』(森話社、二〇〇〇年)、服藤早苗監修/伊集院葉子・栗山圭子・長島淳子・石崎昇子・浅野富美枝『歴史のなかの家族と結婚―ジェンダーの視点から』(森話社、二〇一一年)。

(40) 関口裕子・服藤早苗・長島淳子・早川紀代・浅野富美枝『家族と結婚の歴史〔新装版〕』(注(39))(Ⅱ)「中世」(服藤早苗執筆)等。

(41) 拙著『中世の武家と公家の「家」』(吉川弘文館、二〇〇七年)序章「中世の「家」について」。鎌田浩「家父長制の理論」(永原慶二・住谷一彦・鎌田浩編『家と家父長制(シリーズ比較家族1)』早稲田大学出版部、一九九二年)、瀬地山角『東アジアの家父長制―ジェンダーの比較社会学―』(勁草書房、一九九六年)を参照。

(42) 拙著『日本人の生活文化　くらし・儀式・行事』(吉川弘文館、二〇〇八年)第一部「日本人の生活―西洋と比較して―」で考察した。

(43) ルイス・フロイス(岡田章雄訳注)『ヨーロッパ文化と日本文化』(岩波文庫、岩波書店、一九九一年)五〇頁。

(44) 同右書、同頁。

(45) 同右書、四八頁。

(46) ヴァリニャーノ(松田毅一他訳)『日本巡察記(東洋文庫)』(平凡社、五刷一九七九年)一四四頁。

(47) 実際に、近代以前ヨーロッパのキリスト教社会の女性たちが家父長制の男性優位の社会のなかで、父か夫の保護・管理下に置かれて自由がなかったことは、スーザン・W・ハル(佐藤清隆・滝口晴生・菅原秀二訳)『女は男に従うもの? 近世イギリス女性の日常生活』(刀水書房、二〇〇三年)等にみえる。また、イプセンの戯曲『人形の家』(一八七九年)には、妻は夫の同意がなければ借金ができず、家のポストの鍵は夫が持っていたことがみえる(拙稿「日本文化と西洋文化―妻の自立―」〔『本郷』七五号、二〇〇八年〕)。

(48) 拙稿「山科家の経済と「家」」(拙著『中世の武家と公家の「家」』注(41)、初出二〇〇三年)。

(49) 碧海純一『法と社会』(中公新書、中央公論新社、初版一九六七年、五一版二〇〇四年)。

(50) 川島武宜『日本人の法意識』(岩波新書、岩波書店、一九六七年)一五四~一九五頁。

(51) 村上淳一『新装版〈法〉の歴史(UPコレクション)』(東京大学出版会、二〇一三年)一八四~一八八頁。
(52) 明治三十一年公布・施行の「法例」第二条には、慣習法について「公ノ秩序又ハ善良ノ風俗ニ反セサル慣習ハ法令ノ規定ニ依リテ認メタルモノ及ヒ法令ニ規定ナキ事項ニ関スルモノニ限リ法律ト同一ノ効力ヲ有ス」とある。
(53) 中田薫「大法」(同『法制史論集 第三巻下』岩波書店、一九四三年)、松園潤一朗「室町・戦国時代の法の世界」(日本史史料研究会監修、松園潤一朗編『室町・戦国時代の法の世界』吉川弘文館、二〇二一年)。
(54) 勝俣鎮夫「武家家法」(『中世政治社会思想 上(日本思想大系)』岩波書店、一九七二年)、新田一郎「中世後期の社会と法」(水林彪・大津透・新田一郎・大藤修編『(新体系日本史2) 法社会史』山川出版社、二〇〇一年)。
(55) 佐藤進一・池内義資・百瀬今朝雄編『中世法制史料集 第三巻武家家法Ⅰ』(岩波書店、一九六五年)「解題」。
(56) 河合正治「戦国武士の教養と宗教」(同『中世武家社会の研究』吉川弘文館、一九七三年)。
(57) 藤木久志「戦国法の形成過程」(同『戦国社会史論―日本中世国家の解体―』東京大学出版会、一九七四年)。
(58) 勝俣鎮夫「戦国法」(注(19)著)。
(59) 笠松宏至「中世法の特質」(同『日本中世法史論』東京大学出版会、一九七九年)。
(60) 拙稿「家族と法―相続と婚姻を中心に―」(日本史史料研究会監修、松園潤一朗編『室町・戦国時代の法の世界』注(53))、神野潔「悔返と未処分」(日本史史料研究会監修、神野潔・佐藤雄基編『御成敗式目ハンドブック』吉川弘文館、二〇二四年)。

第Ⅰ部　家族・親族と政治

第一章　将軍足利義満と公家衆

はじめに

中世後期における朝廷と幕府の関係について、佐藤進一氏は室町幕府が朝廷権力を吸収して国家を統一したとした(1)。その後、公家・武家の関係については伝奏論を中心に展開し、富田正弘氏は将軍足利氏「室町殿」が公家の伝奏を通して院政的な支配を行なったとしたが(2)、伊藤喜良氏は嘉吉の乱後の変化を重視し(3)、小川信氏は伝奏の奉仕は公家衆・寺社関係に限られたとした(4)。近年では家永遵嗣氏の「室町殿」家礼論が公武関係論に大きな影響を与えた。家永氏は、足利義満が多くの公家衆と家礼関係を結んで彼らを家司・家礼にしたとし(5)、さらに桃崎有一郎氏は、義満の任内大臣において、義満が多くの公家を家礼化していたことにより朝廷支配の実質的達成が示されたとした(6)。室町期の公武関係論研究史については松永和浩氏(7)・桃崎氏(8)が整理しており、「室町殿」の権力に対する関心は高い(9)。

しかし、これらの公武関係論では、将軍の親族・姻族も含めて政治権力を考察する方法が捨象されてきたといえる。ヨーロッパのドイツ諸邦の場合、十七世紀頃から絶対君主が現れ、その国政運営はすなわち君主の家の家政運営であった。そして十七世紀中頃にドイツで発生した行政学は、家政に関する官房学であった(10)。この君主の家の家政運営が国政運営であったという実態は、日本の中世後期の政治機関に応用して考えることができよう。中世では、将軍家の家政機関である政所・侍所等が幕府の政治機関になっていた。また、朝廷は規模が縮小化していった。

黒田俊雄氏は、中世の天皇家・公家・大寺社・武家などを「権門」とし、複数の権門勢力による権門体制論を提唱した(11)。この「権門」を「家」に置き換えて考えることも可能ではないだろうか。脇田晴子氏は、前近代社会では「家」が政治組織であったことを指摘している(12)。中世の「家」は、家産や家職が親から子に継承される継続的なものである。中世後期においては、天皇家も将軍家も天皇位や将軍職が父から子に継承される「家」であり(13)、天皇家・将軍家の「家」の家政運営と国政運営は未分化の状態にあったと考えられる。室町幕府では、将軍足利義尚が年少のときに母日野富子が政務を行なっていた時期があったが(14)、これは家政が国政を担っていたため可能であった。天皇・将軍の親族は、家政だけでなく国政にも関係してくる(15)。

公武関係論に関して具体的に問題点を挙げれば、将軍足利氏の正室が日野家から多く出ていることは、拙稿も含めてこれまでの研究で明らかにされているが(16)、将軍足利氏の近臣公家衆に日野家とその一流が多い(17)にもかかわらず、従来の公武関係論では将軍正室と将軍近臣公家衆との関係を主要な議論の対象としてこなかった。また、これまでの公武関係論研究では朝廷儀礼・制度の基礎的研究・理解が不足していることが指摘されている(18)。将軍家権力が公家社会に関わる部分については、公家社会の制度・慣習や、公家の家格・官位・官職等の身分秩序をふまえて実証・分析する必要がある。従来の公武関係論や家礼論では、これら公家社会の制度・慣習・身分秩序を充分考察に取り入れていない面があったといえる。

室町幕府第三代将軍足利義満は、公武において絶大な権力を築いた(19)。義満が公家を支配下においたのかどうかを検証するため、本章では足利義満の家司・家礼と公家申次について、公家社会の制度・慣習・身分秩序等をふまえながら再検討をする。そして、姻族日野家を含めた視点から義満の近臣公家の特徴について明らかにし、さらに日野家独自の立場についても考察する。これらの考察により義満の公家社会における政治権力について再考する。

一　足利義満の家司・家礼

1　家司の設置

足利義満は、父義詮が没した翌年の応安元年（一三六八）十二月に一一歳で征夷大将軍になった。義満の公卿としての官位・官職は、『足利家官位記』[20]等によれば、応安六年に一六歳で参議・左中将・従四位下、永和元年（一三七五）に従三位、同四年三月に権大納言、八月に右近衛大将、十二月に従二位になり、同年三月には花亭に移っている。康暦二年（一三八〇）に従一位、翌永徳元年（一三八一）七月には二四歳で内大臣、同二年に左大臣、同三年に源氏長者、奨学院・淳和院等別当、准三后になり、嘉慶二年（一三八八）に左大臣を辞したが明徳三年（一三九二）に還任、応永元年（一三九四）十二月に征夷大将軍を息子義持に譲ってまもなく太政大臣になり、翌年三八歳で落飾した。義満の昇進は父義詮よりも早く、また、義詮が正二位・権大納言で没して死後に従一位・左大臣を贈られたのに比べると、義満は生前に准三后・太政大臣に至り高官を極めた。

この義満の公卿としての経歴のなかで一つの転機とされているのが、永徳元年（一三八一）の家司設置と任大臣である。『足利家官位記』によれば、義満は同年四月二十九日に家司を補任し、七月二十三日に内大臣に任じられている。この家司設置をめぐって、伊藤旭彦氏は三位以上の貴族の家政機関に置くことのできる家司が永和元年（一三七五）ではなく永徳元年に置かれたことに義満公家化の意義を認め[21]、さらに家永遵嗣氏は、「室町殿家司」が義満の主体的な選択の結果として新たに出現した制度であるとみなした。[22]桃崎有一郎氏も義満の意思・選択の結果として任大臣のタイミングで家司設置がなされたとしている。[23]

しかし、この家司設置は義満の自発的な活動の結果に依るものではなく、公家社会のルールに従って行なわれたことが指摘できる。すなわち、洞院公賢撰の故実書『拾芥抄[24]』中第八「院司部」の項に「在摂関ノ家司」として次のようにある。

関白家大臣家大略同摂関、但弁別当・文殿・蔵人所等無之、近衛大将同之、

執事　年預　弁別当　文殿別当　開闔家　蔵人所　侍所別当職事

御厩《ミマヤ》別当舎人　預居飼　案主　御随身所別当番長　内舎人近衛　府生左右　家司・下家司・政所別当下家司　家司

御服所　進物所　膳部

これら摂関家の家司は、注記の記述によれば、大臣家も大体同じように設置でき（ただし弁別当・文殿・蔵人所等はない）、近衛大将も大臣家と同じく設置できるとしている。つまり公家社会のルールでは、家司を設置できるのは摂関家と大臣家・近衛大将であった。義満の家司設置の資格は、永和元年の従三位に叙されたときではなく、同四年（一三七八）の右大将すなわち右近衛大将に任じられたときに得られたのである。

それでは義満は、任右大将のときに家司を設置したのであろうか。『花営三代記[25]』康暦二年（一三八〇）十二月二十五日条にみえる「右大将家御拝賀散状幷路次儀康暦元・七・廿五御出申二点」には、「家司惣奉行」として摂津掃部頭能直の名がある。つまり義満は、任右大将のときに設置した家司には幕府評定衆の摂津能直を任じたのである。

永徳元年の任内大臣のときに義満の家司になった人物は、公家の九条氏房（甘露寺家庶流）と万里小路頼房（嗣房の弟）である。義満が家司を補任したのは四月二十九日で、その少し前の二十二日に任大臣が決定し、二十五日に義

満の要望により、二十七日に予定されていた召仰が六月に延期された[26]。つまり、義満は内大臣に相応しい体制を整えるために急きょ公家の家司を置いたと考えられる。『足利家官位記』にみえる永徳元年の義満の家司設置は、公家の家司を意味していると思われる。義満は、自分の意思で新たな制度を作り出したのではなく、公家社会の規則に従って家司を設置していたといえる。

2　家　礼

足利義満の公家衆支配を示す現象として、公家衆が義満の家礼になったことが指摘されている。家礼は、「家来」とも書いて主家に仕える従者を意味するが、公家社会の場合は、公家衆の子弟が摂関家または大臣家の家礼となって奉仕参勤し、その代わりに官位昇進や知行恩給などの便宜を得た[27]。百瀬今朝雄氏は、多くの公家たちが義満の家礼となって私的関係を結んだとし[28]、さらに家永遵嗣氏は永和四年（一三七八）の右大将拝賀後に「武家家礼」の拡大・再編が進み、子弟を家司として差出して家礼となるイエが多数形成されたとした[29]。また桃崎有一郎氏は、永徳元年（一三八一）七月二十三日の義満任内大臣大饗で、公卿・殿上人の義満への家礼化が広範囲で達成されたとしている[30]。

しかし、「家礼」という語は義満の時代の史料ではそれほど多くは使われておらず、家永氏が義満と家礼関係にあったとする個々の公家についてはその大部分が推論に依っている[31]。

ここで、近衛道嗣の日記『後深心院関白記』[32]（『愚管記』）と三条公忠の日記『後愚昧記』[33]などに見える「家礼」の語を抽出し、義満の家礼になった人間の身分階級について考察してみる。

まず、百瀬・家永両氏が多くの公家が義満の家礼になったとする根拠の一つである『後愚昧記』応安六年（一三七三）十二月一日条の法華八講出席者に関する記事であるが、日記の原本には「武家々礼殿上人著座」とある[34]。つまり

「家礼」の語は「殿上人」に付けられており、「公卿」はその横に書かれていて「家礼」に付していない。殿上人とは、四位・五位で清涼殿への昇殿を許された人々のことで、三位以上または参議以上の公卿よりも下の階級である。また、この応安六年十二月一日の時点では、義満は一六歳の従四位下・参議で、しかも十一月二十五日に参議に任じられたばかりで公卿中最下位である（『公卿補任』[35]）。最下位の公卿である義満に対し他の公卿が家礼になることはありえないと思われる。この法華八講に出席した義満の家礼は殿上人を指していることになる。

また義満は、永和四年に右大将に任じられて十一月二十八日に朝廷に参内する際に、近衛家から随身の番頭を借りたが、それについて『後深心院関白記』同年十一月三日条には「御家門器用番頭多候之由承之、四人可被聴家礼候者、不能是非」とある。義満は、近衛家には能力ある番頭が多いと聞いたので四人を家礼とすることを許可してほしいというのである。ここでは随身の番頭に対し「家礼」という語を使っている。随身は殿上人よりもさらに身分が低い。このとき随身の番長として近衛家から義満に貸出された調子（下毛野）武音については、『地下家伝』[36]によればのちに左近将監に転じており、『職原抄』[37]下には番長に相当する官位は記されていないが、将監には六位の諸大夫が任じられるとしている[38]。諸大夫は四〜六位で、清涼殿への昇殿を許されない地下身分である。この場合の「家礼」は、公家ではなく、諸大夫クラスの人間に対して用いている。なおこのとき、義満は結局番頭八人全員を近衛家から借り、その分の費用八〇〇〇疋（八〇貫文）を近衛家に支払った[39]。

康暦元年（一三七九）四月二十八日に義満が参内したとき、『後愚昧記』同日条の記事には「抑大樹参入之時、嗣房卿以下殿上人、皆悉不謂家礼有無、皆出向四足外云々」とある。つまり、義満が四足門を入るときに、万里小路嗣房以下殿上人が家礼関係の有無とは関係なしに皆門の外に出迎えに行ったという。この記事には「嗣房卿以下殿上人」とある。殿上人を除く「嗣房卿以下」については、同日条の記事によると、このとき嗣房（権中納言）よりも下位でこの場にいた公卿には裏松（日野）資康・広橋仲光・日野資教がいる。資康と資教は義満の正室業子の兄弟で、仲光は日野家の支流広橋家であり、義満に近侍したことが子兼宣の『兼宣公記』(40)にみえる。日野一族と万里小路家は『後愚昧記』永徳三年七月二十九日条で「武家近習」と呼ばれており、この三人は当然のこととして嗣房とともに義満を出迎えに行ったと考えられる。するとここでの「不謂家礼有無」は殿上人に対して言っていることになる。

また、康応元年（一三八九）二月九日に義満が参内したときに、広橋兼宣は「退入之時蹲居如例、依家礼也」、つまり、家礼であるため蹲居（両膝を折りうずくまって頭を垂れる礼）をしている（『兼宣公記』）。このとき兼宣は正五位上左少弁で、殿上人のクラスである。

さらに、三条実冬の日記『実冬公記』(41)応永二年（一三九五）四月八日条には、「但前駆伝殿上人事、丞相家如当家、家礼殿上人、大略猶子幷一門也」とある。つまり、三条家のような大臣家の場合は、家礼の殿上人は大部分が猶子か一門であるとしている。ここでは殿上人クラスが家礼であることを示唆している。また、家礼には猶子か一門など三条家と結びつきが強い者がなることも示しており、家礼関係は権威の力で容易に結ぶ性質のものではなかった。

なお、桃崎氏は、義満の任内大臣大饗のときに、『荒暦』永徳元年七月二十三日条の記事「此間家礼人々悉起座畢、残座人纔五人也、（中略）廿余人公卿悉退座」により、多くの公卿・殿上人が義満の家礼化していたとした(42)。しかし、大臣大饗のときの「家礼」は別の意味で使われている。すなわち、平安後期の故実書『江家次第』(43)巻二十の「新任大臣大饗」には、「尊者着横座、致家礼人着南面座主人着親王座」とあり、尊者は横座に着するが、尊者が主人に「家礼を致す人」である場合には南面座に着すとしている(44)。尊者とは主人（新任の大臣）が大饗に招いた客人のことである。義満の場合、任内大臣大饗に招いた尊者は右大臣近衛兼嗣であった。そして「家礼」には、「親や家の長上、主人などを敬い礼をつくすこと。転じて、他人に礼を表すること」（『日本国語大辞典』）という意味があり(45)、この『江家次第』の新任大臣大饗の「家礼」は、客人が主人を敬い礼を尽くすという意味で用いられている。義満任内大臣大饗のときの「家礼」は、大饗のときに限り「主人」義満に対して「家礼」をする、つまり尊敬の礼を表すことと解釈するのが妥当であろう。従って、義満任内大臣のときに公家衆の多くが義満の家礼化していたとする桃崎氏の解釈は誤りといえる。

以上のように、義満の家礼について史料から具体的に検証してみると、義満は多くの公家たちを家礼にして支配したのではなく、義満が家礼としたのは公卿より下のランクの殿上人・諸大夫であった。また、「家礼」には、尊敬の礼を表すという意味があり、摂関家・大臣家に奉仕参勤する家礼と混同しないように注意する必要がある。

二　足利義満の申次

1　公家の申次

足利義満は永徳元年（一三八一）の任内大臣以後、公家の申次を置いた。『後愚昧記』同年八月五日条に「丞相以後教冬朝臣・教遠朝臣等結番申次之云々、日来近習者武家人申次之也」とあり、それまでは武家の近習が申次を務めていたが、丞相（大臣）になってからは山科教冬・教遠等の公家に当番制で申次を務めさせている。

この義満の公家申次について、家永遵嗣氏は「室町殿家司」が申次を務めたとし、申次を将軍親裁を求める「特別訴訟手続き」の窓口として位置付けている(46)。しかし、申次の役割について諸史料からみていくと、参賀や挨拶・御礼などで来訪した人を取次ぐ場合が多く、訴訟の取次ぎはむしろ少なかったと思われる。

将軍足利家の申次の役職について詳細に記した故実書に『長禄二年以来申次記』(47)がある。これは足利義政の頃の申次に関するものであるが、ここから公家申次が必要とされた理由について読み取ることができる。

同記には、正月八日に護持僧が武家を参賀したとき、「護持僧達、是は殿上人被申次之」とある。そして、この護持僧として聖護院殿・実相院殿・大覚寺殿・円満院殿・三宝院殿・住心院・若王子、つまり門跡（親王等）などを挙げている。また、門跡の仁和寺御室・梶井殿（三千院）・青蓮院殿・聖護院殿・三宝院殿・実相院殿・妙法院殿・竹内殿（曼殊院）が来訪した場合は、将軍が必ずお送りするとしている。さらに、正月十日に摂関家が武家を参賀したときにも「摂家、是は殿上人被申次之也」とある。つまり、門跡・摂関家が武家を参賀したときには殿上人が申次を務めていた。これは、門跡（親王等）・摂関家は身分が非常に高いため、取次ぎをする申次も相応に身分を高くする必要があり、そのため武士ではなく殿上人が申次を務めたと考えられる。

また、伊勢貞頼著『宗五大草紙』（大永八年・一五二八）の「奏者の事」(48)にもこれと同様のことが書かれ、「公方にてハ申次と申、私にてハ奏者と申候、殿中にてハ摂家・門跡をば殿上人申御次候」とあり、摂関家・門跡は殿上人が申次をするとしている。

将軍家の公家の申次は、将軍足利氏が大臣に任じられ、門跡・摂関家など親王や高位・高官の人々が来訪するようになったため、それに対応する必要が生じて設置された役職であった。義満が任大臣以後に公家の申次を置いたのは、そうした理由からと考えられる。

2　山科教冬・教興の役割

足利義満の申次を務めた公家の山科教冬・教興の活動と役割については、これまで詳しく考察されていないので、彼らの父山科教言の日記『教言卿記』を用いて明らかにする。

山科教冬は教言の次男、教興は三男である。(49) 教言の長男教藤は義満に仕えていない。このほかに、教言の弟故教繁の子教遠が義満に仕えた。教冬・教興・教遠が義満に近侍するようになった理由については、家永氏が指摘している、教言の妻の父橘知任が「武家家礼」、すなわち将軍足利義詮の家礼であった事実(50)は、大きく関係していたと考えられる。

教冬・教遠は、永徳元年（一三八一）八月の義満の任大臣以後当番制で申次を務めたが、彼らはそれ以前から義満に近臣として仕えていた。同年三月十六日に義満の家族・近臣等（実母・継母・室、日野一族など）が義満の家賞として叙位されたときは、教冬・教遠も正四位下に叙されている。(51)

教興は教冬・教遠よりもかなり遅れて義満に奉公した。教興が義満の申次としてみえる早い例は応永九年（一四〇二）正月七日で、このとき将軍足利義持が正二位に叙したことへの拝賀が幕府で行なわれ、義満方の申次を教興が、義持方の申次を広橋定光が務めている。(52)

なお教冬は、応永十二年には義持の申次に転じており、その後教冬は義持に奉公している。(53) 教冬は同十一年正月六日に従三位に叙して公卿の仲間入りをしているので（『公卿補任』）、義満の時代の公家申次は殿上人に限らず公卿クラスも務めていたことになる。公卿の申次としては、家永氏が至徳二年（一三八五）に権中納言の中山親雅が義満の申次であったことを明らかにしている。(54) また、応永九年に権中納言の広橋兼宣が妙法院宮堯仁法親王が義満を参賀したときに申次をしており、(55) 特に親王に対しては公卿が申次を務める傾向があったと考えられる。

教興の義満に対する奉公について、『教言卿記』等から抽出してみると、申次だけではない。『教言卿記』『兼宣公記』にみえる教興の義満に対する奉公の内容は、主に次の四つに分類できる。

①毎月一日に新調の直垂を着て義満に参賀する。
②義満の申次を務める。
③義満主催の法会で脂燭・引御馬・御布施取のいずれかを務める。
④義満が朝廷に参内するときに御供をして陪膳などを務める。

①では、武家装束の正装である直垂を着て参賀しているので、教興は武家としての立場にある。(56)
②の申次は、朝廷の公的役職にはなかった武家の役職であるので、やはり武家としての立場にある。武家の制度である申次は、公家制度の家司とは直接関係しないと考えられる。(57)
③では、教興は常に公家装束の束帯を着して勤仕しているので、(58)公家としての立場にある。御修法などの法会に参仕する役人には、脂燭の殿上人、御布施取の公卿または殿上人、御布施の馬を引く殿上人がいた。(59)
④教興は、応永十三年十一月一日に義満に参賀したときに、義満が朝廷に参内するときには必ず参会するようにと定められ、その後教興は義満の参内には御供をして陪膳（食膳に侍して給仕）を務めている。(60)
なお教興は、朝廷の廷臣としても後小松天皇の禁裏小番を勤めるなどの活動をしており、(61)教興の活動範囲は公家・武家の両方に及んでいた。

以上によれば、山科教興の義満に対する奉公は、申次の役だけではなく、法会や朝廷参内などの義満の諸活動を支えるものであった。義満は公卿としても高位・高官につき、天皇家・公卿等の公家社会の人々と多く接して公家社会の諸活動に関わり、その身をなかば公家社会に置いた。義満が任大臣の永徳元年頃から、武家様花押のほかに公家様花押も使用するようになったのも、(62)その表れである。これら公卿としての義満の諸活動を現場で実際に支えたのは、山科教冬・教興等の中下級公家たちである。その職務内容は武士身分の家臣では務められないもので、法会の役人や参内時の陪膳など殿上人や公卿という公家身分が必要な職務であった。教冬・教興は、大臣級公卿義満の公家社会での実行動を支える役割を果たしていたといえる。

三　近臣公家衆の形成

1　将軍足利家の近臣公家

将軍足利家の近臣公家衆については、高田星司氏が、義満〜義政期の家司・院司、近習（家礼・非家礼）、公武伝奏を表にして示している[63]。また瀧澤逸也氏は、室町・戦国期の武家近臣公家衆を家司・家礼が譜代化した集団として捉えている[64]。しかし、第一節で明らかにしたように、義満の家礼は殿上人・諸大夫クラスに該当しており、義満の家司・家礼がすなわち近臣公家衆ではない。また、これまでの将軍近臣公家衆に関する議論では、将軍の正室の一族・親類という観点が脱落していた。以下、将軍足利家に近侍した公家衆について検証する。

将軍足利家に近侍した公家衆については、足利義政の頃の状況として『長禄二年以来申次記』の正月朔日に次のようにある。

（前略）公家衆一人宛被参て御礼被申也、此公家之方々は別而細々伺公之人候なり、仮令日野殿・三条殿（正親町三条）・烏丸殿・飛鳥井殿・広橋殿・中山殿・藤中納言殿（高倉）・伯殿（白川）など也、又時にあたりての伝奏被参也、（後略）

ここでは、将軍家に特に頻繁に伺候している日野・正親町三条・烏丸・飛鳥井・広橋・中山・高倉（藤中納言）・白川（伯）家とそのときの伝奏を、正月一日に武家に参賀する公家として挙げている。

このうち最初の日野・正親町三条・烏丸の三家は、将軍家の正室の家である[65]。足利義満は日野業子を正室にし、業子没後は業子の兄資康の娘康子を側室から正室にした。その次の将軍義持は康子の妹栄子を正室として義量が生まれている。還俗将軍義教は資康の子裏松重光の娘宗子を正室にした。なお、重光の弟豊光は烏丸家を興こしている。義教はその後、正親町三条公雅の娘尹子を正室とした。この尹子との間に男子はなく、側室の重子（宗子の妹）との間に義勝・義政が生まれた。義政の正室は重光の曾孫日野富子である。また、義政の弟義視の正室は富子の妹で、義材（義尹・義稙）を生んだ。義政・富子の子義尚の正室は、富子の兄勝光の娘である。明応二年（一四九三）の政変で将軍になった義高（義澄。政知の子）の正室は富子の兄弟広福院永俊の娘阿子であるが、永正二年（一五〇五）に離婚している[66]。その後、将軍義晴・義輝の正室は近衛家から出ている。

このように日野家は、室町幕府第三代将軍義満から第一一代将軍義高（義澄）までの正室を出している（巻末付図1）。将軍家に近侍する近臣公家衆では、将軍家の姻族である日野・烏丸・正親町三条家が重要な部分を占めていた。『長禄二年以来申次記』にはこのほかに、将軍家に近侍した公家として飛鳥井・広橋・中山・高倉・白川が挙げられている。飛鳥井家は和歌・蹴鞠の師匠として武家と交流が多かった公家である[67]。中山家は儀式典礼に詳しく、それは中山定親の日記『薩戒記』[68]の詳細な記述に示されている。なお中山家の近臣化については別の原因も考えられるが、それについては後述する。高倉家は鎌倉時代から衣紋道・装束を家職とし、室町時代以降は将軍家に装束を調進している[69]。白川家は代々神祇伯を務め神祇を家職とした。白川資益の日記『資益王記』[70]（文明六～十六年・一四七四～一四八四）には資益が摂関家の二条家に頻繁に伺候していることがみえるので、二条家と家礼関係にあったと考えられる。これら飛鳥井・中山・高倉・白川家は、それぞれの特徴ある家職をもって将軍家に仕えていたと考えられる。

なお広橋家は、日野家の一族である。鎌倉時代に日野兼光の子頼資を祖として分かれて勘解油小路と号していたが、仲光の頃から広橋を称しており[71]、室町期に公武の連絡役である武家伝奏を多く務めている[72]。

2　足利義満の近臣公家

足利義満に近侍した公家について、具体的にそのメンバーを明らかにして検証してみよう。義満の時代の諸日記をみると、義満が行事のために外出したとき、同じような顔ぶれの公家たちが扈従していることに気がつく。具体的に挙げれば、義満が朝廷に参内するときに扈従した公家は近臣公家と考えられる。義満が参内する行事には、直衣の着用を勅許される直衣始や任大臣のときがある。また、応永十五年（一四〇八）五月に義満が没したとき、等持寺で行なわれた荼毘に参列した公家は近臣とみてよい。これらの行事に参加した公卿・殿上人を、表1にまとめて示した。なお、永徳元年（一三八一）三月十六日に義満の室町邸で後円融天皇を招いて蹴鞠を催したとき、家賞として義満と親しい女性・近臣公家が叙されており、このとき叙された公家も表1に加えた。

この表1の二ヵ所以上に名がある近臣として、前半期（①〜③）では、洞院公定・万里小路嗣房・裏松資康・広橋仲光・日野資教・中山親雅・勧修寺経重・正親町公仲・山科教冬がいる。後半期（④⑤）の応永年間では、前半に名がある人の子が多く、広橋仲光の子兼宣、裏松資康の子重光、中山親雅の子満親、勧修寺経重の子経豊、万里小路嗣房の養子重房、正親町公仲の子実秀が父と同じく義満に近侍している。また、④の町資藤は①の柳原資衡の弟、⑤の武者小路隆光は柳原資衡の父忠光の兄武者小路教光の孫、④の山科教興は教冬の弟、⑤の烏丸豊光は裏松重光の弟である。

これらのなかで、裏松資康・日野資教、万里小路嗣房・重房と、洞院公定・御子左為遠の六人は、実は、義満の正室日野業子の一族とその姻族、その姻族の親類である。

表1　足利義満の近臣公家衆

	年月日	行事	公卿	殿上人	出典
①	康暦二年正月十九日（一三八〇）	直衣始	洞院公定・御子左為遠・万里小路嗣房・裏松資康・広橋仲光・日野資教	中山親雅・勧修寺経重・正親町公仲・洞院実信・顕国・冷泉為尹・柳原資衡	『後深心院関白記』
②	永徳元年三月十六日（一三八一）	家賞叙位	裏松資康・広橋仲光・日野資教・中山親雅	山科教冬・山科教遠	『後深心院関白記』
③	永徳元年六月二十六日	任大臣参内	洞院公定・三条西公時・万里小路嗣房・裏松資康・日野資教・中山親雅	勧修寺経重・正親町公仲・山科教冬	『後深心院関白記』
④	応永二年三月六日（一三九五）	太政大臣直衣始	万里小路嗣房・広橋仲光・中山親雅・坊城俊任・裏松重光・町資藤・西園寺実永	広橋兼宣・高倉永行・中御門宗量・中山満親・山科教興・勧修寺経豊・万里小路重房・白川資高	『実冬公記』
⑤	応永十五年五月十日（一四〇八）	等持寺荼毘	裏松重光・広橋兼宣・北畠俊泰・勧修寺経豊・山科教冬・中山満親	烏丸豊光・山科教興・菅原長方・正親町実秀・武者小路隆光・高倉永藤・飛鳥井雅清	『教言卿記』

『尊卑分脈』によれば、裏松資康は業子の兄、日野資教は業子の弟であり、洞院公定は業子の妹の夫、万里小路嗣房は業子の妹の夫甘露寺兼長の姉妹の夫である。万里小路重房は、実はその兼長と業子妹の子であり、嗣房の養子になった。また、御子左為遠は洞院公定の父実夏の猶子である。このように、義満の近臣公家は正室業子の兄弟と業子の二人の妹の姻族を中心にした親類で多くが占められていたのである（「図1　日野一族関係系図」）。特に前半期（表1の①〜③）ではその傾向が強い。

また、広橋仲光の広橋家は、前述したように日野家の一流である。西園寺実永は日野名子（業子のおば）と夫西園寺公宗の子実俊の孫である。

図1　日野一族関係系図

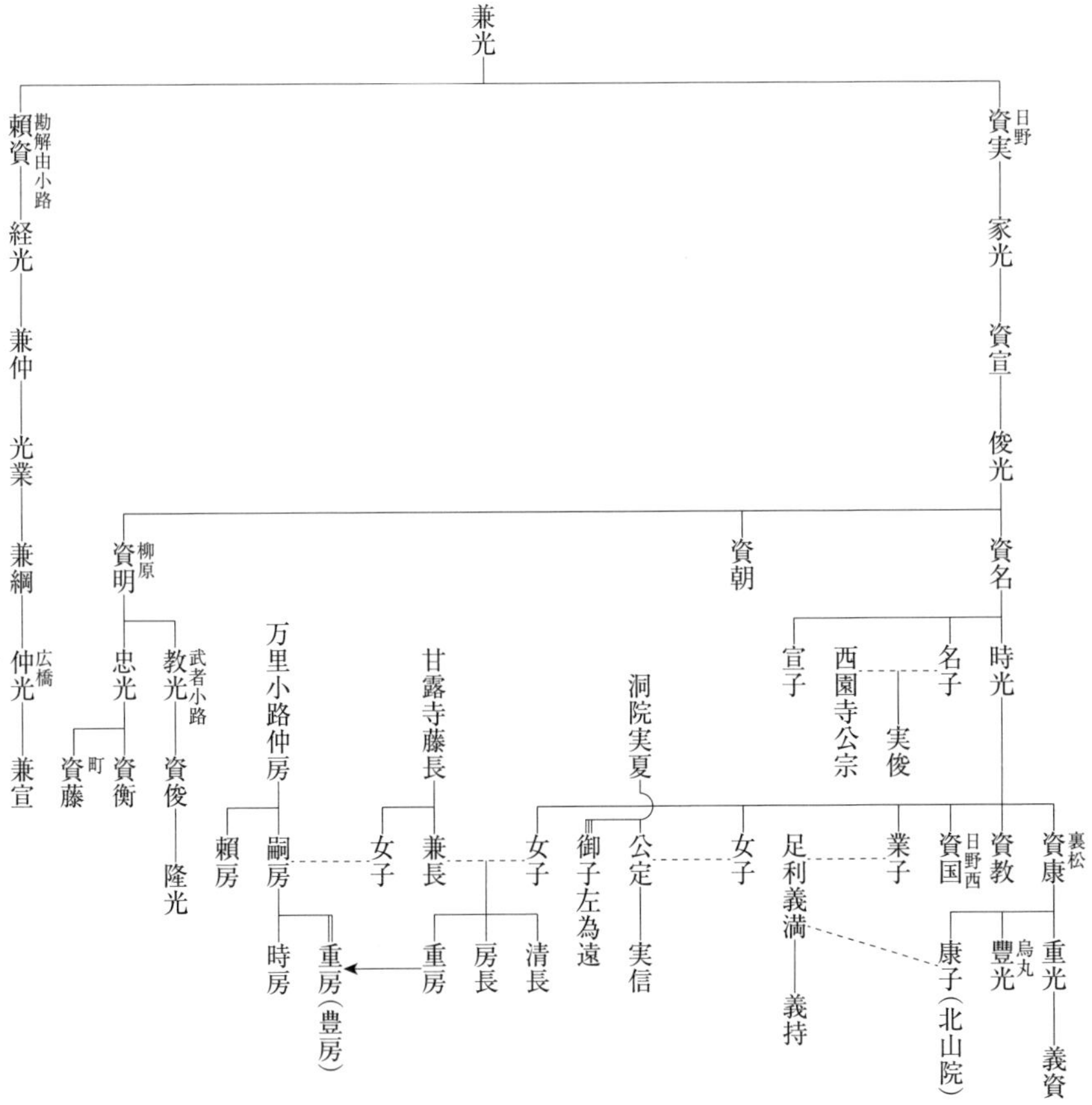

注　┈┈は婚姻　‖は養子　⦀は猶子

これらと武家伝奏との関係をみると、義満のときに武家伝奏を務めたのは万里小路嗣房、広橋仲光・兼宣、日野資教、裏松重光である[73]。武家伝奏も、業子の日野一族とその姻族、姻族の姻族が務めていたのであった。

日野一族（日野・裏松・烏丸・柳原・武者小路・町・広橋）と万里小路家は、三条公忠が日記『後愚昧記』永徳三年七月二十九日条に「武家近習日野一家・万里小路辺」と記したように、当時義満の近臣として認識されていた。特に、業子の兄資康、弟資教は義満の威力を背景に権勢を誇っていた。例えば、康暦元年（一三七九）正月二日に院庁の安倍資為の被官人と、資康・資教の大工である一条高倉の番匠が喧嘩をしたとき、結局安倍資為が資教邸に赴いて謝罪しており、公忠は日記に「資康卿・資教等依武家権威、如此及傍若無人之下知歟、已謂末代、希代之事也」と記している（『後愚昧記』同日条）。

表1にみえるこのほかの公家については、正親町家は洞院家の庶流であり、正親町公仲は洞院公定との関係で近臣に加わった可能性がある。勧修寺家は万里小路家と同族で、坊城家から分かれた家である。日野一族と同様に弁官・蔵人を経て納言に至る名家である。

中山家については、第1項で儀式典礼に詳しいことを述べたが、そのほかに近臣化した原因のある可能性がある。中山親雅の妻は、箏の演奏でたびたび義満邸に出向しているうちに義満と密通して妊娠し、義満に引き取られて永徳元年正月に男子を生んでいる[74]。義満は、親雅から妻を奪い取った代償に親雅を近臣化して引き立てたことも可能性として考えられる。

山科教冬・教遠・教興については、第二節で述べたように、家永氏が指摘した教冬・教興の母（教言の妻）の父橋知任が足利義詮の家礼であったことが関係していると思われる。

表1の後半期（④⑤）に初めて名がみえる公家は、坊城・高倉・白川・北畠・飛鳥井などである。高倉家は将軍家

に装束を調進し、飛鳥井家は和歌・蹴鞠の家であることは第1項で述べた。飛鳥井雅清は、義満と親交があり「鹿苑院殿をいためる辞」を書いた飛鳥井雅縁（宋雅）[75]の子である。北畠（木造）俊泰は伊勢国司で、『神皇正統記』『職原抄』等の著者北畠親房の曾孫である。菅原長方は、祖父長嗣が後円融天皇・後小松天皇の侍読を務めた学者の家出身である。高倉・飛鳥井・菅原などの公家は家職が関係していると推測される。なお、白川家は神祇伯の家であるが、白川資高は、洞院公定の母の妹の夫が白川資英でその孫にあたり[76]、この関係に依る可能性も考えられる。

義満の近臣公家は、正室日野業子の兄弟と業子の二人の妹の姻族が多くを占め、日野家の同族や日野一族と同じ名家の公家も含めて構成されていた。そして、それに和歌・蹴鞠・装束・学問など公家特有の家職を持つ公家が次第に加わっていったと考えられる。

3　日野家と足利義満

ここで、日野業子が足利義満の正室になった理由と、日野家が天皇家の乳父・乳母であった事情と義満との関係について触れておきたい。

日野家は代々弁官・蔵人を務め（名家）、院執権として院・天皇に近侍してきた家である。鎌倉末期の日野資朝は後醍醐天皇の討幕計画に加わり元弘の乱で殺害されたが、その兄資名は光厳天皇方について日野家を存続させた。資名の子には、時光・名子・宣子がいる。

業子は日野時光の娘で、業子を義満に斡旋したのは、時光の妹宣子であった。業子については、『後愚昧記』永和三年（一三七七）正月十二日条に「故時光卿女、資教妹、一腹也、元年来官仕禁裏、号新典侍、而為二品尼計略遣武家了、大樹寵愛之」とあり、もとは後円融天皇の女官で新典侍と称していたが、宣子（二品尼）の計略で義満に与えられて寵愛を得たという。業子は『後愚昧記』では同二年八月十三日条に「大樹妾資教姉著帯云々」とあるのが初出で、着帯は通常妊娠五、六ヵ月で行なうので（なお、この子は翌年正月十二日に逆子で生まれて死亡）、同二年春頃に義満の妾になったと考えられる。業子の年齢は、永和二年のときは数え年で二六歳である[77]。このとき義満は一九歳で、業子の方が七歳年上であった。業子は同四年三月には『後深心院関白記』に「室家」とみえるので[78]、その頃までには妾ではなく正室になっていた。義満は同年三月に権大納言、八月に右近衛大将になっており、業子の正室化と関係があった可能性も考えられる。

姪業子を斡旋した宣子は、後円融天皇の「御介酌」[79]、つまり天皇の世話をする乳母役の女房であった。宣子が同天皇の乳母役になった理由については、『建内記』[80]文安元年（一四四四）五月十二日条に「日野故時光卿為後円融院御乳父、以其由緒、彼親類為御乳母典侍」とあり、兄時光が後円融の乳父であった関係から乳母役の典侍になったとしている。宣子は「二品局」と呼ばれ、当時の宮中では大きな力を持っていた。応安三年（一三七〇）三月四日に宮中で催された和歌御会には女性でただ一人出席し、宣子の和歌の順次は後光厳天皇の次で、前関白二条良基の前に位置しており[81]、宣子は二条良基より上位であった。宣子は義満に対しても影響力を持ったと推定される。

ところで、業子の弟日野資教は、永和三年六月二十七日に三条公忠邸で生まれた後円融天皇皇子（後小松天皇）の乳父になった。『後愚昧記』同年八月二十九日条に「御乳父蔵人右少弁資教治定了、而資教宅宮御方御在所可造営之間」とあり、資教邸にこの皇子の在所を造営して日常の御座所としているので[82]、乳父には養君を養育する義務があったと考えられる。

乳父は、元来は乳母の夫を指す場合が多かったが、鎌倉後期において天皇の乳父は一つの役職となり、天皇家の外戚西園寺家や院近臣日野家などが乳父を多く務めた[83]。南北朝期では、皇子たちにみな乳父が付けられ、皇子たちは養君と呼ばれた(84)。

義満が義弟の資教に対し特に配慮をしたことは、永和四年に義満の命で資教の住居を「下品之屋」から建て直させ、義満がその立柱上棟の儀式に臨んだことや、また義満が同年に蔵人頭の資教を参議と検非違使別当に吹挙したことからも明らかである(85)。また一方で義満は、資教が後小松天皇の乳父であることを有効に利用したと考えられる。

後小松天皇、すなわち幹仁親王は、六歳の永徳二年（一三八二）四月七日に乳父の資教邸で着袴の儀式を行なったが、このとき義満が袴の腰を結んだ(86)。そして幹仁は、資教邸から義満の室町邸に移された。同月十一日、義満は幼い幹仁を抱きかかえて車に乗り（「依為幼主、左府奉抱乗御車給」）、土御門内裏に入って小御所の前に車が寄せられると、義満は幹仁を常御所まで抱きかかえて行った（「左府奉抱若宮、経南庭前并台盤所前、令奉入常御」(87)）。その日に後円融の譲位が行なわれて幹仁に受禅された。同年十二月二十八日の天皇即位式のときには、義満は幼い天皇を扶持すると称して、摂政二条良基とともに高御座の壇上に上っている(88)。

これら幼い幹仁親王（後小松天皇）を輔佐する義満の一連の行動を可能にしたのは、従一位・左大臣という地位であると同時に、乳父資教の義兄という立場も大きく影響していたと考えられる。義満は後小松の乳父という資教の立場を義兄として共有し、そのことは義満を後小松天皇の輔佐役として天皇をはじめとする人々に認知させた一つの要因になったのではないだろうか。伏見宮貞成親王の著『椿葉記』(89)（成立は永享六年・一四三四）に「新院《後円融》は御治世なれども、天下の事は大樹《義満》執行はせ給ふ」とあるように、後円融の院政は義満の政治に取って代られた(90)。後小松天皇の時代に義満が院政に代わって政治を行なうことができた原点には、これら天皇の着袴から即位式に至る一連の体験があったと思われる。

おわりに

従来の足利義満の公家社会における権力論では、義満の公家に対する支配という関係で捉えるのが主流であった。しかし、公家社会の制度・慣習・身分秩序をふまえて公家社会側から再検討すると、支配関係ではない別の側面がみえてくる。義満は内大臣に任じられたことによって大臣に相応しい体面を整える必要が生じたため、武士ではなく公家の家司を置き、親王・摂関家等を取次ぐ役として新しく公家の申次を設けた。高貴な人々を取次ぐ公家申次は、武士ではなく殿上人か公卿である必要があった。家司・申次を務める中下級の公家たちは、義満が公家社会で大臣クラスの公卿として行動する上で必要な存在であった。

最近の研究では義満は多くの公家衆を家礼化したとされていたが、史料を詳細に検討してみると、義満の家礼は公卿ではなく、四〜六位の殿上人・諸大夫であった。「家礼」には尊敬の礼を表すという意味があり、摂関家・大臣家に奉公参勤する家礼と混同して解釈しないように注意する必要がある。

親王・摂関家をはじめとする公家たちが義満に参賀し、ときには「家礼を致す」（尊敬の礼を表す）のは、義満が従一位、左大臣、准三后、そして太政大臣に至ったことが基本にある。義満の権威は、この公家社会における高位・高官を得て初めて成立するものであった。

武家の義満が公家社会で権力を形成していく上で重要な役割を果たしたのが、公家の正室日野業子の一族である。義満の祖父尊氏の正室は赤橋（北条）登子、父義詮の正室は渋川幸子であり、いずれも武家の出身であったが、義満が祖父・父とは異なり公家の女性を正室にしたことは、義満の公家社会における立場に影響を与えた。正室業子の兄資康、弟資教、妹たちの親族・姻族は、義満の近臣公家として活動した。義満の武家伝奏は彼らの一族・姻族から補任されている。義満の公家社会における政治的活動は、正室日野家の一族とその姻族を中心とした公家たちに支えられたものであった。

日野一族と義満を結び付けたのは後円融天皇の乳母日野宣子であり、公武関係における宣子の政治的な影響力を看過することはできない。そして義満は、義弟資教が後小松天皇の乳父であることを有効に活用し、自分が天皇の輔佐役であることを正当化する手立てとした。

義満の近臣公家衆には、日野一族とその姻族を中心にして、公家特有の家職を持つ公家たちが加わっていったが、将軍義政の代においてもなお、日野家など将軍正室を出した家が近臣公家衆の中心であることには変りはなかった。義政正室日野富子の兄勝光はそのよい例である。これらは、将軍家の姻族と「家」が国政と密接に関わっていた中世後期の政治的特質を表していよう。

将軍足利家は、公家の正室を「家」のメンバーに取り込むことによって、将軍自らもまた公家社会の一員として認められて官位・官職が上昇し、公武において権力を形成することが可能となった。将軍の権力は、朝廷の身分制度に依拠していたことが、その限界を招いたと思われる。中世後期の将軍家の政治は将軍の「家」と表裏一体であり、将軍の「家」と国政は不可分の関係にあったといえる。

注

(1) 佐藤進一『日本の中世国家』(岩波書店、一九八三年)。

(2) 富田正弘「室町時代における祈禱と公武統一政権」(日本史研究会史料研究部会編『中世日本の歴史像』創元社、一九七八年)、同「室町殿と天皇」(『日本史研究』三一九号、一九八九年)。なお、森茂暁『南北朝期公武関係史の研究』(文献出版、一九八四年)も(武家)伝奏の出現を公武統一政権の完成とみている。

（3）伊藤喜良『日本中世の王権と権威』（思文閣出版、一九九三年）。
（4）小川信『足利一門守護発展史の研究』第三編第三章第三節「伝奏の活動と義満政権」（吉川弘文館、一九八〇年）。
（5）家永遵嗣『室町幕府将軍権力の研究』（東京大学日本史学研究叢書1、東京大学日本史学研究室、一九九五年）、同「足利義満と伝奏との関係の再検討―伝奏が義満の家礼であることの意味―」（『古文書研究』四一・四二合併号、一九九五年）。
（6）桃崎有一郎「足利義満の公家社会支配と「公方様」の誕生」（松岡心平・小川剛生編『ＺＥＡＭＩ―中世の芸術と文化04』森話社、二〇〇七年）。
（7）松永和浩「南北朝・室町期における公家と武家―権限吸収論の克服―」（中世後期研究会編『室町・戦国期社会を読みなおす』思文閣出版、二〇〇七年）。
（8）桃崎有一郎「室町殿の朝廷支配と伝奏論―〈公武統一政権〉論の再考に向けて―」（中世後期研究会編『室町・戦国期社会を読みなおす』注（7））。
（9）二〇〇八年五月三十一日開催の歴史学研究会日本中世史部会ミニシンポジウム「「室町殿」論―新しい国家像を目指して―」（『歴史学研究月報』五八五に桃崎有一郎・大田壮一郎・石原比伊呂各報告要旨と討論要旨・参加記を掲載、『歴史学研究』八五二号〔二〇〇九年〕の「小特集　室町殿論―新しい国家像をめざして―」に各論文を掲載）。
（10）西尾勝『行政学〔新版〕』（有斐閣、二〇〇一年）一二頁。
（11）黒田俊雄『黒田俊雄著作集　第一巻権門体制論』（法蔵館、一九九四年）。
（12）脇田晴子「日本中世の「家」の成立と妻の位置」（比較家族史学会編『家族―世紀を超えて』日本経済評論社、二〇〇二年）。
（13）「家」については、拙著『中世の武家と公家の「家」』（吉川弘文館、二〇〇八年）序章「中世の「家」について」に研究・見解の流れについてまとめた。
（14）『宣胤卿記』文明十三年正月十日条に「当時政道、御台御沙汰也」とある。
（15）国政・家政論については、井原今朝男『日本中世の国政と家政』（校倉書房、一九九五年）で私的な家政機関が国政運営の一部を請負う関係で捉えているが、国政自体を論じる本章とは論点が異なる。
（16）臼井信義『足利義満』（人物叢書、吉川弘文館、一九六〇年、新装版一九八九年）、拙稿「日野家領の研究」（拙著『中世公家の経済と文化』吉川弘文館、一九九八年、第二部第一章）、水野智之「室町時代における公家勢力の政治的動向」（同『室町時代公武関係の研究』吉川弘文館、二〇〇五年、第二部第二章）等。
（17）将軍足利氏の近臣公家衆については、高田星司「室町殿の側近公家衆―応永・永享期を中心として―」（『國學院雑誌』九五―九号、一九九四年）、瀧澤逸也「室町・戦国期の武家昵近公家衆―その構成を中心として―」（『国史学』一六二号、一九九七年）がある。
（18）桃崎注(8)論文。
（19）臼井信義『足利義満』（注(16)）、今谷明『室町の王権〈足利義満の王権簒奪計画〉』（中公新書、中央公論社、一九九〇年）等。なお、この今谷著に対する問題提起として市沢哲「中世王権論のなかの足利義満」（『歴史評論』六四九号、二〇〇四年）等がある。
（20）『群書類従　第四輯』（続群書類従完成会、訂正三版）。
（21）伊藤旭彦「足利義満の公家化」（『書陵部紀要』二一号、一九七〇年）。
（22）家永遵嗣「足利義満における公家支配の展開と「室町殿家司」」（同『室町幕府将軍家権力の研究』〔注(5)〕第一部第三章）。
（23）桃崎注(6)論文。
（24）『〈新訂増補故実叢書〉禁秘抄考証・拾芥抄』（明治図書出版、一九五二年）三六六頁。なお、公家の家司・家政機関については拙稿「公家の家政機構と家司」（拙著『中世公家の経済と文化』〔注(16)〕第一部第三章）で考察した。
（25）『群書類従　第二十六輯』（続群書類従完成会、訂正三版）。
（26）『後深心院関白記』（『愚管記』）永徳元年七月十一日、十一月十八日条等。
（27）平山敏治郎『日本中世家族の研究』（法政大学出版局、一九八〇年）第六章「家礼・門流」。
（28）百瀬今朝雄「将軍と廷臣〈幕府と朝廷〉」（『週刊朝日百科　日本の歴史一四　中世Ⅱ③義満と室町幕府』朝日新聞社、一九八六年）。
（29）家永注(22)論文。
（30）桃崎注(6)論文、同「『荒暦』永徳元年・二年記の翻刻」（『三田中世史研究』一二号、二〇〇五年）。
（31）家永注(22)論文。
（32）財団法人陽明文庫編『〈陽明叢書〉後深心院関白記』（思文閣出版、一九八五〜一九八六年）、『〈続史料大成〉愚管記』（臨川書店、一九六七年）。

(33)『(大日本古記録)後愚昧記』(岩波書店、一九八〇～一九九二年)。
(34)『(大日本古記録)後愚昧記　二』(注(33))一三二頁。なお百瀬注(28)では「武家々礼公卿殿上人着座」、家永注(5)論文では「武家々礼公卿殿上人着座」としており、いずれも典拠とした本は不明。
(35)『(新訂増補国史大系)公卿補任　第二篇』(吉川弘文館、一九八一年)七一〇頁。
(36)正宗敦夫編『地下家伝』上(自治日報社、一九六八年)七六二頁。
(37)『群書類従　第五輯』(続群書類従完成会、訂正三版)。
(38)諸大夫は四・五位であるが、百瀬今朝雄「諸大夫に関する一考察」(同『弘安書札礼の研究』東京大学出版会、二〇〇〇年)で六位もいたことを明らかにしている。
(39)『後深心院関白記』永和四年十一月二十四日条。
(40)『(史料纂集)兼宣公記』(続群書類従完成会、一九七三年)。
(41)『(大日本古記録)後愚昧記四　附実冬公記』(岩波書店、一九九二年)。
(42)注(30)。
(43)『(改訂増補故実叢書)江家次第』(明治図書出版、一九九三年)。
(44)倉林正次『饗宴の研究(儀礼編)』(桜楓社、一九八七年)四七一・四九〇頁参照。
(45)『日本国語大辞典(第二版)』四(小学館、二〇〇一年)「家礼」の一番目の意味。
(46)家永「室町幕府奉公衆体制と「室町殿家司」」(同『室町幕府将軍権力の研究』〔注(5)〕第一部第四章)。
(47)『群書類従　第二十二輯』(続群書類従完成会、訂正三版)。
(48)注(47)五四四頁。
(49)『(新訂増補国史大系)尊卑分脈　第二篇』(吉川弘文館、一九八三年)三七八・三七九頁では教興の方が教冬よりも先に書かれているが、『(新訂増補国史大系)公卿補任　第三篇』(吉川弘文館、一九八二年)五八・七二頁には教冬が次男、教興が三男とある。
(50)家永注(5)著八八頁、『園太暦』延文三年八月七日条。
(51)『後深心院関白記』永徳元年三月十六日条。

(52)『兼宣公記』応永九年正月七日条。
(53)『教言卿記』(『史料纂集』教言卿記』続群書類従完成会、一九七〇～一九七四年)応永十二年六月二十三日、七月十日条。
(54)家永注(5)著一一一頁、『春日権神主師盛記』(『歴代残闕日記』七〇)至徳二年六月二十九日条。
(55)『兼宣公記』応永九年正月十二日、二月五日条。
(56)『教言卿記』の毎月の一日条。
(57)義満の家司を務めたのは海住山(九条)氏房、万里小路頼房・重房、中山満親であるが(『後深心院関白記』永徳元年七月十一日条、十一月十八日条、『兼宣公記』応永元年十二月十七日条、『迎陽記』応永五年十二月二十九日条)、彼らが申次を務めた例は見られず、また、申次の山科教冬・教遠が義満の家司であったことを示す史料も管見の限りでは見当らない。
(58)『教言卿記』応永十三年七月五日条等。
(59)『禁秘抄』下(『群書類従　第二十六輯』続群書類従完成会)「御修法」、『園太暦』延文三年八月七日条、『兼宣公記』「北山殿御修法申沙汰記」(応永七年)など。
(60)『教言卿記』応永十三年十一月一日、同十四年九月九日、十月十日条等。
(61)『教言卿記』応永十三年正月二・十三日条。
(62)臼井注(16)著四一頁。
(63)高田注(17)論文。
(64)瀧澤注(17)論文。
(65)注(16)、佐藤和彦ほか編『日本中世内乱史人物事典』下(新人物往来社、二〇〇七年)「日野康子」「日野重子」「日野富子」(筆者執筆)。
(66)『後法興院記』永正二年二月六日条。
(67)米原正義『戦国武士と文芸の研究』(おうふう、一九七六年)、井上宗雄『中世歌壇史の研究　室町前期〔改訂新版〕』(風間書房、一九八四年)、桑山浩然『蹴鞠技術変遷の研究』(平成三年度科学研究費補助金研究成果報告書、一九九二年)等。
(68)『(大日本古記録)薩戒記』(岩波書店、二〇〇〇年～)。
(69)拙稿「公家の家業と天皇家—山科家の装束調進—」(拙著『中世公家の経済と文化』〔注(16)〕第三部第一章)。

(70)『(続史料大成) 伯家五代記・後奈良天皇宸記』(臨川書店、一九六七年)。
(71)『尊卑分脈』、金井静香「広橋家領の構成と相続」(同『中世公家領の研究』思文閣出版、一九九九年、第Ⅲ部第二章)。
(72) 伝奏については瀬戸薫「室町期武家伝奏の補任について」(『日本歴史』五四三号、一九九三年) を参照。なお、義満の時代にはまだ「武家伝奏」という言葉はなく、「伝奏」と呼ばれていた。
(73) 瀬戸注(72)論文。
(74)『後深心院関白記』永徳元年正月十二日条。
(75) 井上注(67)著。
(76)『尊卑分脈』。
(77)『兼宣公記』応永十二年七月十一日条によれば、業子は同年に五五歳で没している。なお『教言卿記』同日条には五四歳とある。
(78)『後深心院関白記』永和四年三月九・二十七日条。
(79)『後愚昧記』応安四年三月二十六日条。
(80)『(大日本古記録) 建内記　七』(岩波書店、一九七六年)。
(81)『後愚昧記』応安三年三月四日条。
(82)『後愚昧記』永徳二年四月七日条で資教宅を「日来御坐所」と記している。
(83) 秋山喜代子「乳父について」(『史学雑誌』九九―七号、一九九〇年)、同「養君にみる子どもの養育と後見」(『史学雑誌』一〇二―一号、一九九三年)、ことばの中世史研究会編『「鎌倉遺文」にみる中世ことば辞典』(東京堂出版、二〇〇七年)「乳母」(筆者執筆)。
(84) 後光厳天皇の場合、後光厳の乳父は勧修寺経顕で、後光厳の皇子たちでは、覚叡法親王の乳父は正親町三条実継、堯仁法親王は鷲尾隆右、覚増法親王は今出川公直、明承法親王は正親町三条実音であった(『後愚昧記』応安三年三月十六日条、同六年十一月二十四日条、永和三年七月二十日条)。
(85)『後深心院関白記』永和四年十一月二日条。
(86)『後愚昧記』永徳二年四月七日条。
(87)『実冬公記』永徳二年四月十一日条 (『(大日本古記録) 後愚昧記四　附実冬公記』注(41))。

（88）『荒暦』永徳二年十二月二十八日条。桃崎有一郎「『荒暦』永徳元年・二年記の翻刻」（注（30））参照。

（89）『群書類従　第三輯』（続群書類従完成会、訂正三版）。

（90）森茂暁『南北朝期公武関係史の研究』（注（2））三一二～三一八頁では、後円融上皇の院政が義満の主導権のもとにあったとしている。

第二章　公家の家司になった人々

——室町時代の日野家の家司——

はじめに

公家の家臣のことを中世史の研究では一般に「家司」と呼ぶ(1)。本章では、室町時代に将軍足利家の姻族、すなわち将軍の妻の一族として権勢を誇った公家の日野家の家司について考察する。

日野家(2)は、日野時光の娘業子が将軍足利義満の正室になって以来、代々の将軍の正室を出して将軍家の姻族・外戚となった。十五世紀初期に日野家は裏松・烏丸・日野の三家に分かれたが、裏松家の勝光が日野家を継ぎ、勝光の妹富子が裏松家の血を引く将軍足利義政の正室となって日野家の全盛期を迎えた。

この日野家の家司に関しては、日野家が領家職を有していた能登国若山荘の観点から、東四柳史明氏が同荘の在地武士で家司の本庄氏や松波氏について明らかにしている(3)。しかし、室町時代の日野家の家司全体を総体的に考察した論考はこれまでになかったといえる。また、日野家と家司松波氏等との関係についても改めて考えてみる必要がある。

本章では、日野家が栄華を誇った十五世紀、特に将軍足利義満の時代から足利義政の時代にかけての日野家の家司たちを具体的に明らかにし、彼らの出身や活動、日野家との関係などから、室町時代に公家の家司になった人々の特質等について考察する。

一　公家の日野家について

1　将軍足利家の姻族日野家

名前が知られた中世の日野家の人物に、正中元年（一三二四）の正中の変で後醍醐天皇の鎌倉幕府打倒計画の中心になった日野資朝・日野俊基がいる。日野家は藤原氏北家の真夏の子孫（日野流）で、鎌倉時代では天皇の学問の師匠である侍読を多く出した学者の家であった(4)。公家の家格としては中下流に属する「名家《めいか》」の家柄で、太政官としての官職は大納言までであり、「名家」の公家たちの多くは朝廷の行政の実務を行なう弁官や蔵人などを経歴した。日野家の場合は学者の家として文章博士も多数出ており、資朝もその一人であった。資朝は学問を通して後醍醐天皇の思想に共鳴したようである(5)。俊基は同じ日野流で、資朝の遠い親戚にあたる。

南北朝時代には、資朝の子孫は後醍醐天皇の南朝の朝廷に仕えたが、一方、資朝の兄資名の子孫は北朝の天皇の朝廷に仕えた。日野流が朝廷の学者の家であったのはこの頃までで、鎌倉時代末期に資名・資朝の父俊光が院（上皇）の庶務を統括する院執権に就任した後、次第に院執権の職を日野家が独占していった(6)。また、俊光以前の日野流は中納言止まりであったが、俊光が初めて大納言に昇進して以降は大納言に任じられるようになった。

日野資名の娘宣子は後光厳上皇の女官の典侍で、宮中で大きな権力を持つようになり、同上皇の死後は岡松二品（後に岡松一品）と呼ばれた。宣子は後円融天皇の典侍であった姪の日野時光娘業子を、計略的に室町幕府の第三代将軍足利義満の妾にし、やがて業子は義満の正室になった（『後愚昧記』）。業子が病気で没すると、業子の姪の日野資康娘康子が義満の正室になった。以後、第十一代将軍の義澄に到るまで、足利将軍のほとんどが日野家の女性を正室にしており、日野家は将軍家の姻族・外戚として権勢を誇った（巻末付図1）。

日野家は日野資康の次の世代で裏松・烏丸・日野の三家に分かれ、いずれも将軍足利家の近臣となって活動した。しかし第六代将軍足利義教は、正室の裏松重光の娘宗子よりも正親町三条公雅の娘尹子を寵愛し、尹子を新たな正室とした(7)。なお宗子の妹の重子は、義教の側室になって男子（義勝・義政）を産んだ。宗子・重子の兄裏松義資は、義教の怒りを買った上に、義資邸に入った盗人に殺されてしまい、義教は裏松家の所領を没収して烏丸資任に与えた。ところが義教は嘉吉元年（一四四一）六月に赤松満祐邸で殺されてしまい（嘉吉の乱）、重子の子義勝、ついで義政が将軍になった。

2　日野勝光・富子

日野三家のうち日野家は、日野資教の子有光のあとを継いだその弟秀光が三十二歳（以下、数え年）で没し、その養子春竜丸（同じ日野流の広橋兼郷の子）も八歳で没し、その実父兼郷が日野家を号していた。その兼郷が文安三年（一四四六）に没し、裏松義資の孫勝光が同五年に日野家の家督を継いで日野勝光となった。勝光の妹が富子である。

日野富子は康正元年（一四五五）に一六歳で将軍義政の正室になった。義政には側室も何人かいたが、女子ばかりが生まれて男子がいなかったため、義政は浄土寺に入っていた弟の義尋に将軍職を譲ろうとして寛正五年（一四六四）に義尋を還俗させ、義尋は義視と名乗った。ところが翌年富子に男子（義尚）が生まれ、両者をめぐる将軍家の家督争いが応仁の乱の一因にもなった。一方富子の兄勝光は、文正二年（応仁元年・一四六七）に日野家で初めて内大臣に昇進している。

結局、文明五年（一四七三）に義尚が九歳で第九代将軍に就任し、勝光がその後見人として政務を執ったが、同八年に勝光が死去すると、富子が幕府の政治を主に執り行なった。(8) 富子の執政は、同十五年に義尚が母富子と別居して独立するまで続いた。

富子は蓄財に熱心で、富子が明応五年（一四九六）五月に没したときには、公家の三条西実隆が日記に、金銭を余すほどの富貴はまるで皇后のようで、刹鬼の責めを逃れることはできないだろう、と記したほどであった。(9)

将軍足利家の姻族としての日野家は、日野勝光の弟永俊の娘阿子（のちに安養院）が将軍義澄（義政・義視の弟政知の子）の正室になったものの、永正二年（一五〇五）二月に不仲により離婚した。(10) 以後、将軍足利家の正室は近衛家から出ている。

二　公家の家司と日野家

1　中世後期の公家の家司

中世の公家の家には家政の運営を担当する男性の職員がおり、彼らを一般に「家司」と呼んでいる。なお公家というのは、三位以上または太政官の参議以上である「公卿」になることができる身分階級のことで、家司は公家のいわば家臣に相当する。

また「家司」には狭義の意味として、摂政・関白・大臣・近衛大将の家に置かれた家政機関の「政所」の職員の意味もあり、この政所には別当・家司・下家司がいた（『拾芥抄』）。

前者の公家の家政職員としての「家司」の語は、中世後期の諸史料ではほとんど使われておらず、実際には「家僕」や、身分階級を示す「諸大夫」、「青侍」または「侍」、あるいは「家人」「被官」などの語が史料中で用いられている。

表2　公家の家司の身分構成

公家の身分階級	家司の身分		
摂関家	殿上人	諸大夫	青侍（侍）
上・中流公家	／	諸大夫	青侍（侍）
中・下流公家	／	／	青侍（侍）

なお、家司に似た語として「家礼」という言葉がある。中世では「家礼」は、朝廷の故実・作法を学び習うために摂関家に弟子入りする者のことをいい[11]、家司とは異なる。またこの「家礼」の語には、他人に尊敬の礼を表わす、という意味もある[12]。

公家の家政に携わる家司は、その公家の家の家格によって、身分の構成が異なっていた。公家の身分階級をおおまかに三段階に分けると、それぞれの家司の身分の構成は、中世後期の場合では表2のようになる[13]。

摂関家以外の上流公家の家格には大臣になれる清華家と大臣家がある。中流の公家はここでは、諸大夫がいる家を上・中流公家に、諸大夫がいない家を中・下流公家に分けてみた。大納言以下の中流の公家でも、諸大夫がいる家（山科家など）があるためである。

摂関家だけにいる家司の「殿上人」は四位・五位で、天皇のいる清涼殿の殿上の間に昇殿でき、「諸大夫」は四位・五位の地下人（清涼殿に昇殿できない身分階級）である。「青侍」（「侍」ともいう）はさらに低い侍身分の者で、位は昇進しても五位止まりであった。この青侍の「青」は、律令制で六位が着る衣が深緑色であったことなどに由来している。

2　日野・裏松家の家司

日野家の家司の場合は、将軍家の姻族・外戚になって日野家の権勢が高まるとともに、家司の構成も変化している。第三代将軍足利義満は、応永元年（一三九四）に将軍職を子義持に譲って出家した後も幕府の実権を握っていた。義満は、同十三年に正室の日野資康娘康子を天皇の国母に準じる准三后に、その翌年には女院にさせた（女院号は「北山院」）。女院は院（上皇）に準じるもので、天皇の生母・准母・皇太后・皇后・内親王等がなるので、康子の場合は准母としてであった。康子の兄弟である大納言裏松重光の政治的な力は大きく、そのことは重光と親しかった公家の山科教言の日記『教言卿記』（応永十二～十七年）からもうかがえる。

『教言卿記』には山科家を訪れた裏松重光の家司たちについても記されている。裏松重光の家司としては、青侍の曽我新右衛門尉[14]、青侍の久世[15]、家人の大津入道の名[16]が『教言卿記』にみえる。裏松家には、その後の史料からみても諸大夫はいなかったと思われる[17]。

一方、日野資康の弟資教は日野家を継ぎ、資教には青侍の本庄宗成や被官人の松波氏がいたが、彼らについては第三節で能登国若山荘との関連で詳述する。

裏松・日野家は将軍足利義教のときにいったんは権勢を失ったが、義教が嘉吉の乱で殺され、裏松重子の生んだ義政が将軍になり、裏松家の勝光が日野家を継ぐと、日野家は再び権勢を取り戻した。勝光が将軍義政の正室富子の兄として権力を持ち、文正二年（応仁元年・一四六七）に内大臣に昇進すると、家司の構成メンバーにも変化がみられた。

3　日野勝光の家司

日野勝光の家司は、諸大夫と青侍で構成されていた。勝光が文明八年（一四七六）六月十四日に没して十九日に千本の歓喜寺に葬られたときには、勝光の「青侍・諸大夫等」六、七人が倚廬《いろ》（喪に服する臨時の仮屋）に入っている[18]。応仁元年～文明八年頃（一四六七～一四七六年頃）の日野勝光の家司には、諸大夫の吉田忠弘、青侍の松波兼興・山形勝宗、勢多忠兵衛がおり、そのほかに家人・被官として本庄氏がいた。諸大夫の吉田氏の存在は、勝光の内大臣就任以後であったと考えられる。諸大夫の存在も含め、勝光の家司の家は裏松家のときとは異なっていた。

なお、本庄氏は日野家領の能登国若山荘（本家は九条家）の出身であることが明白であるが、松波氏と山形氏も若山荘の在地武士であった可能性がある[19]。

以下、日野勝光のときの家司の各人について詳しくみていこう。

(1)　諸大夫の吉田忠弘

公家の家司について手がかりとなる史料の一つに、『歴名土代』がある。これは官位が四位・五位の人々の名簿で、応永六年（一三九九）から慶長十一年（一六〇六）頃までの分が現在残されており、記載されている人物には公家の家の諸大夫や侍であることが付記されている場合がある。

吉田忠弘の場合は、『歴名土代』の従四位上の「藤忠弘」の項に[20]「日野諸大夫藤忠弘　応仁二・二・廿七」とみえ、日野家の諸大夫で藤原氏であり、応仁二年（一四六八）二月に従四位上になっていた。また、この項の小字の注記には「文明八・六・、、従三位越階、同八月廿三、卒」とあるので、忠弘は主人日野勝光が没した年・月に従三位に上階している。しかし、三位以上または参議以上の名簿である『公卿補任』に忠弘の名はみえない。

この藤原忠弘が吉田忠弘であることは、次の「宝鏡寺文書」の文明八年（一四七六）六月八日室町幕府奉行人連署奉書からわかる。(21)

丹波国多利村事、御判以下證文紛失云々、早吉田刑部卿忠弘幷松波参河守兼興等書状分明之上者、任当知行之旨、向後弥領知不可有相違之由、所被仰下也、仍執達如件、

文明八年六月八日　　弾正忠（布施英基）（花押）
　　　　　　　　　　大和守（飯尾元連）（花押）

永俊首座雑掌

宛所の「永俊首座」は日野勝光の実弟である。この文書には、日野家領丹波国多利村に関する「吉田刑部卿忠弘ならびに松波参河守兼興等書状」のことがみえ、忠弘が吉田氏で刑部卿であったこともわかる。

吉田忠弘は、文明二年十二月に崩御した後花園法皇の葬礼が翌年正月三日に行なわれたとき、亡き法皇の棺を乗せた御車の前を行く上北面の役を務めた。このとき主人の勝光は、御車の後ろを供奉して歩く将軍足利義政のすぐ後を歩いている。(22)

このほかの忠弘の行動についてはよくわかっていない。

なお、忠弘が没した後の長享二年（一四八八）六月に、同月十五日に行なわれる勝光の十三回忌について、日野政資（勝光の子）の使者の吉田刑部卿が相国寺の蔭凉軒主と頻繁に連絡を取り合っている。(23)この吉田刑部卿はおそらく忠弘の子であろう。

(2)　青侍の松波兼興

青侍の松波兼興は、前掲の「宝鏡寺文書」の文明八年（一四七六）六月八日室町幕府奉行人連署奉書に名前がみえ、日野家領丹波国多利村に関して吉田忠弘等とともに書状を出しており、三河守であった。

兼興の松波家は、『地下家伝』の十八「下北面」のところに記載されている。北面は上皇の警護を行なう組織で、上北面はおもに諸大夫が務め、下北面は五位・六位の武士階級が務めた。

この『地下家伝』十八によれば、松波家は日野法界寺別当僧都頼宣の子忠俊（友俊）を先祖としており[24]、頼宣は日野俊光の弟である。忠俊は光厳天皇の即位のときに侍童を務め、文和二年（一三五三）に没しており、忠俊の子友興は明徳の乱のときに日野資康の代官として出陣し、山名満幸追討の合戦で戦死したという。友興の子出興は、応永二十年（一四一三）に後小松上皇の院蔵人、同三十一年には上北面になっている。出興の子が兼興で、文明七年に三河守に任じられ、同八年に従四位下となり、長享元年（一四八七）十二月二十日に没した[25]（享年は不明）。

松波兼興は、『蔭涼軒日録』によれば、応仁の乱以前に相国寺領の和泉国堺南荘の代官を請け負っており、相国寺に堺南荘の年貢四〇〇貫文を納入していた[26]。代官は荘園の年貢を徴収して領主に納め、その年貢の何分の一かを得分としたので、兼興もこの年貢四〇〇貫文のうちの何分の一かを収益としたはずである。この兼興の例は、当時の公家の青侍は、その公家の家に全面的・人的に従属していたのではなく、ある程度の独立性を保持していたことを示している。

なお、この堺南荘の代官に関する『蔭涼軒日録』の諸記事から、松波兼興は三河守になる以前は三郎左衛門尉を称していたことがわかる[27]。

ところで、松波兼興には弟がいた。朝廷の弁官局官人壬生晴富の末子が文明十一年七月に湛碧庵の聖松首座の弟子になっており、この聖松首座は松波参河入道（兼興）の弟であった。聖松は晴富の母の猶子として、六歳のときに南禅寺慈聖院の喝食になって同寺の龍湫周沢の孫弟子になり、湛碧庵に住して聖松首座と称した。聖松首座は日野富子に重用されて非常に権勢があったという。(28)

日野家の家司の松波氏は、松波兼興（三郎左衛門尉、三河守）以外にもいた。

日野勝光より以前の日野有光（資教の子）のときにさかのぼると、『教言卿記』応永十三年（一四〇六）十二月二十八日条で、(29)以前に山科家を訪れた右中弁日野有光の使者が「松並六郎」であり、この松波六郎は有光の家司とみてよい。また、有光の家司については、醍醐寺三宝院満済の日記『満済准后日記』永享元年（一四二九）十月二十三日条(30)に、「任代々御佳例被仰日野一位（有光）入道処、（中略）其外コセ侍等事ハ松波以下恩給侍等」とみえ、有光の家司は日野家から恩給をもらっていた松波氏ら侍身分の者たちであった。これらの松波氏と『地下家伝』十八にみえる松波氏との関係は不明である。

松波六郎は文明年間の将軍足利義尚の頃にもいた。『蔭凉軒日録』によれば、松波六郎左衛門尉が文明十七年（一四八五）に日野富子の使者を務めている。(31)また、同十八年四月に将軍足利義尚とその正室日野勝光娘が相国寺を訪れたとき、日野勝光娘の御伴衆の一人が松波六郎左衛門尉であった。(32)この松波六郎左衛門尉は日野家の家司としての立場にあったと考えられ、将軍の正室の御伴衆には正室の生家の家司も加わっていた。この松波六郎左衛門尉は、日野有光の家司松波六郎の子孫であると思われる。

この松波六郎左衛門尉は、松波兼興の系統ではない可能性もあるが、兼興の系統ではないと思われる松波氏に関しては、後述の能登国若山荘との関係のところで触れる。

(3) 青侍の山形勝宗

日野勝光の青侍山形三郎兵衛という人物が、文明七年（一四七五）正月二十三日の夜に京都の裏辻の北辺で殺害されてしまった。『実隆公記』同日条[33]には、

（前略）戌下刻於裏辻之北辺、山形三郎兵衛前内府青侍被誅了、不知打手不知其故、言語道断之次第、不便々々、（後略）

とあり、山形三郎兵衛は誰によって何のために殺されたのかはわからないという。

室町幕府政所への訴訟の記録である『政所賦銘引付』の文明十三年のところには、「山形三郎兵衛尉勝宗」の名がみえ[34]、この山形三郎兵衛勝宗は文明五年に日野家の取次として同家の必要経費五〇貫文を、当時有名な金融業者の正実坊奏運から借りている。山形三郎兵衛は山形勝宗であった。そして、日野家が文明五年に借りた五〇貫文が、同十三年には利子も含めて一三七貫二〇〇文に達していたことがわかる。山形勝宗殺害事件には、金銭のトラブルがからんでいたのかもしれない。

この青侍の山形氏については詳細は不明である。『地下家伝』十八には、日野家の家司と思われる山形氏（藤原氏）の家譜が掲載されている[35]。これによれば、鳥羽上皇の北面であった佐藤憲清（義清）――歌人で有名な西行――の子俊宗が山形氏を称しており、その子孫は代々上皇の北面を務めている。そして、南北朝期頃の宗仲でいったん途切れた後、松波兼興の次男（実父は松波資治。この資治の実父は裏松政光）が相続して山形光秀を名乗り、大永八年（一五二八）に従五位下になっている。この西行の子孫の山形氏が日野家青侍の山形氏の家系であるかどうかはわからないが、山形氏については日野家領能登国若山荘の在地武士の山方氏と関係があるとされている[36]。

(4) 勢多忠兵衛

日野家の家司には勢多氏がおり、この勢多氏は朝廷の検非違使の官人中原氏である。『歴名土代』の従五位下のところで、中原章政（「中章政」）の項に勢多氏で日野家侍であることが記されており、天文二十年（一五五一）正月に従五位下になっている。[37] この勢多（中原）章政は、『地下家伝』九「検非違使」の勢多（中原）氏のところに勢多章員の子としてみえる。[38]

日野勝光の頃の勢多氏の家司としては、『山科家礼記』文明四年（一四七二）三月二十七日条に、[39]「日野殿（中略）同内者勢多忠兵衛」とみえる。また、勝光の没後ではあるが、同記同九年九月二十日条に、[40] 日野政資の使者として「日野殿より本庄左衛門大夫・勢多九郎両使ニて」とある。これらの勢多忠兵衛と勢多九郎は、「忠兵衛」「九郎」という呼称からすると検非違使官人勢多氏の本流ではないと思われるが、この勢多氏の一族であることには間違いないであろう。

検非違使官人中原氏が日野家の家司になった理由は、日野家が鎌倉時代末期の俊光のときから検非違使の長官である別当も務めたためと考えられる。日野家では俊光・資名・時光・資教・重光・義資までがみな検非違使別当になっており、[41] その関係で検非違使官人の中原（勢多）氏が別当日野家の家司も務めるようになったのであろう。

三　能登国若山荘の経営と家司

1　若山荘の領家日野家

中世の公家にとって家領の荘園は主要な収入源であった。山科家領等にみられるように、家司たちは主家の荘園の

運営に携わり、荘園の年貢を主家に納入するなど、荘園経営において重要な役割を担った。(42)

日野家の荘園では、摂関家の九条家が本家職を持つ能登国若山荘の領家職を日野家が鎌倉時代から所有していたことが明らかになっており、関係史料が『九条家文書』等に残されている。若山荘は能登半島の北部にあった広大な荘園で、その領域は現在の石川県珠洲市の大部分と鳳珠郡能登町北部（旧内浦町）の地域に相当する。(43)

この若山荘の来歴は、康治二年（一一四三）に源季兼が父俊兼から伝えられた所領を藤原忠通の娘の皇太后皇嘉門院（藤原聖子）に寄進し、自らは預所となった荘園である。(44)その後、同荘は皇嘉門院の弟九条兼実に伝領され、(45)九条家領として代々伝えられた（『九条家文書』）。

一方、若山荘内にあった法住寺の「法住寺文書」によれば、建長四年（一二五二）二月四日の日野資宣家下文案(46)に、資宣の祖父資実が若山荘の領家として法住寺を祈禱所としたことがみえ、鎌倉時代初期には日野資実が若山荘の領家であった。資実の父日野兼光は母が源季兼の娘であり、(47)日野家が同荘の領家職を持つに至ったのは、預所であった源季兼からその娘を通して伝えられたためと考えられている。(48)

一方、室町時代の応永三年（一三九六）十二月二十五日九条経教遺誡の「家僕等恩給事」には次のようにある。(49)

家僕等恩給事

一、日野、自月輪禅閤（九条兼実）以来代々家僕、世以知之、当時無家礼儀、雖不及是非、為権門之間、不及問答、若山庄、自故大納言時光代、雑掌年貢直進、

ここでは日野家を九条兼実以来代々の家僕であるとし、応永三年時には「家礼」の儀はないが、若山荘は日野時光の代から日野家の家司が九条家の本家分年貢を直接九条家に納めていたとしている。

若山荘の領家職は日野家の惣領に伝領された所領で、(50)日野時光の子資教、その子有光、さらにその弟秀光に伝領さ

れた。しかし、先述したように秀光が若死にし、養子の広橋春竜丸も早世したため、その実父広橋兼郷が日野家家督と若山荘等を継いだ。その後、永享八年（一四三六）十月に兼郷は将軍足利義教の不興を買って所領をすべて没収され、義教正室尹子の兄正親町三条実雅が若山荘等の日野家領一六ヵ所を拝領したが、[51] 若山荘は寛正二年（一四六一）十月に将軍足利義政により日野家を継いだ勝光へ返付された。[52] さらに、同六年九月に勝光は九条政忠から若山荘の本家分一万疋（一〇〇貫文）をもらっており、[53] このことは摂関家の九条家をもしのぐ日野勝光の権勢を物語っている。[54] なお、勝光の後には日野家の若山荘領有は確認できない。

この若山荘の現地で年貢の納入等を行なっていたのが、在地武士の本庄（藤原・斎藤）氏であった。なかでも南北朝末期頃の本庄宗成は、将軍足利義満の姻戚になった日野資教の家司として権勢を誇った。

2　若山荘と日野家の家司

中世末期に書かれた『驥驢嘶餘』では、「能州郡」（能登国珠洲郡）の在地の有力武士として松波・本城・久能利・山形の四氏を挙げ、松波氏の知行地を一二〇〇貫文、本城（本庄）氏を四〇〇余貫、久能利氏を一〇〇余貫、山形氏を不明とし、「皆日野殿存知地也」としている。[55] この四氏の在地武士のなかで、日野家の家司を出したことが諸史料で確認できるのは本庄氏だけであり、また、その可能性が強いのが松波氏である。

(1)　本　庄　氏

本庄氏は若山荘の在地の小領主で、鎌倉時代の康元元年（一二五六）十月十日日野資宣袖判下文[56]（「法住寺文書」）にみえる若山荘の「田所」の宗光は本庄氏と考えられている。[57] この文書によれば、宗光は若山荘内で担当している村々の番頭・百姓から一荘平均役の公事を徴収する「奉行」を務めており、日野家に若山荘の年貢・公事を納める現地責任者の荘官であった。

この本庄氏は「宗」の字を名前の通字としていたらしい。宗光の子孫と思われるのが、将軍足利義満の時代に日野資教の家司であった本庄宗成である。宗成は若山荘内の本光寺に対し、応安元年（一三六八）八月に田地一段と畠地一ヵ所を寄進し[58]（「常俊家文書」）、永和二年（一三七六）十一月にも田地を寄進しており[59]（「本光寺文書」）、南北朝期には若山荘の在地領主であった。

その後の本庄宗成の動向については、京都の公家たちの日記に記されている。すなわち、三条公忠の『後愚昧記』永和三年八月十日条によれば[60]、同日の夜に将軍足利義満邸に武士たちが集まり騒動になったが、その原因は、義満邸に日野資教ともども居住していた資教の青侍本庄宗成が、権勢を背景に人々の所領を押領し、さらには能登国守護になろうとして同国守護の吉見氏頼を怒らせたことにあったという。

また、この記事のなかでは宗成を義満の室日野業子の「乳父」としている。宗成は日野資教の青侍であるとともに、資教の姉業子の乳父でもあった。乳父は、多くの場合は乳母の夫のことで、乳母とともに養君を養育して後見役をつとめた。業子は宗成夫妻によって育てられたことになる。

さらに、近衛道嗣の『愚管記』康暦元年（一三七九）四月二十五日条によれば、検非違使尉になった宗成は、賀茂祭で将軍義満から拝領した馬に乗って華麗によそおい、家子一〇人・若党三〇人とそのお伴の中間六〇人の総勢一〇〇人を引き連れて華々しく練り歩いたという。まさに将軍義満とその正室の権威をバックにした権勢を誇示する行進であったといえよう。

前述の永和三年八月の騒動では、宗成が能登国守護になろうとして同国守護吉見氏頼を怒らせたが、その後、康暦元年の管領細川頼之が失脚した康暦の政変で、頼之の協力者であった氏頼も能登国守護を罷免されたらしい。そして、その後に能登国守護に任命されたのがこの本庄宗成であったとされている。(61) 宗成は至徳二年（一三八五）十一月に能登国櫛比荘内の総持寺に対し、同荘の寺領を安堵する旨の文書を与えており(62)（「総持寺文書」）、これは同国の守護として発給した文書であった。しかし、同国守護は少なくとも明徳二年（一三九一）十二月には畠山基国に代わっており、宗成も管領家の畠山氏の威勢には勝つことができなかった。

若山荘の経営に関しては、先述した応永三年（一三九六）十二月二十五日九条経教遺誡で、本庄二郎左衛門が若山荘の九条家分の課役一万疋（一〇〇貫文）を直接九条家に納入するとしており(63)、この本庄二郎左衛門は本庄満宗である。満宗は将軍義満にも仕え、義満が寺社に参詣するときには衛府侍の一人として供奉しており(64)、本庄宗成の子であった(65)。

なお、応永三十四年（一四二七）十二月三十日本庄宗政書状(66)には、本庄宗政が同荘の年貢二〇貫文を九条家に納入したことがみえる。この本庄宗政については他に史料がみあたらないので詳細は不明であるが、おそらく本庄宗成・満宗の一族であろう。

その後の本庄氏については、永享六年（一四三四）四月に日野中納言（日野資教の甥の日野西国盛〔盛光〕）の使者として「本庄」がおり(67)、また、文明九年（一四七七）九月に日野勝光の子政資の使者に本庄左衛門大夫がいたことは前述した。

若山荘の在地武士の本庄氏は、現地で領家日野家の荘園庶務を行なうことを通して日野家の家司になり、さらには日野家の姻戚の将軍足利義満にも近侍して権勢を得たのであった。

(2)　松　波　氏

若山荘の木郎郷には松波という地があり（現、鳳珠郡能登町松波）、松波川が流れている。室町・戦国時代にはこの松波の在地武士に松波氏がおり、前述した『驢驢嘶餘』では四氏のなかで松波氏が最大の勢力であった。

この若山荘の在地武士の松波氏と日野家の家司の松波氏との関係については、明確にはわからない。しかし、若山荘木郎郷の笠師宮（現、日の本神社）の文明四年（一四七二）の造立願主に「松波左衛門尉藤原親実」とあり[68]（「貞享二年寺社由緒書上」）、この木郎郷の在地の松波氏は藤原氏であった。日野家の家司の松波氏も、前述したように日野頼宣の子忠俊を始祖としており藤原氏である。

また、先述の『地下家伝』十八によれば、日野家の家司である松波兼興のあとを継いだ資治は、実父が裏松政光（日野勝光の実父）で、資治の子孫の多くは「光」の字を名前に用いている。また、兼興は三河守であるが、養子資治は越前守になっており、この越前守と名前に「光」の字のある「越前守光盛」という人物が、南北朝末期にすでに日野家の家司として存在していた。すなわち、松波の満福寺（現、万福寺）に所蔵されていた永和元年（一三七五）十二月二日[69]と同年同月七日[70]の日野資教家御教書（「満福寺文書」）に、日野資教（袖判）の仰せをうけたまわった奉者として「越前守光盛」がみえる。また、「法住寺文書」の永和元年十二月五日日野資教家御教書[71]の奉者も「越前守光盛」である。これらの「越前守光盛」の苗字は不明であるが、資治以降の「光」の字のある松波氏と繋がりがある可能性がある。

また一方、『大徳寺文書』によれば、京都で日野資教被官人の松波氏が康応元年（一三八九）七月に正親町万里小路の四半町の土地を押領したとされており[72]、この土地は永享三年（一四三一）十一月に松波量世が売却している[73]。康応元年の松波氏と永享三年の松波量世が同一人物であるとは断定できないが、永享三年頃に名前に「量」があった日野家当主として、日野資教の子で有光の弟の秀光がおり、秀光の本の名は量光である。[74] 松波量世は日野秀光（量光）の家司であったと考えられる。

この他にも、室町時代の日野家には松波六郎（左衛門尉）という家司がいたことは前述した。松波氏は、東四柳氏が述べているように[75]若山荘の在地武士の松波氏が日野家の家人となり日野家庶流にもなったという可能性は否定できない。しかし、日野勝光の実父裏松政光の子（つまり勝光の兄弟）が松波兼興の養子になって松波家を継いでいることと、南北朝末期になるまで史料上に松波氏に該当する人物がみられないことなどから、松波氏は『地下家伝』十八にあるように、もとから日野家の血を引く日野家庶流であったと思われる。具体的には、松波氏の祖忠俊（友俊）かその子友興あたりが南北朝中期頃に若山荘の松波に土着し、その過程で若山荘の有力な在地武士の娘を妻にし、やがて居住地の松波を称したことが推定されよう。

おわりに

日野家は、鎌倉時代では中納言止まりの下流公家で学者の家であったが、南北朝期には院執権を務めるようになって大納言に昇格し、さらには足利義満以降の将軍の正室が日野家から出され、将軍足利家の姻族・外戚になった。これらのことにより日野家の権威が高まったことは、日野家や同家の家司のあり方にも影響を与えた。

十五世紀前期に日野家は裏松・烏丸・日野の三家に分かれ、裏松重光の家司は五位止まりの青侍らで構成されていた。裏松家の勝光が日野惣領家の日野家を継ぎ、やがて内大臣に昇進すると、家司の構成には新たに四位・五位の諸大夫の吉田忠弘が加わり、大臣を出す上流公家と同格になった。勝光の家司にはこの他に、青侍の松波兼興・山形勝宗と勢多（中原）氏がいた。

日野資教・有光・秀光や勝光が継いだ日野惣領家の日野家は、九条家領能登国若山荘の領家職を伝領した。南北朝末期頃からこの日野家の家司としてみえるのが、若山荘の在地武士であった本庄氏である。本庄宗成は将軍足利義満正室業子の兄弟日野資教の家司で、業子の乳父でもあり、義満の威光を背景に権勢を誇った。本庄宗成の子満宗は若山荘の本家九条家分の課役を納入しており、義満に衛府侍としても仕えた。この他の資教の家司には、松波氏とのつながりが推定される越前守光盛がいた。その後、資教の子有光の家司には松波六郎がおり、秀光のときには松波量世が家司として推定される。

これら日野惣領家の青侍としてみえる本庄氏・松波氏・山形氏のうち、本庄氏は鎌倉時代から若山荘の在地領主として確認できる。しかし松波氏に関しては、若山荘の松波の在地武士と思われるが、日野資教の家司としてみえる以前の若山荘での在地性は確認できない。日野勝光の兄弟が松波兼興の養子になって相続していることなどから考えると、『地下家伝』十八にあるように、松波氏は日野忠俊を始祖とする日野家庶流であった可能性が大きい。その場合、南北朝中期頃に忠俊かその子の世代あたりが若山荘の有力な在地武士の娘と婚姻関係を結んで若山荘に土着したことが推定される。

公家の家司が家領荘園の在地武士であった例は山科家の家司大沢氏などにもみられる。大沢氏は山科家と同じく左大臣藤原魚名の子孫でもあり、山科家領の山城国山科東荘の在地武士であった(76)。公家の庶流の子孫が家領荘園の在地武士となり、本家の公家の家司として荘園経営の庶務に携わることは、同族である本家との連帯感を強め、公家にとっても家領荘園の維持・運営の上で有効であったと思われる。

なお松波氏はその後、十六世紀には松波光綱（資治の子）と松波資久（光隆の子）が日野家の侍として『歴名土代』の従五位下のところにみえる(77)。

ところで、本庄宗成は将軍家と日野家の権勢を背景に、一時的とはいえ能登国守護にもなった。また松波兼興は、相国寺領和泉国堺南荘の代官も務めていた。これらのことから、これら在地武士の家司たちは、彼らの主家に全面的・人的に従属していたのではなく、ある程度の独立性を保持したまま主家と家僕としての主従関係の契約を結んでいたといえる。

注

(1) 中世後期の公家の家司について総体的にまとめた研究に、拙稿「公家の家政機構と家司」(同『中世公家の経済と文化』吉川弘文館、一九九八年、第一部第三章)がある。
(2) 室町時代の日野家の政治的動向については、平山敏治郎『日本中世家族の研究』(法政大学出版局、一九八〇年)第五章「同族的結合」第二節「日野一流」、水野智之「室町時代における公家勢力の政治的動向」(同『室町時代公武関係の研究』吉川弘文館、二〇〇五年、第二部第二章)、田端泰子『日野富子』(ミネルヴァ日本評伝選)』(ミネルヴァ書房、二〇二一年)、同「将軍家と日野家・山科家―日野康子と日野栄子の役割を中心に―」(『女性歴史文化研究所紀要』二四号、二〇一七年)等、また日野家の所領については、拙稿「日野家領の研究」(同『中世公家の経済と文化』〔注(1)〕、第二部第一章)がある。
(3) 東四柳史明「中世の珠洲」(珠洲市史編さん専門委員会編『珠洲市史　第六巻　通史・個別研究』石川県珠洲市役所、一九八〇年、第三章)、同『半島国の中世史　能登の政治・社会・文化』(北國新聞社、一九九二年)、『石川県能登町　松波城跡庭園跡―平成18～22年度発掘調査報告書―』(能登町教育委員会、二〇一一年)第6章「能登松波氏と松波城」。
(4) 拙稿「天皇の学問と侍読―花園天皇と後花園天皇―」(同『日本中世の学問と教育』同成社、二〇一四年、Ⅱ第一章、初出二〇一一年)。
(5) 井上良信「日野資朝小論―南北朝時代公家動向の一側面―」(『赤松俊秀教授退官記念　国史論集』赤松俊秀教授退官記念事業会、一九七二年)。
(6)「院司補任」(宮内庁『皇室制度史料　太上天皇　二』吉川弘文館、一九七九年、二四二～二四九頁)。

（7）木下昌規「足利将軍家における足利義教御台所正親町三条尹子」（伴瀬明美・稲田奈津子・榊佳子・保科季子編『〈アジア遊学283〉東アジアの後宮』勉誠社、二〇二三年）では、将軍足利義教は尹子を御台所（正室）にしたが、前御台所を離縁したわけではないとしている。
（8）『大乗院寺社雑事記』文明六年閏五月十三日条、『宣胤卿記』同十三年正月十日条。
（9）『実隆公記』明応五年五月二十日条。富子が蓄財をしていたことは『大乗院寺社雑事記』文明九年七月二十九日条にみえる。
（10）『後法興院記』永正二年二月六日条。
（11）平山注（2）著第六章「家礼・門流」。
（12）拙稿「将軍足利義満と公家衆」（『日本史研究』五七三号、二〇一〇年、本書第一部第一章）で明らかにした。
（13）拙稿注（1）論文で考察して詳述している。
（14）『教言卿記』応永十三年三月三日条に「裏松青侍曾我新右衛門尉来、与一献也」とある（『史料纂集　教言卿記　第一』続群書類従完成会、一九七〇年、一三一頁）。
（15）『教言卿記』応永十四年十一月十五日条に「裏青侍久世来、何事哉」とある（『史料纂集　教言卿記　第二』続群書類従完成会、一九七一年、一五八頁）。「裏」は裏松重光の略である。
（16）『教言卿記』応永十六年閏三月十二日条に「大津入道他界〈裏松殿家人也〉云々」とある（『史料纂集　教言卿記　第三・教興卿記』続群書類従完成会、一九七四年、一〇八頁）。
（17）応永二十年に裏松重光が没した後の裏松家の家司としては、『康富記』応永三十年八月十四日条に「裏松内者」として「三村・大津」の名がみえ（『増補史料大成　康富記　一』臨川書店、再版一九七五年、二〇〇頁）、また、『建内記』嘉吉元年八月十日条、同記文安元年五月十七日条によれば、万里小路時房の隣家の尾浦氏は裏松家の代々の家僕で青侍であった。
（18）『雅久宿禰記』文明八年六月十九日条（東京大学史料編纂所編『大日本史料　第八編之八』東京大学出版会、覆刻一九八五年、八九一〜八九三頁）。
（19）東四柳史明『半島国の中世史　能登の政治・社会・文化』〔注（3）〕一〇四頁。
（20）湯川敏治編『歴名土代』（続群書類従完成会、一九九六年）二二頁。
（21）東京大学史料編纂所編『大日本史料　第八編之八』（注（18））八八七頁。

(22)『親長卿記』文明三年正月三日条。
(23)『蔭涼軒日録』長享二年六月九～十一、十四日条。
(24)正宗敦夫編『地下家伝　中』（自治日報社、一九六八年）九三一頁。なお『尊卑分脈』では、日野頼宣の子忠俊の後の代については記載されていない（『新訂増補国史大系　尊卑分脈　第二篇』吉川弘文館、一九八三年、二三八頁）。
(25)正宗敦夫編『地下家伝　中』（注(24)）九三二頁。
(26)『蔭涼軒日録』長享二年十二月三日条。
(27)『蔭涼軒日録』文正元年閏二月二十六日条、長享二年二月四日条。
(28)『晴富宿禰記』文明十一年七月十一日条。
(29)『史料纂集　教言卿記　第二』（注(14)）二七七頁。
(30)『続群書類従・補遺一　満済准后日記　下』（続群書類従完成会、訂正三版）九五頁。
(31)『蔭涼軒日録』文明十七年八月十二日、晦日条。
(32)『蔭涼軒日録』文明十八年四月十九日条。
(33)『実隆公記　巻一ノ上』（続群書類従完成会、三刷一九七九年）四六頁。
(34)『室町幕府引付史料集成　上巻』（桑山浩然校訂、近藤出版社、一九八〇年）三五三頁。
(35)正宗敦夫編『地下家伝　中』（注(24)）九〇八・九〇九頁。
(36)東四柳史明『半島国の中世史　能登の政治・社会・文化』（注(3)）六七頁。
(37)湯川敏治編『歴名土代』（注(20)）一四二頁。
(38)正宗敦夫編『地下家伝　上』（自治日報社、一九六八年）四一一頁。
(39)『史料纂集　山科家礼記　第二』（続群書類従完成会、一九六八年）二一九頁。
(40)『史料纂集　山科家礼記　第三』（続群書類従完成会、一九七〇年）九二頁。
(41)『新訂増補国史大系　尊卑分脈　第二篇』（注(24)）二三七・二四〇頁。
(42)拙稿注(1)論文で論じた。
(43)『能登最大の中世荘園　若山荘を歩く』（石川県立歴史博物館編集・発行、二〇〇〇年）。

(44)『圖書寮叢刊　九条家文書　二』（宮内庁書陵部、一九七二年）二九四号、源季兼寄進状。
(45)『圖書寮叢刊　九条家文書　二』（注(44)）二九五号、寿永二年十月十九日官宣旨。
(46)『加能史料　鎌倉Ⅰ』（石川県、一九九二年）四八五頁。
(47)『新訂増補国史大系　尊卑分脈　第二篇』（注(24)）二三〇頁。
(48)東四柳史明「中世の珠洲」（注(3)）。
(49)『圖書寮叢刊　九条家文書　一』（宮内庁書陵部編、明治書院、一九七一年）二八号、九一（133）頁。
(50)『看聞日記』永享四年六月四日条。拙稿注(2)論文で日野家領能登国若山荘の伝領について述べている。
(51)『看聞日記』永享八年十月十五・十七・二十九日条。
(52)『大乗院寺社雑事記』寛正二年年十月五日条。
(53)『圖書寮叢刊　九条家文書　二』（注(44)）三三三号、九条政忠書状案。
(54)『圖書寮叢刊　九条家文書　二』（注(44)）三一九号、九条尚経若山荘由緒書。
(55)『加能史料　南北朝Ⅲ』（石川県、一九九七年）三〇一頁。
(56)『加能史料　鎌倉Ⅰ』（注(46)）五二二頁。
(57)『能登最大の中世荘園　若山荘を歩く』（注(43)）三三頁。
(58)『加能史料　南北朝Ⅱ』（石川県、一九九五年）三八二頁。
(59)『加能史料　南北朝Ⅲ』（注(55)）三八頁。
(60)『大日本古記録　後愚昧記　二』（岩波書店、一九八四年）二四七頁。
(61)東四柳史明『半島国の中世史　能登の政治・社会・文化』（注(3)）二二二〜二二四頁。
(62)『加能史料　南北朝Ⅲ』（注(55)）二五六・二五七頁、本庄宗成書下。
(63)『圖書寮叢刊　九条家文書　一』（注(49)）八九（131）頁。
(64)「八幡社参記」（『加能史料　南北朝Ⅲ』〔注(55)〕三三八頁）、「明徳二年室町殿春日詣記」（『加能史料　南北朝Ⅲ』〔注(55)〕三七〇頁）、「相国寺供養記」（『加能史料　南北朝Ⅲ』〔注(55)〕四〇九頁）、「日吉社室町殿御社参記」（『加能史料　室町Ⅰ』石川県、一九九九年、一六頁）等。

(65)「丹後宮津本荘家譜」(『加能史料　南北朝Ⅲ』〔注(55)〕三〇二頁)。
(66)『圖書寮叢刊　九条家文書　二』(注(44))三一四号、本庄宗政書状。
(67)『満済准后日記』永享六年四月二十九日条(『続群書類従・補遺一　満済准后日記　下』〔注(30)〕五七二頁)。
(68)『加能史料　南北朝Ⅲ』(注(55))四七八・四七九頁。
(69)『加能史料　南北朝Ⅲ』(注(55))二〇・二一頁。
(70)『加能史料　南北朝Ⅲ』(注(55))二二頁。
(71)『加能史料　南北朝Ⅲ』(注(55))二一頁。
(72)『大日本古文書　大徳寺文書　家わけ十七ノ五』(東京大学出版会、覆刻一九八三年)一九一二号、土御門宗瑞(定長)書状案。
(73)『大日本古文書　大徳寺文書　家わけ十七ノ四』(東京大学出版会、覆刻一九八三年)一五三五号、松波量世屋地売券。
(74)『新訂増補国史大系　尊卑分脈　第二篇』(注(24))二三九頁。
(75)東四柳史明『半島国の中世史　能登の政治・社会・文化』(注(3))一〇六頁、『石川県能都町　松波城跡庭園跡―平成18～22年度発掘調査報告書―』(注(3))第6章「能登松波氏と松波城」。
(76)『新訂増補国史大系　尊卑分脈　第二篇』(注(24))二六八～二八一頁、拙稿「山科家の家司大沢久守と山城国山科東荘―在地武士としての考察―」(拙著『中世の武家と公家の「家」』吉川弘文館、二〇〇七年、第三部第三章)。
(77)湯川敏治編『歴名土代』(注(20))一三五・一四八頁。

第三章　室町時代における天皇の近臣公家衆
――称光・後花園・後土御門の時代――

はじめに

主君のそば近くに仕える者のことを「近習」や「近臣」といい[1]、鎌倉幕府と室町幕府では将軍の近習たちが将軍の身辺警護を務め、時には政治的な影響力を持ったとされている[2]。天皇の近習に関しては、鎌倉時代の順徳天皇が著書『禁秘抄』の「近習事」[3]で、朝廷で私服の直衣の着用を勅許された公卿や昼夜の侍臣を挙げ、古来内々のことは近習に尋ねたとし、順徳の近習には蹴鞠・管絃の友もいたと記している。

室町時代の天皇の近習・近臣の公家に関しては、公家衆の禁裏小番が後小松天皇のときに足利義満の主導下で設けられ、この禁裏小番が後土御門天皇の文明八年（一四七六）に内々（近臣）番と外様番に明確に分かれたことが明石治郎氏等によって明らかにされている[4]。

また井原今朝男氏は甘露寺親長の日記『親長卿記』等から近習・近臣について論じ、後土御門の近臣衆自体の特徴を五つ挙げ、各特徴に公家たちを当てはめて分類している[5]。五つの特徴とは、①女官を出した公家のなかから近臣を設定、②伏見宮家の諸大夫・家司・家礼の家柄、③職事・弁官機構の行政実務官人、④六位蔵人、⑤和歌・蹴鞠・楽道等の芸能や神事の貴族の家である。

しかし、この分類にはいくつかの問題点が存在する。先ず井原氏は主に推論によって近臣公家たちを①〜⑤の各特徴に当てはめており、実際には該当しないケースや当てはめた理由が妥当ではないケースが少なくない。(6) また①に対しては、逆に近臣の親族の女性から女官を選んだとも考えられる。なお、④六位蔵人は③の職事（蔵人頭・五位蔵人・六位蔵人）に該当するため、④は③に含まれる。

近臣と女官との家族・親族関係に関しては、拙稿(7)でも後土御門の近臣（内々）衆には女官の親族が多かったことを指摘したが、なかには女官の母方の親族や養子も含まれていた。従来の公家関係の諸研究では男性とその父系の家を主な考察対象とし、母方の家や姻族は考察対象には入れない傾向があったが、母方や妻方の親族、実父・養子関係をも含めて考える必要がある。

②に関連しては、後花園天皇の実父伏見宮貞成親王は崇光天皇の孫で、後花園が猶子となって継いだ後小松は崇光の弟後光厳天皇の孫であり、後花園は崇光流と後光厳流のどちらの皇統の継承者かという議論が存在する。(8) この問題については後花園の近臣衆の面からも考える必要がある。

③と④に関してはすでに明石氏が、具体的な実証はしていないものの後土御門天皇の「朝廷の政治を支えていたのは、職事出身の伝奏・近臣であった」ことを指摘している。(9)

以上の事柄をふまえ、室町時代の天皇の近習・近臣の公家について、本章で解明すべき課題として以下の三点を挙げたい。すなわち、⑴天皇の近臣公家衆の特徴については再考する必要があること、⑵後花園の近臣は生家伏見宮家と後小松のどちらの近臣の系統か、また、後花園の近臣衆と後土御門の近臣衆とのつながり、⑶職事出身者の近臣を具体的に経歴から立証することの三点である。

この(1)〜(3)について解明するため、先ず後小松の子称光天皇の近臣衆と、伏見宮家の近臣衆を明らかにした上で、後花園の近臣衆のメンバーについて考察する。禁裏小番の近臣（内々）衆が出現する以前の天皇近臣を知る手掛かりには、天皇の葬送・葬礼に関わった公家衆の抽出という方法がある。島津毅氏は、中世の王家・貴族の葬送の担い手には禅律僧の他に被葬者の親族・近習・近臣がいたことを指摘している[10]。本章では、称光と後花園の葬送・葬礼に関する諸史料から亡き天皇の近臣衆を抽出し、職事の経歴なども含め彼ら近臣衆にみられる諸特徴を明らかにする。

そして後土御門の近臣衆に関しては、近臣であった山科言国の日記『言国卿記』や『親長卿記』等を用い、前代の天皇近臣との系譜的つながりや近臣衆にみられるいくつかの特徴を明らかにして、彼らの朝廷における役割についても考える。

一　近習・内々と外様

先ず本題に入る前に、天皇臣下の公家たちが「近習」（「近臣」「内々」）と「外様」に区別されるようになった時期と、これらの語について考察する。天皇の禁裏小番が文明八年（一四七六）に内々（近臣）衆と外様衆に分かれたことは前述したが、この「内々」と「外様」の言葉が天皇の朝廷で公家衆の区分として使用され始めた時期については、明確にはわかっていない。

「近習」は前述したように、鎌倉時代にはすでに幕府将軍や天皇の近習が存在していた。さらに室町幕府が建武三年（一三三六）に定めた『建武式目』第十二条「可被選近習者事」[11]では、将軍の近辺に仕える者には能力ある者を選ぶべきとしており、近習は将軍に対して影響力を持っていた。

「外様」については、鎌倉幕府末期頃の訴訟関係の解説書『沙汰未練書』に、「外様者　将軍家奉公地頭御家人等事也」とあり、外様は、執権北条氏の「御内奉公人」（「御内方」）以外の、将軍家に奉公する御家人たちを指していた。(12)また室町幕府では、武家衆の身分的序列として外様衆が存在した。(13)さらに、『康富記』応永二十九年（一四二二）十一月二十一日条で将軍足利義持に参賀する公家を関白・大臣と「近習」・「外様」に区分していることが指摘されており、(14)将軍家における近習・外様の公家という分類方法が朝廷でも適用されたと考えられる。

天皇臣下の公家について近習（近臣）以外を「外様」と称し始めた年はわからないが、後小松上皇の仙洞では応永三十一年に「外様小番衆」と「近習三番衆四十余人」が存在し、称光天皇の禁裏小番衆とは別であった（『看聞日記』）。(15)また、伏見宮貞成親王が永享五年（一四三三）二月に脱稿した『椿葉記』では、崇光院以来の臣下の公卿を「近習」と「外様」に分けている。(16)つまり、後小松上皇の院政時代（一四一二～一四三一年）に、公家社会で「外様」公家衆の存在が常態化していったといえよう。

さらに、万里小路時房の日記『建内記』の文安四年（一四四七）の記事からは、天皇の御前では「内々」と「外様」とで座席に差があったことがわかる。すなわち、同記同年正月十日条には、(17)時房が花山院持忠前内大臣から、議定所で天皇との対面がなかった時に畳の上ではなく差筵に伺候したという話を聞き、次のようなことを記している。

（前略）大臣内々御対面之時、可召畳上、外様御前召之時、円座勿論、内々席有畳所、可召畳上也、去年予□之時無御目、□□差筵、然間今日相尋花山之処、同前、後小松院内々御対面之時、丞相畳上勿論、仍如此内々示聞近臣了、且内々入魂如此了、

つまり、大臣が内々で天皇に対面するときは畳の上に召されるが、外様の場合は円座が当然であるものの、内々の席が畳にある所では（大臣は）畳の上に召されるべきと記している。また、後小松院のときでは内々の対面では丞相

（大臣）は当然畳の上で、このようなことは内々に近臣に示しており、内々の場合は天皇に親密に扱われていたとしている。

この記事からは、天皇に対面するときには内々の席は畳の上に設けられ、外様は円座（円い敷物）に座すのが通常であったと理解できる。

ここで使われている「内々」の語の多くは、内々衆の意味よりも「内輪で」とか「公的ではなく私的に」という意味合いである。『建内記』同年正月二十三日条では、宮中で公家たちが祗候している場に女孺を召し出した公家たちに対し、時房は女孺ではなく女官を召すべきと諭し、「禁中之作法、面々更不弁先規也、（中略）禁中細々内々之儀ハ、非近習之輩ハ更不知事也」と記しており、[18]朝廷の細かい内々のことは近習しか知らないという。天皇が内々に、つまり内輪の集まりや私的な場で近習たちと身近に接していたことから、近習・近臣の意味として「内々」衆の言葉が生じたと考えられる。

二　称光天皇の近臣公家衆

後小松天皇は応永十九年（一四一二）八月に天皇位を子の称光に譲り、上皇として院政を始めた。称光には皇子がおらず、正長元年（一四二八）七月二十日に二八歳で病死した。

中山定親の日記『薩戒記』正長元年七月二十日条等には、称光の崩御と葬礼に関する記事がみえる。同記同月二十日条には、[19]亡くなった称光の頭を北向きに直すことについて、

（前略）三条大納言公保、殊昵近人也、・少納言長政朝臣同、等奉直之、（後略）

とあり、これに携わった三条西公保と西坊城長政の二人は称光と特に親しい関係の近臣であった。同記同月二十二日条によれば、称光の入棺のときには西坊城長政・高倉永盛・正親町三条実雅・上冷泉為之・東坊城益長・慈光寺持経・岡崎範景等が入棺の役を務めている。

さらに、同記同月二十三日条には後小松上皇が定めた称光天皇葬送の供奉人・素服人として、公卿・殿上人・「可賜素服人」・法親王・女房である各供奉人の名が列記されている[20]。そこでは三条西公保と東坊城長政も含めた二三人の公家が公卿九人と殿上人一四人に分けられ、この内の五人は「可賜素服人」にも名がみえる。この二三人の供奉人の公家は称光の主な近臣と考えられる。

この二三人について、天皇家との血縁関係の有無や、職事（蔵人頭・五位蔵人・六位蔵人）の経歴について、『尊卑分脈』『職事補任』、大外記中原師郷の日記『師郷記』等を用いて調べ[21]、「可賜素服人」（以下略して「素服人」とする）であるか否かも加えて表3にまとめた。なお素服とは、死者の近親者や近侍者が着る喪服のことである[22]。

この表3の二三人のうち、一五人が後小松・称光・後花園の三天皇のいずれかで職事を務めている。『職事補任』[23]によれば称光の蔵人頭は二〇人で、その内の八人が表3にみえる。また、称光の五位蔵人は一五人いたが、表3にみえるのはその内の四人である。なお鷲尾隆遠と中御門明豊は後花園の職事で、称光の職事にはまだ任じられていないが、『職事補任』によれば鷲尾隆遠の祖父隆敦の兄隆広は後円融の蔵人頭で、曽祖父隆右は後光厳の蔵人頭を務めており、また中御門明豊は父宣輔が称光の蔵人頭であった[24]。この二人は蔵人頭であった父祖の縁で、蔵人頭の予備軍として称光の身近に仕えていたと考えられる。また、六位蔵人の三人については、『師郷記』応永三十二年（一四二五）に源為治、同三十五年（正長元）の記事に五辻重仲と藤原懐藤が六位蔵人としてみえる[25]。

称光と血縁関係にある近臣公家は五人いた。すなわち、崇光・後光厳両天皇の母である正親町三条秀子（陽禄門

表3　称光天皇の葬送供奉人（『薩戒記』正長元年七月二十三日条から）

	名前	史料上の呼称	天皇家との血縁関係	職事の経歴	素服人	備考
公卿	三条公光	三条前右大臣	後小松のいとこ			
	土御門資家	按察大納言		後小松の五位蔵人・蔵人頭		柳原家庶流
	三条西公保	三条大納言	曽祖父が崇光・後光厳の母の兄弟	称光の蔵人頭	○	
	中御門俊輔（宣輔）	中御門中納言		後小松の五位蔵人、称光の蔵人頭		勧修寺家流中御門家
	勧修寺経興	勧修寺中納言		後小松の五位蔵人、称光の五位蔵人・蔵人頭		
	日野西盛光	日野新中納言	称光のおじ	称光の五位蔵人・蔵人頭	○	
	松木（中御門）宗継	中御門宰相		称光の蔵人頭		
	四辻季保	四辻宰相中将	祖母が崇光・後光厳の母の姉妹			
	広橋親光（兼郷・宣光）	親光朝臣		称光の五位蔵人・蔵人頭		武家伝奏
殿上人	四条隆夏	隆夏朝臣		称光の蔵人頭、後花園の蔵人頭		
	持明院基世	基世朝臣		称光の蔵人頭、後花園の蔵人頭		
	西坊城長政	長政朝臣			○	東坊城家の庶流
	四辻季俊	季俊朝臣	曽祖母が崇光・後光厳の母の姉妹		○	四辻季保の甥
	高倉永盛	永盛朝臣				
	清水谷（一条）公知	公知朝臣				
	日野資親	資親		称光の五位蔵人、後花園の五位蔵人・蔵人頭		
	鷲尾隆遠	隆遠		後花園の蔵人頭		
	中御門明豊	明豊		後花園の五位蔵人・蔵人頭		中御門俊輔の子
	東坊城益長	益長				父東坊城長遠は称光の侍読
	岡崎範景	範景			○	父範方の実父は清原良賢
	五辻重仲	源重仲		六位蔵人（師）		
	物加波懐藤	藤原懐藤		六位蔵人（師）		
	源為治	源為治		六位蔵人（師）		

注　「職事の経歴」の出典は、（師）は『師郷記』で、それ以外は『職事補任』である。

院）の兄弟姉妹の子孫にあたる三条西公保・四辻季保・四辻季俊と、後小松の母三条厳子（通陽門院）の甥にあたる三条公光（公量）、称光の母日野西資子（光範門院）の兄弟である日野西盛光の五人である(26)（図2）。この内、三条西公保と日野西盛光は職事で素服人でもあった。特に称光のおじ日野西盛光は、『称光天皇御葬礼記』(27)によれば、称光の拾骨のときに「由緒人」として称光の仙骨を手匣に入れて懸けている。また四辻季俊は、正親町三条秀子の姉妹の孫である四辻実茂（季保の兄）の子で、素服人には季保ではなく季俊が選ばれている。

表3にはこれらのいずれにも該当しない公家が五人いるが、彼らに共通する点は、専門の学問や技芸を代々継承している公家である。この五人の内の四人は、学問の紀伝道（史書・漢文学）を継承する菅原氏の西坊城長政・東坊城益長の二人と、装束の衣紋道の高倉永盛、能書（書道）の清水谷（一条）公知である(28)。また岡崎範景は、父範方の実父が学問の明経道（儒学）を継承する家の清原良賢で(29)、この良賢は後光厳・後円融・後小松天皇と崇光上皇・栄仁親王の侍読を務めていたので(30)、良賢の実の孫にあたる範景は学問の家の出身者に該当するといってよい。

また四辻季保と松木（中御門）宗継は、雅楽の楽器の演奏も行っていた。四辻家は西園寺家流で、季保の祖父実郷までは室町を号しており、鎌倉中期の十三世紀中頃から箏を演奏してきた(31)。季保は箏の演奏を後小松から伝授され（『秦箏相承血脈』(32)）、さらに季保は箏の秘曲を伏見宮貞常親王に伝授している（『箏秘曲御伝授状』(33)）。一方、松木家は中御門を号し、『鳳笙師伝相承』によれば、十一世紀後半頃の堀河右大臣藤原頼宗以来代々笙の演奏を伝授して家業としており、松木宗継の場合は豊原幸秋と後小松から伝授された(34)。

笙に関しては、称光自身も豊原幸秋を師として笙を伝授されている（『鳳笙師伝相承』(35)）。天皇が演奏する雅楽の楽器は鎌倉時代では主に琵琶であったが、後光厳以降の天皇は代々笙を習得した(36)。その理由として相馬万里子氏は、正嫡子ではなかった花園・光明・後光厳がいずれも琵琶以外の楽器を選んだことを指摘しており(37)、また豊永聡美氏は、後

図2　室町時代の天皇・正親町三条・三条①・日野西等諸家関係系図

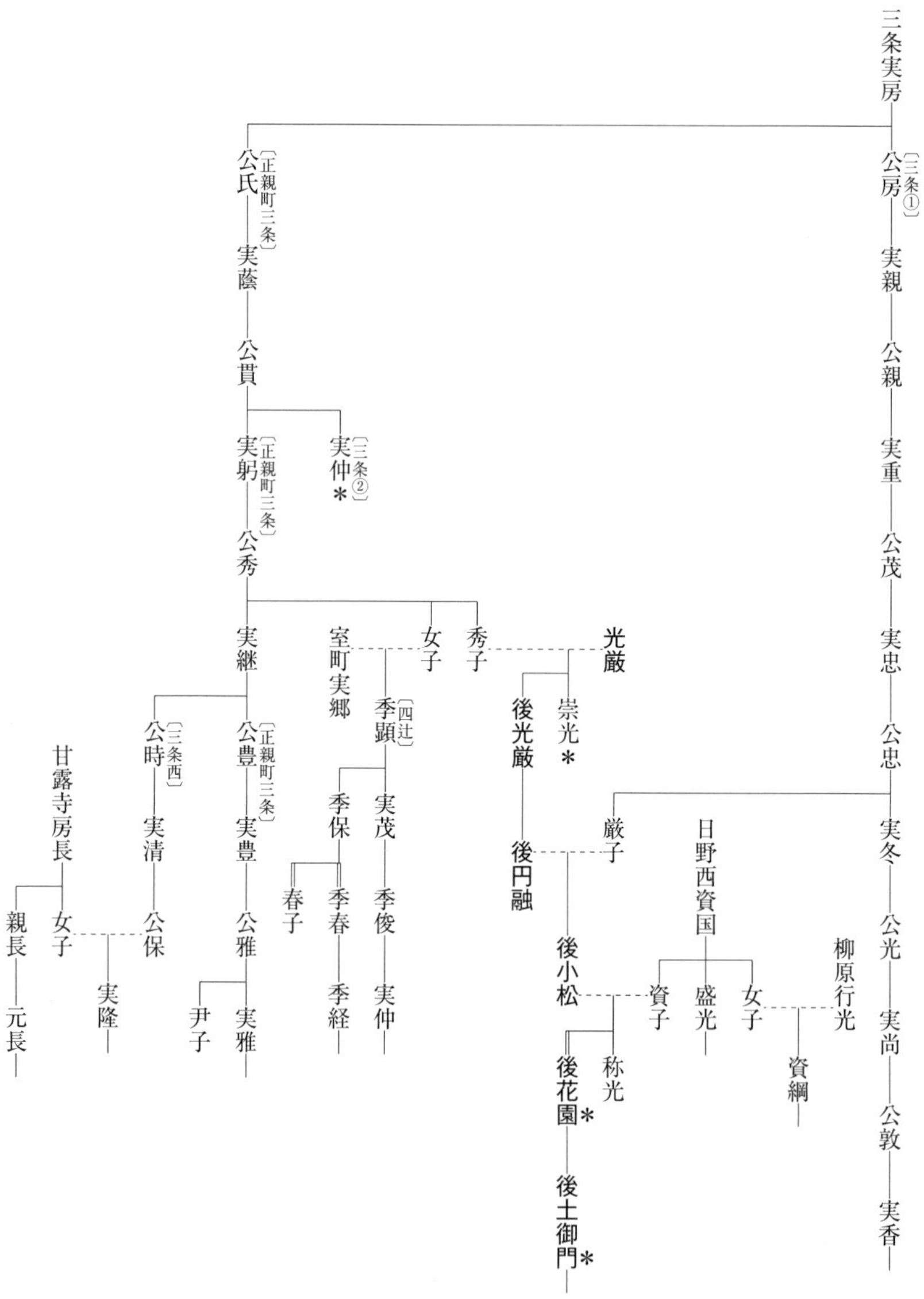

注　天皇は太字　〔　〕内は家名　＝は養子・猶子　-----は婚姻関係　＊は図3に所載

光厳を即位させた足利尊氏が笙を習得していたため、後光厳は尊氏の師豊原龍秋を御師とすることで武家への接近を図ったとしている。[38]『鳳笙師伝相承』によれば将軍足利家では、尊氏の後の基氏・義満・義持・義教も笙の演奏を豊原氏から伝授されている。[39]

以上から、称光天皇の近臣公家衆は次の①〜③のグループに分類することができる。

①天皇の母方の血族、つまり天皇の外戚。称光の場合は、曽祖父後光厳の母方正親町三条家の子孫三条西・四辻両家、父後小松の母方三条家、称光の母方日野西家。

②職事の経歴のある者。

③学問や技芸などの文化を継承する公家。

このなかで②職事の経歴のある者が近臣全体の六二・五％を占め、最多であった。

三　伏見宮家に祇候の公家衆

後花園天皇の近臣衆について考察する前に、後花園の実父伏見宮貞成親王が著書『椿葉記』に記した伏見宮家の近臣衆について明らかにする。

『椿葉記』は第一節で触れたように、崇光天皇以来伏見宮家に祇候した公卿・殿上人等について記しており、[40]公卿クラスの公家を「近習」と「外様」に分け、その後に「上北面」・「蔵人」等の殿上人・諸大夫クラス（四位・五位）の人々を挙げている。これらの祇候衆について、『尊卑分脈』等で該当する人物を確認し、表4にまとめた。

表4からわかるように、合計二九人のうち、公卿は近習が一一人と外様が八人、殿上人・諸大夫は一〇人で、みな

表4　崇光天皇以来伏見宮家に祗候した公卿・殿上人等（『椿葉記』から）

身分	名前	父祖（『尊卑分脈』に依る）	備考
公卿 近習	庭田重資		娘資子が崇光天皇の典侍で、栄仁親王の母
	庭田重有	庭田重資の孫	後花園天皇の母庭田幸子の兄弟
	田向経兼	庭田重資の孫	
	田向長資	経兼の子	
	田向経秀	長資の子	
	綾小路信俊		〔郢曲の家〕
	綾小路有俊	信俊の子	〔郢曲の家〕
	大宮隆仲		四条家庶流
	大宮隆富	隆仲の孫	四条家庶流
	世尊寺行俊		〔能書の家〕
	世尊寺行資（行康）	行俊の孫	〔能書の家〕
公卿 外様	正親町三条実継		崇光・後光厳両天皇の母正親町三条秀子の兄弟
	正親町三条公雅	実継の曽孫	母は貞成親王の母三条治子の姪（椿）
	正親町三条実雅	公雅の子	
	勧修寺経顕		光厳天皇の寵臣（椿）
	勧修寺経成	経顕の曽孫	
	葉室宗豊		父祖が崇光院の院執権（椿）
	高辻（菅原）長衡		崇光天皇の近習（椿）。〔学問の家〕
	高辻（菅原）長郷	長衡の孫	栄仁親王の近習（椿）。〔学問の家〕
諸大夫	五辻朝仲	実父庭田経有	崇光天皇の近習、上北面（椿）
	五辻教仲	朝仲の子	
	五辻重仲	教仲の子	後小松院の近習で、伏見宮家にも参仕（椿）
	慈光寺光仲		崇光天皇の近習、上北面（椿）。五辻家庶流
	慈光寺師仲	光仲の子	蔵人（椿）。五辻家庶流
	慈光寺持経（持仲）	師仲の子	後小松院の近習で、伏見宮家にも参仕（椿）。五辻家庶流

殿上人・			
	冷泉賢恵（範康）		崇光天皇の近習、上北面（椿）。〔装束の家〕
	冷泉範定	賢恵の子	蔵人（椿）。〔装束の家〕
	冷泉正永	賢恵の子	〔装束の家〕
	冷泉永基	範定の猶子、実父は正永	〔装束の家〕

注　公卿の近習と外様は『椿葉記』の記述に従って分け、名前の順序は家ごとにまとめた。
備考の欄は、『椿葉記』の記述に依った（椿）以外は、筆者が『尊卑分脈』を参照して加え、特定の技芸の家は〔　〕でその技芸を示した。

図3　天皇・伏見宮・三条②・庭田諸家関係系図

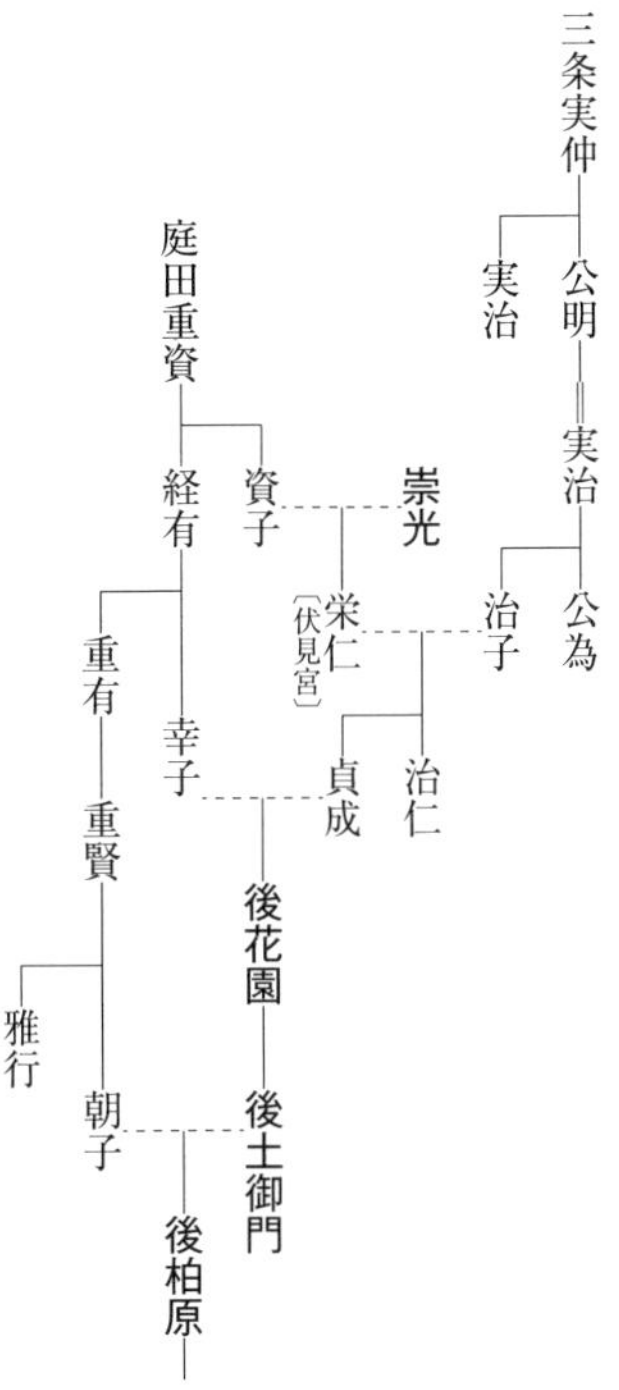

注　凡例は図2に同じ。

父・子・孫など代々で伏見宮家に祗候している。

公卿の近習では、宇多源氏の庭田家とその庶流の綾小路家・田向家が合わせて七人で、他は四条家庶流の大宮家が二人、能書の家の世尊寺家が二人である。近習の筆頭に挙げられている庭田重資は、娘資子が崇光の典侍で栄仁親王を産んでおり、庭田家は伏見宮家の外戚にあたる（図3）。

公卿の外様の正親町三条家は、正親町三条秀子が崇光・後光厳両天皇の実母であり、同家は崇光・後光厳両流の外戚であった。勧修寺家と葉室家は甘露寺家流の名家（弁官・蔵人を経て大納言に至る）であり、菅原氏の高辻家は学問（紀伝道）の家で、高辻長衡は後光厳の子後円融の侍読を務めている。(41) 外様の公卿はむしろ後光厳流天皇家の近臣であった。

殿上人・諸大夫の一〇人のうち、庭田家と同じ宇多源氏の五辻家とその庶流の慈光寺家が合わせて六人いる。残りの四人は冷泉家であるが、この冷泉家は装束の衣紋道の高倉家で、賢恵（範康）の四代前の永経の時から冷泉を号していた。(42) これら一〇人の内、五辻重仲と慈光寺持経（持仲）は後小松の近習でもあり、五辻重仲は前節で取り上げた称光天皇葬送の供奉人の殿上人にも名がみえる。

以上の二九人を家名だけでみると一二家になり、ここから外様を除いた八家の内の五家（庭田・田向・綾小路・五辻・慈光寺）は宇多源氏の庭田流か五辻流である。庭田流は、宇多天皇の曽孫源時中が龍笛・和琴・郢曲・舞曲・蹴鞠に優れ、以来子孫は代々管絃と郢曲（謡い物の総称）の演奏に携わってきた。鎌倉後期の源有資の猶子経資が庭田家の祖となり、有資の実子信有は綾小路を号して家業の郢曲と管絃を継いだ。(43)『椿葉記』では綾小路家を「昔より音曲の家」とし、綾小路信俊が崇光の代より仕え、その子有俊は音曲を相続して「君に仕へき物なり」としている。(44) 音曲を伝えた庭田流の家臣たちといい、天皇への綾小路家の推挙といい、これらからは伏見宮家と音楽との深いつながりがうかがえる。

四　後花園院の近臣公家衆

後小松上皇は称光天皇が亡くなる直前に伏見宮貞成親王の長男彦仁を自分の猶子にし、彦仁（後花園天皇）は称光が崩御してまもない正長元年（一四二八）七月二十八日に践祚、翌永享元年（一四二九）十二月二十七日に即位した。同三年三月に後小松が出家して院政を止めると後花園の親政になり、親政は寛正五年（一四六四）七月十九日に成仁親王（後土御門天皇）に譲位するまで続いた。その後、後花園は応仁元年（一四六七）九月に出家するまで院政を行ない、文明二年（一四七〇）十二月二十七日に五二歳で崩御した。そして、翌二十八日に後花園院の亡骸が聖寿寺に運ばれ、翌文明三年正月三日には葬礼の後に悲田院で火葬された[45]。

後花園院の近臣については、葬礼の行事に参加した公家たちから後花園の晩年の近臣を推測することができる。後花園院の葬送について記した飛鳥井雅康の『山の霞』[46]には、十二月二十八日夜に後花園の亡骸が仮御所の泉殿から聖寿寺に運ばれるときについて、

泉殿の南の御縁に御こしをよせて、近臣の公卿殿上人僧だち、こゝかしこに取つきたてまつりてのせまいらせ彼寺に出し奉る。

とある。この部分に該当する『親長卿記』同日条[47]には、後花園をのせた板輿に「御共広橋・中院亜相・予已下数輩」が同行して聖寿寺に行ったことがみえ、広橋綱光・中院通秀・甘露寺親長以下数人が後花園の近臣であったことがわかる。

先の称光の場合は葬送の供奉人から近臣衆を推察したが、後花園の葬送の場合は将軍足利義政とその御供の公家たちも含まれているため[48]、正確には後花園の近臣衆とはいえない。そこで後花園の近臣衆と思われるのが、正月四日に定められた「御寺結番」の一〇人である。葬礼の仏事が催される聖寿寺には毎日当番制で公家たちが祗候することになり、『親長卿記』文明三年正月五日条には[49]「定御寺結番事」として、一〇人の名前が五番編成で二人ずつ書かれている。一〇人とはすなわち、柳原資綱・冷泉永親・中院通秀・西坊城顕長・甘露寺親長・町広光・四辻季春・万里小路春房・松木（中御門）宗綱・五辻泰仲である。この内、松木宗綱は禁裏素服衆（後土御門天皇関係者として素服着用）に加わったとして、武者小路資世がその代わりを務めることになった。

後花園院方の素服人は、将軍足利義政の決定により甘露寺親長・西坊城顕長・町広光・五辻泰仲となり、これに四辻季春が本人の希望によって加えられた。また、橘以量もこの素服人の該当者であったが、梅宮長者であるため外された[50]。素服は前述したように、死者の近親者や近侍者が着用する喪服であり、ここに名を挙げた六人は後花園の近習といえる。橘以量以外の五人は「御寺結番」のメンバーでもある。

「御寺結番」衆の多くは、葬礼の期間中たびたび催された陀羅尼や光明真言の読誦にも参加している。陀羅尼と光明真言は、死者の霊魂を極楽浄土に送るための呪文として貴族社会の葬送儀礼で読誦された[51]。この陀羅尼・光明真言読誦の参加者は[52]、初七日の正月四日以外は一定の公家たちに限られている。この一定の公家たちのほとんどは「御寺結番」衆であるが、「御寺結番」衆ではないものの後花園の葬送時に亡骸に同行して聖寿寺に行った近臣の広橋綱光も含まれており、後花園の近臣衆と考えられる。

表5は、この後花園院の葬礼の「御寺結番」衆、素服人、陀羅尼・光明真言読誦への参加回数を表にまとめ、表3と同様に「天皇との血縁関係」「職事の経歴」の欄も加えたもので、さらに、「身内の称光近臣」の欄も加えて、表3

表5　後花園院の葬礼から近臣と推定される公家衆（『親長卿記』から）

名前	史料上の呼称	天皇との血縁関係	職事の経歴	素服人	御寺結番	読誦参加	身内の称光近臣	備考
庭田長賢(重賢)	庭田大納言入道	後花園の実母の甥				3回		
柳原資綱	日野大納言	称光のいとこ	後花園の蔵人頭		○	2回	母方のおじ日野西盛光○	院執権
三条公敦	右大将	(後小松の外戚)				4回	祖父三条公光	
中院通秀	中院大納言				○	4回		
広橋綱光	広橋大納言		後花園の五位蔵人・蔵人頭			1回	父広橋親光	武家伝奏
甘露寺親長	按察		後花園の五位蔵人・蔵人頭	○	○	5回		姉妹が三條西公保室
四辻季春	右衛門督	(崇光・後光厳の外戚)		○	○	4回	養父四辻季保	
武者小路資世	藤中納言		後花園の蔵人頭		○	1回		柳原家庶流
松木(中御門)宗綱	兵部卿		後花園・後土御門の蔵人頭		(○)	1回	父松木宗継	
冷泉永親	冷泉前宰相				○	4回		
西坊城顕長	菅宰相			○	○	5回	父西坊城長政○	東坊城家の庶流
町広光	左大弁宰相		後花園の五位蔵人、後土御門の五位蔵人・蔵人頭	○	○	4回		柳原家庶流
万里小路春房	春房朝臣・右大弁宰相		後土御門の蔵人頭		○	1回		実父は甘露寺親長
五辻泰仲	泰仲朝臣		六位蔵人(師)	○	○	4回	父五辻重仲	
三条西実隆	実隆朝臣	(崇光・後光厳の外戚)	後土御門の蔵人頭			1回	父三条西公保○	後花園の侍従
橘(薄)以量	橘以量		六位蔵人(師)	(○)				

注　「職事の経歴」の典拠は、(師)は『師郷記』で、それ以外は『職事補任』である。

「読誦参加」は、『親長卿記』に参加者名が列記されている文明三年正月十一・十四・十九・二十九日の陀羅尼読誦と同年正月十七日の光明真言読誦への参加の回数で、合わせて五回である。

「素服人」と「御寺結番」の欄の○は該当者で、(○)は本来ならば該当者であるが事情により外されたことを示す(『親長卿記』に依る)。

「身内の称光近臣」の○は、称光天皇の葬礼の素服人である。

に父・祖父・おじ等の近い身内が称光の近臣衆としてみえる場合には記入した。

この表5にみえる一六人の内、職事の経歴のある者は一〇人で、後花園の職事に限れば八人である。表5には『職事補任』(53)にみえる後花園の蔵人頭三七人の内の六人と、後花園の五位蔵人二一人の内の三人がみえる。この他の近臣の蔵人には六位蔵人が二人いた。(54)職事全体の数からみれば、天皇の近臣になる蔵人頭と蔵人はごく一部であった。

また表5には天皇と血縁関係のある公家が五人おり、その内の三人は崇光・後光厳両天皇の外戚正親町三条家の子孫（三条西家・四辻家）、または後小松の外戚三条家の子孫である。後花園自身の身近な血縁者は、実母庭田幸子（敷政門院）の甥の庭田長賢（重賢）のみである。庭田家は伏見宮家の外戚・家臣であるが、この庭田長賢は、娘朝子が後土御門の典侍で皇子勝仁（後の後柏原天皇）を寛正五年（一四六四）に産んでおり、(55)後の後柏原天皇の外戚でもあった（図3）。長賢が近臣であった理由は、伏見宮家の家臣という面よりも後花園と皇子勝仁の外戚であったことの方が大きいといえる。

一方柳原資綱は、柳原家が日野家流で、資綱の母は同じく日野家流の日野西資国の娘であり、その姉の資子は称光の実母である（図2）。つまり、資綱は称光のいとこに当たる。また、資子は後花園の准母になっており（『尊卑分脈』(56)）、後花園は称光の弟分に相当する関係にあった。称光のいとこ柳原資綱は、後花園のいとこと同等の立場であったといえる。

また、表5の内の八人は、父・祖父等が表3の称光の近臣衆に名前がみえる。柳原資綱はおじ日野西盛光、三条公敦は祖父三条公光が外戚として、また、四辻季春は養父四辻季保、三条西実隆は父公保が両皇統の外戚の子孫として称光の近臣であった。その他に、広橋綱光・松木宗綱・西坊城顕長・五辻泰仲も父が称光の近臣であった。表5にみえる一六人の半分の八人は、父祖が築いた天皇近臣の地位を継いだことになる。

なお甘露寺親長は、後花園の五位蔵人・蔵人頭であるが、日記『親長卿記』に後花園の崩御の際に、「予殊自十一歳至当年四十七歳近習、被思食不便、奉公又存忠心」と記しており、(57)一一歳の少年のときから四七歳まで後花園に近侍していた。実は親長の父房長の母は日野西資国の姉妹で、称光の母資子（資国娘）は房長の従姉妹に当たり、さらに、親長の姉妹は三条西公保の正室で、実隆の実母である(58)（図2）。親長が後花園の近習になった理由には、天皇と多少の血縁関係があることと、近臣の三条西公保がこの妻の兄弟を引き立てた可能性も考えられる。なお、表5にみえる万里小路春房は実父が甘露寺親長であり、(59)春房は実父親長の推挙によって後花園の近臣になったと思われる。

この他に表5には、職事でも天皇外戚でもない近臣が三人おり、中院通秀・冷泉永親・西坊城顕長がこれに該当する。この内、西坊城顕長は父長政が称光の近臣で、この西坊城家は紀伝道の学者であったことは前述した。この三人は文化・技芸の面で後花園と親密な交流があったといえる。

中院通秀は、家格は大臣家（近衛大将を経ずに大臣になる）で、先祖には勅撰和歌集所載の和歌の作者が幾人もいる。(60)また、通秀の日記『十輪院内府記』にはさまざまな和書・漢籍・仏典や絵巻物等の書名がみえ、日記の文章や語彙からも文芸に秀でていたことがうかがえる。(61)同記文明十一年（一四七九）閏九月十三日条には「有古事御和漢、句々古事也、余和漢才学有叡感」とあり、(62)通秀は日本と中国の故事に精通していたことがわかる。また、同記同十三年三月十一日条(63)には後花園院との思い出として、

（前略）故院御時、就庄子有御不審事、其時不違記而不及事寄、荘子余未及習誦之物也、可読進之由有仰、然而無相違読申之事也、

と記しており、通秀は未習読の『荘子』を後花園から進講せよと命じられて読み、尋ねられた字を間違わずに書いたという。このエピソードからは、通秀が後花園から漢学の才能を認められて近侍していたことがうかがえる。

図4　高倉・冷泉両家略系図

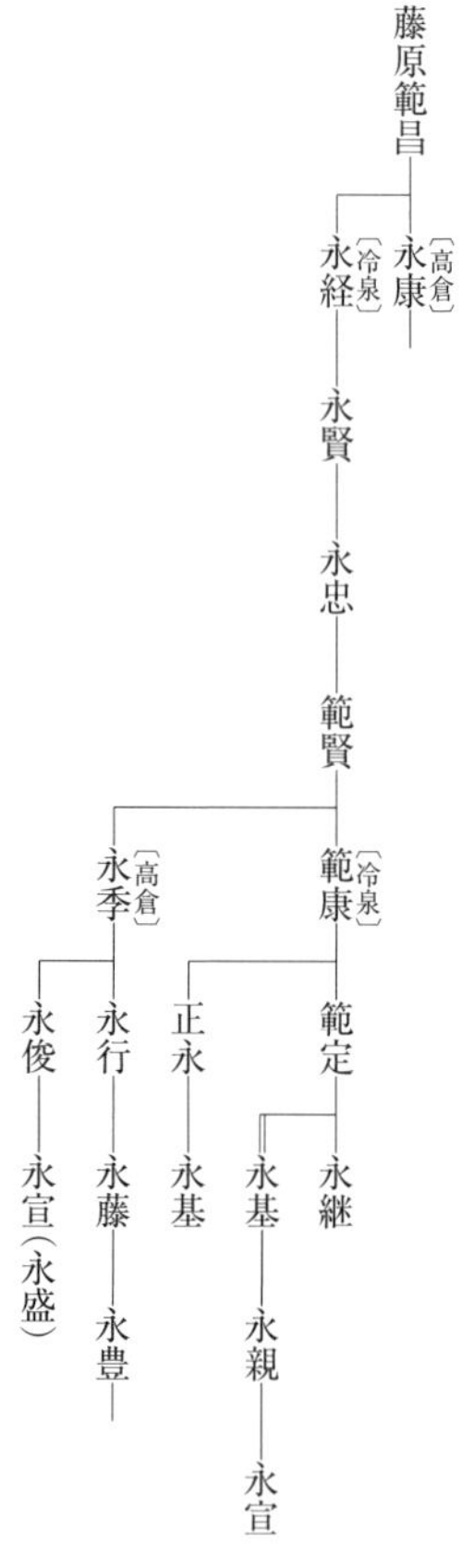

注　═は養子・猶子。出典：『尊卑分脈』『椿葉記』等。

冷泉永親は、伏見宮家に祗候していた衣紋道の冷泉永基の子である。装束の衣紋道の高倉家では永康の弟永経が冷泉を称したが、その曽孫範賢の長男範康（賢恵）は冷泉を、次男永季は高倉を号した(64)（図4）。高倉永季の孫永盛は称光の近臣であったが（表3）、冷泉範康（賢恵）とその子範定・正永、正永の実子（範定の猶子）永基は伏見宮家に仕えた（『椿葉記』(65)、表4）。永基は嘉吉二年（一四四二）四月十二日に後花園から朝廷での直衣着用を許されており、『建内記』同日条には次のようにある。

> 今日 兵部卿従三位 永基卿参会、直衣御免之間、近日可遂直衣始云々、依御装束師近習之間、先々上階以後参議已前御免事、有一門之例云々、所詮永季卿・永行卿・永俊卿・永藤卿等、参議以前皆御免云々、（後略）

つまり、冷泉永基は後花園の装束師として近習であり、（嘉吉元年に）(66)従三位になって間もなく参議叙任以前に直衣勅許となるのは一門の前例（高倉永季・永行・永俊・永藤）にみえるという。ここでは高倉家も冷泉家も一門とされているが、ここに挙げられている装束師の前例はみな高倉家の方であり(67)、後花園のときに冷泉家に移ったのである(68)。いずれにしても、天皇の装束師は装束の着付け（衣紋道）など天皇の身体に触れる機会が多く、天皇の近習化するのも当然といえる。この後花園の装束師かつ近臣の地位は、冷泉永基から子の永親に継がれたことになる。

雅楽の分野では、四辻季春が箏の演奏を伏見宮貞常親王（後花園の実弟）から伝授されており（『秦箏相承血脈』[69]）、養父季保と同様に箏を演奏した。[70]また松木（中御門）宗綱も、父宗継と同様に笙を演奏した。[71]笙の演奏は後花園自身も豊原久秋から伝授されている（『鳳笙師伝相承』[72]）。なお、中院通秀も笙の演奏をしたことが後花園の院政時代の御会始で確認できる。[73]

ところで、後花園は絵を描くことを好んだ。後花園は比叡山延暦寺所蔵の絵巻物『足引絵』五巻を借りて絵を墨線で写し取った後、永享十年（一四三八）に橘以盛に彩色をさせており、以盛の彩色は朝廷の絵所に恥じることのない能筆であったという。[74]この以盛は近臣の橘（薄）以量の父で、以量自身も絵を描いたことが後土御門の時代に確認できる。[75]橘以量は絵を得意とした父以盛の跡を継いで後花園の近臣になったと思われる。

以上の後花園院の近臣たちをその特徴で分類すれば、称光の近臣衆と同様に、①天皇の外戚、②職事の経歴のある者、③学問や技芸などの文化を継承する公家に分けられる。

これらの近臣一六人の内、半数の八人は称光の近臣の子・孫・身内であった。なかでも称光のいとこ柳原資綱は、将軍足利家の外戚である日野家の一族で院執権でもあり、柳原家庶流の武者小路家と町家からも後花園の近臣を出していた点を考えると、後花園辺における資綱の影響力は大きかったと推測される。一方、後花園の生家伏見宮家の近臣の子孫は庭田長賢と冷泉永親だけで、この内、庭田長賢は皇子勝仁の外戚の地位を確立させており、純粋な意味での伏見宮家家臣の系統は冷泉永親だけであった。後花園の皇統を近臣の系譜の視点からみるならば、称光の近臣の系統を継承したといえるが、装束師に限り、称光系の高倉家ではなく伏見宮系の冷泉家を登用したことになる。

五　後土御門天皇の近臣公家衆と雅楽

後土御門天皇が寛正五年（一四六四）七月十九日に即位してまもなく、応仁元年（一四六七）に京都で応仁の乱が勃発し、この大乱は文明九年（一四七七）にようやく終結した。後土御門はその間、戦乱を避けるために応仁元年に将軍足利義政の室町第に移り、その後何回か移徙して文明十一年に土御門の内裏に戻った(76)。公家たちの多くは乱中・乱後に地方の家領等に一時的あるいは長期的に在国し(77)、朝廷の諸行事も途絶えがちであった。

後土御門の文明八年に公家衆の禁裏小番が内々番衆と外様番衆に分けられたことは前述した。この「内々」は三条西実隆の『実隆公記』には「近臣」とあり、同記同年正月十二日条(78)には毎年正月恒例の申沙汰（宴会などを開くこと）を主催した近臣衆の名がみえる。すなわち近臣は、庭田雅行・四辻季春・滋野井教国・白川忠富・飛鳥井雅康・西坊城顕長・正親町公兼・万里小路賢房（阿古丸）・三条西実隆・山科言国・五条為親・甘露寺元長で、『言国卿記』同日条(79)ではこの他に近臣として綾小路俊量と広橋綱光も挙げている。

これら文明八年の一四人の近臣公家を後花園院の近臣公家衆（表5）と比べてみると、顔ぶれに変化がみられる。第一に、近臣衆から柳原家とその庶流が姿を消して日野家流は広橋綱光だけになり、新たに白川・飛鳥井・正親町・山科・五条・綾小路の各家が加わっている。この日野家流近臣公家の減少という特徴は、長享二年（一四八八）に内々番・外様番が改編されたときにさらに顕著に表れている。

表6は、この長享二年十月四日の改編時の内々番衆一六人で、『実隆公記』同日条には内々番衆一六人が六番編制、外様番衆四五人が十番編制で、名は呼称ではなく実名で記載されている(80)。この内々番衆には日野家流の公家は一人も

含まれておらず、文明八年に近臣であった広橋綱光は同九年に死去していた。西坊城顕長は同十二年に隠遁、飛鳥井雅康は同十三年より後は『公卿補任』に見えない(81)。また、四辻季春は子の季経に、五条為親は子の為学に交替している。

表6にみえる一六人の内、職事の経歴がある公家は一〇人で、後土御門自身の職事は七人であり、職事全体（後土

表6　後土御門天皇の近臣公家衆（『実隆公記』長享二年十月四日条から）

名前	官職	天皇との血縁関係	職事の経歴	学問・技芸	後花園近臣との関係	備考
庭田雅行	権大納言	後花園・勝仁親王の外戚	後花園の蔵人頭		父庭田長賢（重賢）	
松木（中御門）宗綱	権大納言		後花園・後土御門の蔵人頭	雅楽（笙）	本人	
甘露寺親長	前権中納言・按察使		後花園の五位蔵人・蔵人頭		本人	三条西実隆のおじ
滋野井教国	権中納言		後花園の蔵人頭	謡曲		
正親町公兼	権中納言		後土御門の蔵人頭			
四辻季経	前権中納言・右衛門督	（崇光・後光厳の外戚）		雅楽（箏）	父四辻季春	
三条西実隆	権中納言・侍従	（崇光・後光厳の外戚）	後土御門の蔵人頭		本人	甘露寺親長の甥
白川忠富	民部卿			神祇伯、雅楽（笙）		広橋綱光の従兄
綾小路俊量	前参議			雅楽（笛）		
山科言国	参議			装束、雅楽（笙）		
橘（薄）以量	（従四位上）		六位蔵人	絵画	本人	
庭田重経	右少将	後花園・勝仁親王の外戚	後土御門の蔵人頭	雅楽（笙）	祖父庭田長賢（重賢）	庭田雅行の子
万里小路賢房	右少弁		後土御門の五位蔵人			実父は勧修寺教秀
唐橋在数	少納言・式部少輔・大内記			学問		
五辻富仲	中務大丞		六位蔵人		父五辻泰仲	
五条為学	秀才			学問、雅楽（篳篥）		

注　「官職」は『公卿補任』『諸家伝』等を参照した。
「職事の経歴」は『職事補任』『諸家伝』『親長卿記』を参照。
「天皇との血縁関係」と「備考」に記した家族・親族関係は『尊卑分脈』を参照した。

御門の蔵人頭は二五人、五位蔵人は一八人[82]のごく一部である。また、前代の後花園の近臣の子・孫または本人であるのは八人で、全体の半分に相当する。

なお表6には後土御門自身の外戚がみえないが、後土御門の実母は藤原孝長の娘で大炊御門信宗の猶子になった信子（嘉楽門院）である。信子の実父藤原孝長は『椿葉記』に伏見宮家代々の琵琶の師範であったことがみえ、官位官職は従四位下・右馬助で諸大夫の身分であった[83]。後土御門の実の外祖父が諸大夫身分であったため、後土御門のときには後花園・勝仁親王（後柏原）の外戚庭田家が天皇外戚の地位を維持することができたのである。

表6の近臣衆一六人を前節までと同様に分類すれば、①天皇の外戚、②職事の経歴のある者、③学問や技芸などの文化を継承する公家の三つに分けることができる。

この③に関連して、後土御門近臣公家衆全体の第二の大きな特徴として指摘できるのが、雅楽を演奏する公家が大幅に増加したことである。称光と後花園の代では、雅楽演奏者の近臣は主に四辻・松木（中御門）の二家であった。それが後土御門の代には松木宗綱・四辻季経の他に、白川忠富・綾小路俊量・山科言国・庭田重経・五条為学・甘露寺元長が新たに加わり、雅楽演奏者の近臣は八人になった。なかでも多いのが笙の演奏者である。笙は後光厳以来、北朝の代々の天皇が笙を演奏し、後土御門も笙を師の豊原縁秋から伝授されている（『鳳笙師伝相承』[84]）。

雅楽は平安時代から朝廷の諸行事の式楽として演奏され、重要な儀式のときに演奏される御遊では、天皇・公家も楽人らと共に楽器を演奏した[85]。室町時代に応仁の乱によって朝廷の諸儀式が一旦途絶え、御遊が演奏される機会が失われたが、文明九年（一四七七）七月に朝廷の雅楽が弁財天法楽として行なわれてこれが毎月の月次御楽になり、また毎年恒例の御楽始と七夕御楽も禁裏御楽として再開された[86]。

文明十年二月十三日に行なわれた御楽始の禁裏御楽では、天皇・伏見宮・公家と楽人らが演奏をし、万歳楽・三台急・甘州・五常楽急・鶏徳・太平楽急・林歌が演奏された。山科言国の『言国卿記』文明十年二月十三日条(87)には、演奏者について次のようにある。

（前略）各座ニツキヲわリテ、コト・ひわヲ所役殿上人ヲク也、次ニ平調々子被遊出也、笙、御所作・兵部卿・伯二位・予・縁秋朝臣・直秋・夏秋、箏、宮御方・新大納言・四辻宰相中将、琵琶、伏見殿・園前中納言、笛、俊量朝臣・元長・景康朝臣・景兼・景益・景熙《六位》、ヒチリキ、二条宰相・季継《六位》、カンコ、慶秋、大コ、統秋《六位》、（後略）

すなわち、笙を後土御門天皇・松木宗綱・白川忠富・山科言国と豊原縁秋ら楽人、箏を皇子勝仁・四辻季春・四辻季経、琵琶を伏見宮邦高親王・園基有、笛を綾小路俊量・甘露寺元長と山井景康ら楽人、篳篥を平松（二条）資冬と楽人の安倍季継が演奏している。

このなかで文明八年時あるいは長享二年時の後土御門近臣は、松木宗綱・白川忠富・山科言国・四辻季春・四辻季経・綾小路俊量・甘露寺元長である。綾小路俊量は「音曲の家」の綾小路有俊の子であり、貞成親王の願いは実現したことになる。なお琵琶の園基有と篳篥の平松資冬は近臣ではないが、後花園の時代に彼らの父たちも御遊で演奏をしている(88)。

一方、後土御門の皇子勝仁（後柏原）は文明七年四月二十日に四辻季春を師範にして御箏始を行ない、同九年十二月五日には豊原縁秋を師範にして御笙始を行なった(89)。この御笙始のときは山科言国が申沙汰を務めた(90)。勝仁は同十二年十二月十三日に親王宣下を受け、やがて月次御楽を自ら開催するようになった。明応二年（一四九三）二月二十八日の親王御方月次御楽では、演奏者について『言国卿記』同日条(91)に次のようにある。

（前略）笙《御音頭》、御所作親王御方・予・重経朝臣、篳篥、為学・安倍《音》季音、笛、甘露寺中納言・景兼・景範、琵琶、園宰相、

この月次御楽の演奏者のなかで後土御門の近臣公家は、笙の山科言国・庭田重経、篳篥の五条為学、笛の甘露寺元長、箏の四辻季経である。

　箏、四辻前中納言（実仲）・右衛門督（四辻季経）、大鼓、繁秋朝臣、

『言国卿記』に散見するこのような雅楽演奏の記録にみえる後土御門の近臣の演奏者は、笙が松木宗綱・白川忠富・山科言国・庭田重経の四人、箏が四辻季春・四辻季経、笛が綾小路俊量・甘露寺元長、篳篥が五条為学である。さらに、後土御門が御楽の楽所奉行（楽奉行）に順次任じたのが、近臣の四辻季春・松木宗綱・山科言国であった(92)。この三人は先祖から雅楽の演奏を受け継いで熟知していたため楽所奉行に任じられたといえる。彼ら楽所奉行の主な仕事は、『言国卿記』『親長卿記』等によれば御楽の運営と演奏日録作成、演奏者の公家の召集、楽人の管理であった(93)。四辻家・松木（中御門）家と雅楽との関係については第二節で述べた。山科家の場合は、後円融・後小松の頃の山科教言と弟教繁以来、子孫たちが代々笙を演奏しており、笙の演奏が家業の一つになっていた。『鳳笙師伝相承』にみえる山科家の一族は、教言・教繁兄弟、教言の子教藤・教興・教冬、教藤の子教持（持教）、教興の子家豊（教豊）・嗣教、教冬の子教有と孫有経、教繁の孫の保宗で(94)、合わせて一一人いる。言国はこの傍流の保宗が実父で、山科家嫡流である家豊の子顕言の養子になって山科家を継いだ(95)。

山科家は南北朝期以来内蔵頭として天皇の装束を調進する家であったが、『言国卿記』からはむしろ雅楽を通しての後土御門や皇族たちと山科言国との親密な交流がうかがえる。例えば、文明十年（一四七八）三月二十五日の法楽御楽の場合では、後土御門は三月二十二日から二十四日にかけて稽古に励み、言国等も御前に祇候した。『言国卿記』同年同月二十二日条(96)には次のようにある。

　一、縁秋朝臣御稽古参也、黄鐘調楽共被遊也、予モ御同楽申入也、伏見殿（邦高親王）モ御ひわ被遊也、

一、御前ニテ予ニ御酒被下也、勾当《四辻春子》御シヤクニテ也、按察《甘露寺親長》モ祗候也、
一、夜深マテ御前ニ祇候也、伏見殿御笙被遊也、（後略）

この日は豊原縁秋が参内し、後土御門が稽古のために笙で黄鐘調を吹くときには言国も一緒に吹き、後土御門の従弟の伏見宮邦高親王が琵琶を弾いた。その後、言国は後土御門の御前で勾当内侍四辻春子のお酌で御酒を賜わり、甘露寺親長も加わって、深夜まで御前に祗候している。この記事からは、言国が後土御門・伏見宮邦高親王と身近に接して雅楽演奏の練習を一緒に行ない、その後は御前で共にお酒を飲んで親しく談話している様子がうかがえる。天皇の御前で長時間天皇に親しく近侍できることは、天皇近臣の特権であった。

ところで、豊原縁秋が参内したときは、言国が後土御門への申次をたびたび務めている。『言国卿記』文明十年三月七日条(97)には次のようにある。

御稽古ニ縁秋朝臣参也、予申ツキ、御稽古間予御前ニ祗候了、

言国は、参内した縁秋の申次として御稽古の間中後土御門の御前に祗候していた。豊原縁秋は正四位上・雅楽頭であったが(98)、昇殿できない地下身分のため、近臣の言国が天皇の御前に祗候して取り次ぎをしたと考えられる。言国がまだ一二歳の従五位上であった寛正四年（一四六三）正月に後花園天皇に対面したときは、近臣の四辻季春が申次を務めている(99)。また正月には、天皇に対面での御礼（あいさつ）に参った公家や門跡の申次を言国がたびたび務めたことが『言国卿記』にみえる(100)。申次は室町幕府の役職として知られており、将軍への来訪者を申次が取り次いだ(101)。これと同様に、天皇の近臣も天皇の御前に申次として祗候し、天皇に対面する者を取り次いだことが、天皇近臣の役割の一つとして指摘できる。

なお、表6の近臣衆にはこのときの武家伝奏である勧修寺教秀(102)がみえないが、武家伝奏と同じように朝廷・幕府と

の連絡役を頻繁に務めていたのが近臣の白川忠富（神祇伯）である。朝廷・幕府における白川忠富の武家伝奏的な活動については明石治郎氏が考察しているのでここでは詳述しないが、忠富のこの武家伝奏的活動の理由の一つとして考えられるのが、白川神祇伯王家と広橋家との姻戚関係である。室町時代の武家伝奏は広橋・万里小路・勧修寺三家が多く務め、広橋綱光は少なくとも寛正三年（一四六二）から死没する文明九年（一四七七）まで武家伝奏を務めたが、この綱光は広橋親光（兼郷）と白川資忠王の娘豊子女王との子である。豊子の兄弟白川雅兼王の三男が忠富王で、忠富は綱光の従兄にあたる。忠富が朝廷で武家伝奏的な活動をしていたのは、この広橋綱光の従兄という立場が関係していたと思われる。綱光の子兼顕は文明十一年に三一歳の若さで没しており、兼顕の子守光は同三年の生まれでまだ幼少であった。綱光は病弱の兼顕と幼い孫守光の代わりとして、従兄の忠富に武家伝奏的な役割を務めさせていた可能性がある。

以上から、後土御門の近臣公家衆の大きな特徴として先ず挙げられるのは、日野家流の公家が消えていって影響力を失い、代わって伏見宮家外戚の庭田家が増えて同家流の綾小路家が加わったことである。

また、この「音曲の家」の綾小路家が加わったように、後土御門の近臣衆では雅楽を演奏する公家が大幅に増加して近臣衆の半分近くを占めた。そして、後土御門は近臣の四辻・松木・山科を楽所奉行に順次任じて禁裏御楽を開催しており、後土御門と皇子勝仁親王の禁裏御楽開催には、天皇父子の雅楽への執心がみられる。

なお、近臣の滋野井教国は申楽（能）の謡を嗜んでおり、宮中で披露することもあった。後土御門の音楽に対する関心は、朝廷文化の雅楽にとどまらず、武家や一般社会で流行していた芸能にもあったことがうかがえる。

おわりに

室町時代の称光・後花園・後土御門の三天皇の近臣公家衆について、前二者は葬礼の供奉人等の参加者や素服人から、後者は禁裏小番の近臣（内々）番衆から考察した。この三天皇の近臣公家衆に共通する特徴として、これらの近臣公家衆は、㈠天皇の外戚、㈡職事（蔵人頭・五位蔵人・六位蔵人）の経歴のある者、㈢学問や技芸などの文化を継承する公家の三点のいずれかに該当することが指摘できる。

㈠では、崇光・後光厳両天皇の外戚正親町三条家の子孫、後小松の外戚三条家、称光の外戚日野西家、後花園の外戚の庭田家と柳原家、勝仁親王（後柏原）の外戚庭田家がこれに相当する。このなかで、崇光・後光厳の外戚正親町三条家の子孫である三条西・四辻両家は、少なくとも称光から後土御門まで代々近臣として天皇に近侍しており、両方の皇統と血縁関係にある近臣公家の地位の堅固さを物語っている。

なお、両皇統の外戚正親町三条家の嫡流はこの三天皇の近臣としてみえないが、正親町三条公雅の娘尹子が将軍足利義教の室で義教の子義勝の養母であったため、(110)将軍足利家の方の近臣になっていた。室町幕府の『長禄二年以来申次記』では、将軍足利義政に祗候する公家衆として、日野・三条（正親町三条）・烏丸・飛鳥井・広橋・中山・高倉・白川神祇伯の八家を挙げており、(111)このなかで将軍の御前近くまで参入できる公家は、将軍家外戚の日野と正親町三条だけであった。(112)足利義教が正室日野（裏松）重光娘よりも室正親町三条尹子を優遇したのは、(113)尹子が両皇統の外戚であったことに要因があったのかもしれない。

㈡の職事の経歴のある者は代々の天皇近臣の半数強を占めていたが、職事全体の数からみれば近臣化した職事は一部であった。職事、つまり蔵人頭と蔵人は役職として天皇に近侍するため、近臣化する可能性が高かったと考えられるが、しかし表5・表6にみえる後花園・後土御門の職事経歴者からみても、近臣であった父または身内等による推挙が無ければ、容易に天皇の近臣にはなれなかったと思われる[114]。

㈢は各天皇の嗜好を最もよく反映している。後花園のときでは、文芸・学問に秀でていた中院通秀が近臣として重用された。永享十年（一四三八）には最後の勅撰和歌集『新後古今和歌集』が選集されており、また後花園は書籍の書写・蒐集事業を嘉吉元年（一四四一）頃まで行なっていた[115]。この中院通秀の近侍も後花園の文芸愛好を象徴している。また、後花園は絵を描くことを愛好し、それは絵を得意とした橘以盛・以量父子に表れている。

そして後土御門の近臣番衆は、雅楽演奏者の代々の近臣四辻・松木に、雅楽演奏に所縁のある家の綾小路・山科等が新たに近臣に加わり、称光・後花園の代よりも雅楽演奏者の近臣公家が増加した。朝廷では天皇または親王が禁裏御楽を主催し、後土御門・勝仁親王・伏見宮邦高親王と彼ら近臣を含む公家たちが楽人らとともに各楽器を演奏した。

なお、雅楽は後小松天皇も非常に好み、禁裏御楽では後小松も笙や箏を演奏している[116]。したがって後土御門と勝仁親王の雅楽愛好が特異というわけではない。しかし、後土御門の近臣番衆の半分近くが雅楽を演奏したことはむしろ異例で、また後土御門が、雅楽演奏を家業としてきた近臣三人（四辻・松木・山科）を楽所奉行に順次任じて禁裏御楽を運営させたことには、この天皇父子の禁裏御楽開催への執着が感じられる。天皇父子には、音楽に馴染みのある伏見宮家の影響の他に、応仁の乱によって途切れた朝廷の文化を復興させようという強い思いがあったのではないだろうか。

称光・後花園・後土御門の外戚が日野家流日野西家から庭田家に変わったことは、近臣衆の構成にも影響を及ぼした。また、職事の経歴のある公家たちが、父・祖父等から近臣の座席を継承して近臣衆の半分以上を占めていた。これらのことから、室町時代に天皇の近臣公家衆が構成されるにあたっては、天皇の母方の血族の公家が重視され、また、公家の父から子に役職が継がれるという世襲性が機能していたといえよう。これら天皇の外戚や譜代の職事たちは、天皇に信頼と安心感を与える存在であったにはちがいなく、近臣公家が天皇の申次を務めたことも相互の信頼に基づいてのことであった。

伏見宮家出身の後花園は、後小松の猶子として後小松・称光の皇統と近臣の系譜を継いだ。しかしその子後土御門は、伏見宮家系と雅楽演奏者の近臣を増やして雅楽の愛好と復興に執心し、伏見宮家の音楽文化を支えて継続させた。文化に関しては、順徳天皇の近習に蹴鞠・管絃の友もいたように、各天皇は文化的な嗜好を近臣の選出にも反映させていた。近臣公家の多くが天皇の外戚と譜代の職事たちで占められていたなかで、天皇自らが好みの文化的技芸を身に付けた公家を近臣にすることは、天皇に残された唯一の近臣選択権であったともいえる。

注

（1）『日本国語大事典　第二版』第四巻（小学館、二〇〇一年）六七四・六八〇頁。
（2）福田豊彦・佐藤堅一「室町幕府将軍権力に関する一考察—将軍近習を中心として—」（上）・（下）（『日本歴史』二二八・二二九号、一九六七年）。
（3）『群書類従　第二十六輯』（続群書類従完成会、訂正三版）三八七・三八八頁。
（4）明石治郎「室町期の禁裏小番—内々小番の成立に関して—」（東北史学会『歴史』七六輯、一九九一年）、奥野友美「戦国期禁裏小番の様相—内々衆と外様衆の検討を通じて—」（『白山史学』四三号、二〇〇七年）、坂井武尊「室町期禁裏小番の制度と運営に関する覚書」（『東京大学日本史学研究室紀要』二六号、二〇二二年）等。
（5）井原今朝男「室町廷臣の近習・近臣と本所権力の二面性—甘露寺家を中心に—」（同『室町廷臣社会論』塙書房、二〇一四年）。なお井原氏は近臣の特徴の六番目に室町殿家司との重複を挙げているが、近臣公家衆自体の特徴ではないためここでは除外した。この他に井原氏は「廷臣公家の職掌と禁裏小番制—甘露寺親長を事例に—」（同『室町廷臣社会論』）で、朝廷の官僚機構の一環として禁裏小番制を取り上げている。

(6) 例えば、四辻を①に、山科を②に、また四辻・山科等を羽林家という理由で③に当てはめているが、これらの推察は本章で論証するように明らかな誤りである。

(7) 拙稿「中世後期の朝廷の女官たち―親族と家業から―」(伴瀬明美・稲田奈津子・榊佳子・保科季子編『東アジアの後宮（アジア遊学）』勉誠出版、二〇二三年)。

(8) 最近の論考では、久水俊和「改元と仏事からみる皇統意識」(同『室町期の朝廷公事と公武関係』岩田書院、二〇一一年、初出二〇〇九年)、同「後花園天皇をめぐる皇統解釈の基礎的考察―貞成親王の京中伏見御所と尊号宣下を中心に―」(『年報中世史研究』四二号、二〇一七年)、田村航「揺れる後花園天皇―治罰綸旨の復活をめぐって―」(『日本歴史』八一八号、二〇一六年)、同「伏見宮貞成親王の尊号宣下―後光厳院流皇統と崇光院流皇統の融和―」(『史学雑誌』一二七編一一号、二〇一八年) 等がある。

(9) 明石治郎「後土御門天皇期における伝奏・近臣」(羽下徳彦編『中世の政治と宗教』吉川弘文館、一九九四年)。

(10) 島津毅「中世における葬送の僧俗分業構造とその変化―「一向僧沙汰」の検討を通して―」(同『日本古代中世の葬送と社会』吉川弘文館、二〇一七年、初出二〇一四年)、同「古代中世の葬送と天皇・上皇―君臣関係の視点から―」(『新しい歴史学のために』二九四号、二〇一九年)。

(11) 『中世政治社会思想　上（日本思想大系）』(岩波書店、第五刷一九八〇年) 一五一頁。

(12) 佐藤進一・池内義資編『中世法制史料集　第二巻　室町幕府法』(岩波書店、第七刷一九七九年) 三六二頁。

(13) 二木謙一『中世武家の作法（日本歴史叢書　新装版）』(吉川弘文館、一九九九年) 一五三〜一五九頁、同『武家儀礼格式の研究』(吉川弘文館、二〇〇三年) 二七〜二九頁。

(14) 瀧澤逸也「室町・戦国期の武家昵近公家衆―その構成を中心として―」(『国史学』一六二号、一九九七年)。

(15) 『看聞日記』応永三十一年五月十五・十六日、六月一日条、『圖書寮叢刊　看聞日記　三』(明治書院、二〇〇六年) 三三 (37)・三五 (39) 頁。東京大学史料編纂所「古記録フルテキストデータベース」参照。

(16) 村田正志『證註椿葉記』(宝文館、一九五四年)。なお、石田実洋「『椿葉記』と國學院大學図書館所蔵『崇光院大嘗会』」(『国史学』二二一号、二〇一七年) で紹介されている『崇光院大嘗会』は、『椿葉記』の最初の草稿本の可能性が高く、永享二年卯月五日の奥書があり、崇光院以来の近習・外様の記述もみえる。

(17)『大日本古記録　建内記　七』（岩波書店、一九七六年）一九一頁。
(18)『大日本古記録　建内記　七』（注(17)）二一二頁。
(19)『大日本古記録　薩戒記　四』（岩波書店、二〇〇九年）四七頁。
(20)『大日本古記録　薩戒記　四』（注(19)）五〇頁。
(21)『新訂増補国史大系　尊卑分脈』第一～四篇（吉川弘文館、一九八三年）、『職事補任』（『新校群書類従　第二巻』名著普及会、覆刻一九七八年）、『新訂増補国史大系　公卿補任　第三篇』（吉川弘文館、一九八二年）、『公卿諸家系圖』（続群書類従完成会、第三刷一九八八年）、『史料纂集　師郷記　第一』（続群書類従完成会、一九八五年）等を参照。
(22)増田美子『日本喪服文化史』（東京堂出版、二〇二二年）七八頁。
(23)『新校群書類従　第二巻』（注(21)）七〇七～七〇八頁。
(24)『新訂増補国史大系　尊卑分脈　第二篇』（注(21)）三七四頁、『新校群書類従　第二巻』（注(21)）七〇二・七〇四・七〇七頁。
(25)『史料纂集　師郷記　第一』（注(21)）三七・七二・七八頁。
(26)『新訂増補国史大系　尊卑分脈　第一篇』（注(21)）一三四～一四三、一七六・一七七頁、『新訂増補国史大系　尊卑分脈　第二篇』（注(21)）二三八頁等。三条西家は正親町三条秀子の兄弟実継の子公時（公保の祖父）が三条西を号したことから始まる。
(27)『泉涌寺文書』（赤松俊秀監修『泉涌寺史　資料編』法蔵館、一九八四年）二九「称光天皇御葬礼記」。
(28)一条（清水谷）公知の子実久は、延徳三年（一四九一）八月に将軍足利義材が近江の六角高頼を討伐する際に掲げた錦御旗と武家御旗の旗銘を書いている（『親長卿記』延徳三年八月二十二日条、『山科家礼記』同年九月十四日条）。拙稿「中世の御旗―錦御旗と武家御旗―」（拙著『中世の武家と公家の「家」』吉川弘文館、二〇〇七年、初出一九九一年）。
(29)『新訂増補国史大系　尊卑分脈　第二篇』（注(21)）四七九頁。
(30)『康富記』文安元年十月二十三日条、拙稿「天皇の学問と侍読―花園天皇と後花園天皇―」（拙著『日本中世の学問と教育』同成社、二〇一四年）。
(31)石原比伊呂「家業としての雅楽と御遊」（『史友』三四号、二〇〇二年）。
(32)『圖書寮叢刊　伏見宮旧蔵楽書集成二』（明治書院、一九九五年）二七〇（292）頁。
(33)『圖書寮叢刊　伏見宮旧蔵楽書集成一』（明治書院、一九八九年）二一九（249）頁。

(34)『鳳笙師伝相承』(『続群書類従　第十九輯上』続群書類従完成会、訂正三版) 五二三・五二四、五二八〜五三一頁。
(35)『鳳笙師伝相承』(注(34)) 五三〇・五三一頁。
(36) 相馬万里子「琵琶の時代から笙の時代へ―中世の天皇と音楽―」(『書陵部紀要』四九号、一九九七年)。
(37) 相馬注(36)論文。
(38) 豊永聡美「後光厳天皇と音楽」(同『中世の天皇と音楽』吉川弘文館、二〇〇六年)。
(39)『鳳笙師伝相承』(注(34)) 五二八〜五三一頁。将軍足利家と笙の関係については、三島暁子『天皇・将軍・地下楽人の室町音楽史』思文閣出版、二〇一二年)、石原比伊呂「足利家における笙と笙始儀」(『日本歴史』七六六号、二〇一二年) 等がある。
(40) 村田正志『證註椿葉記』(注(16)) 二一六〜二三六頁。
(41)『新訂増補国史大系　尊卑分脈　第四篇』(注(21)) 七四頁。
(42)『新訂増補国史大系　尊卑分脈　第二篇』(注(21)) 一七四頁。なお『公卿補任』によれば、冷泉範康(賢恵)の弟永季は高倉を号している。『新訂増補国史大系　公卿補任　第二篇』(吉川弘文館、一九八一年) 永和四年の項、七三〇頁。
(43)『新訂増補国史大系　尊卑分脈　第三篇』(注(21)) 三八六〜三九六頁。
(44) 村田正志『證註椿葉記』(注(16)) 二二〇頁。
(45)『親長卿記』文明二年十二月二十六日〜同三年正月三日条。
(46)『群書類従　第二十九輯』(続群書類従完成会、訂正三版)。なお、『泉涌寺文書』(注(27)) 四四「後花園天皇御葬送記」はこれと同じである。
(47)『史料纂集　親長卿記　第一』(続群書類従完成会、二〇〇〇年) 一九頁。
(48)『親長卿記』文明三年正月三日条。
(49)『史料纂集　親長卿記　第一』(注(47)) 二三・二四頁。
(50)『親長卿記』文明三年正月三・十日条。
(51) 石毛忠・今泉淑夫・笠井昌昭・原島正・三橋健編『日本思想史辞典』(山川出版社、二〇〇九年) 三三一・六三八頁参照。
(52) 後花園院葬礼の陀羅尼読誦は、『親長卿記』によれば、文明二年十二月二十九日から始まり、翌年正月には一一回催されているが、この内『親長卿記』に参加者の名が列記されているのは五回で、正月四日は一六人、十一日は一〇人、十四日は七人、十九日は八人、二十九日は一〇人の名がみえる。また、光明真言読誦は文明二年十二月二十八日に始まり、翌年正月には四回みえるが、参加者名の列記は正月十七日の九人だけである。表5の「陀羅尼等読誦参加」では近臣衆以外の公家も参加した正月四日の陀羅尼読誦を除いた。

(53)『新校群書類従　第二巻』(注(21))七〇八〜七一〇頁。

(54)『師郷記』享徳四年正月五日条(『史料纂集　師郷記　第六』続群書類従完成会、二〇〇一年、二頁)。

(55)『新訂増補国史大系　尊卑分脈　第三篇』(注(21))三九四・三九五頁、『本朝皇胤紹運録』の「後柏原院」の項(『群書類従　第五輯』続群書類従完成会、訂正三版、九六頁)。

(56)『新訂増補国史大系　尊卑分脈　第二篇』(注(21))二三八・二三九頁。

(57)『史料纂集　親長卿記　第一』(注(47))一九頁。

(58)『新訂増補国史大系　尊卑分脈　第二篇』(注(21))七四、二三八頁。

(59)同右。

(60)『新訂増補国史大系　尊卑分脈　第三篇』(注(21))五一四頁。

(61)拙稿「公家社会の教養と書籍―中院通秀とその周辺―」(拙著『日本中世の学問と教育』〔注(30)〕)。

(62)『史料纂集　十輪院内府記』(続群書類従完成会、一九七二年)二四頁。

(63)『史料纂集　十輪院内府記』(注(62))五七頁。

(64)『新訂増補国史大系　尊卑分脈　第二篇』(注(21))一七四・一七五頁。

(65)『大日本古記録　建内記　五』(岩波書店、第二刷一九八七年)七一頁。

(66)『公卿補任』嘉吉元年の項。

(67)なお池田美千子「衣紋にみる高倉家―大炊御門家から高倉家へ―」(『史学雑誌』一一一編二号、二〇〇二年)では、衣紋道では高倉家(永季・永行)が、後円融天皇の譲位を機に大炊御門家に代わって台頭し、その原因として高倉永行が足利義満のお気に入り(「専一物」)であったことを挙げている。

(68)冷泉永基は貞成親王の『椿葉記』で、父祖以来の奉公で重職の者であるので後花園に仕えるべきとされている。なお冷泉永基については、池田美千子「ふたつの高倉家」(松岡心平編『看聞日記と中世文化』森話社、二〇〇九年)で詳しく述べている。

(69)『圖書寮叢刊　伏見宮旧蔵楽書集成二』（注(32)）二七〇（292）頁。
(70)四辻季春が室町第の懺法講や後土御門天皇の禁裏御楽で箏を演奏したことは、『言国卿記』文明七年三月二十九日、同十年二月十三日条等にみえる。
(71)松木宗綱が笙を演奏した記録は後土御門天皇の時代に確認でき、『御遊抄』（『続群書類従　第十九輯上』、注(34)）の「清暑堂」当今（文正元年十二月二十三日）、『言国卿記』文明十年二月十三日、明応二年正月二十八日、同年九月二十二日条等にみえる。
(72)『鳳笙師伝相承』（注(34)）五二八頁。
(73)『御遊抄』（注(71)）「御会始」寛正五年十二月五日。
(74)『看聞日記』永享九年二月二十五日、同十年七月二十二日条。拙稿「後花園天皇の学習と絵巻物愛好」（拙著『日本中世の学問と教育』〔注(30)〕）。
(75)『言国卿記』文明十年八月六〜八日条によれば、後土御門天皇は橘以量に絵詞の絵を描かせている。
(76)米田雄介編『歴代天皇・年号事典』（吉川弘文館、第四刷二〇〇四年）「後土御門天皇」の項参照。
(77)拙稿「公家衆の「在国」」（拙著『中世公家の経済と文化』吉川弘文館、一九九八年）。
(78)『実隆公記　巻一上』（続群書類従完成会、第三刷一九七九年）一三六頁。
(79)『史料纂集　言国卿記　第二』（続群書類従完成会、一九七五年）二六頁。
(80)『実隆公記　巻二上』（続群書類従完成会、第三刷一九七九年）一四八・一四九頁。この史料については明石注(4)論文の注(6)で存在を指摘している。
(81)『公卿補任』文明九年・同十二年・同十三年の項。
(82)『職事補任』。『新校群書類従　第二巻』（注(21)）七一〇〜七一二頁。
(83)村田正志『證註椿葉記』（注(16)）一八九頁、『新訂増補国史大系　尊卑分脈　第二篇』（注(21)）一一七頁、『新訂増補国史大系　尊卑分脈　第一篇』（注(21)）二〇九頁。
(84)『鳳笙師伝相承』（注(34)）五二八頁。なお豊原縁秋に関しては、三島暁子「三代の御師範豊原縁秋」（同『天皇・将軍・地下楽人の室町音楽史』〔注(39)〕）に詳しい。
(85)上参郷祐康「宮廷行事と雅楽」（芸能史研究会編『日本の古典芸能　第二巻　雅楽』平凡社、一九七〇年）、豊永聡美「鎌倉期以

前における天皇と音楽」（豊永注(38)著）。応仁の乱の頃に綾小路有俊が編纂して松木（中御門）宗綱が書写した『御遊抄』（注(71)）は、平安時代以来の清暑堂（大嘗会）、内宴、中殿御会、朝覲行幸、御賀、御産、御元服〈主上・春宮・親王〉、御着袴、御書始、御会始、臨時御会、臨時行幸・御幸、立后、任大臣、臨時客のときの御遊の演奏記録を抜粋して収めている。なお、『御遊抄』については、渡辺あゆみ「『御遊抄』の史料的性格」（『芸能史研究』一九四号、二〇一一年）を参照。

(86) 坂本麻実子「応仁の乱後の天皇家の雅楽」（『桐朋学園大学研究紀要』二〇集、一九九四年）。なお坂本麻実子「15世紀における御遊」（お茶の水女子大学『人間文化研究年報』一四号、一九九〇年）によれば、文正元年（一四六六）の後土御門天皇の清暑堂御遊以後中絶していた御遊が再興されたのは、後柏原天皇の大永五年（一五二五）であった。

(87) 『史料纂集　言国卿記　第二』（注(79)）二四一・二四二頁。

(88) 『御遊抄』（注(71)）によれば、御会始（享徳二年三月十二日）、任大臣（足利義教・足利義政）で篳篥を平松資継（資冬の父）が演奏し、後花園の元服（『薩戒記』永享五年正月三日条）では篳篥を平松資継、琵琶を園基秀（基有の父）が演奏をしている。

(89) 『親長卿記』文明七年四月二十日、同記文明九年十二月五日条。

(90) 『山科家礼記』文明九年十二月五日条。

(91) 『史料纂集　言国卿記　第四』（続群書類従完成会、一九七七年）一〇一頁。

(92) 渡邉正男「楽所奉行方宗綱卿記」（『東京大学史料編纂所研究紀要』二九号、二〇一九年）で紹介されている松木宗綱の「楽所奉行方宗綱卿記」は、宗綱が文明十一年六月八日に楽所奉行を四辻季春から引き継ぎ、同十九年七月二日に山科言国に引き継がれるまでの、楽所奉行としての職務内容を記録したものである。また、この三人が楽所奉行を務めたことについては、『言国卿記』文明十年四月二十五日条（山科言国）、同年七月七日条（四辻季春）、同十三年四月十四日条（松木宗綱）、『親長卿記』文明十四年七月二十一日、同十八年三月十日条（松木宗綱）、明応三年正月十三日条（山科言国）等にもみえる。なお、この三人より以前の楽所奉行としては、四辻季保が永享元年十二月十五日に（『薩戒記』同日条）、豊原重秋が同七年四月十八日（『看聞日記』同日条）に楽所奉行であったことが確認でき、楽所奉行には楽人の豊原氏が任じられることもあった。

(93) 楽所奉行の役割については、三島注(84)論文で詳しく考察している。

(94) 『鳳笙師伝相承』（注(34)）五二八～五三一頁。

(95) 『新訂増補国史大系　尊卑分脈　第二篇』（注(21)）三七八頁。なお、山科顕言も笙を演奏したことが、『御遊抄』（注(71)）の

「御会始」享徳二年三月十二日、「任大臣」長禄二年七月二十五日（足利義政）にみえる。
(96)『史料纂集　言国卿記　第二』（注(79)）二六三頁。
(97)『史料纂集　言国卿記　第二』（注(79)）二五五頁。
(98)正宗敦夫編『地下家伝　上』（自治日報社、一九六八年）四九六頁。
(99)『山科家礼記』寛正四年正月一日条。
(100)『言国卿記』文明十年正月八日、同十三年正月八・十日、明応二年正月十三日条等。
(101)室町幕府の申次については、『長禄二年以来申次記』『殿中申次記』を参照。
(102)瀬戸薫「室町期武家伝奏の補任について」（『日本歴史』五四三号、一九九三年）。
(103)明石注(9)論文。
(104)瀬戸注(102)論文、
(105)『新訂増補国史大系　尊卑分脈　第二篇』（注(21)）二六〇頁、『新訂増補国史大系　尊卑分脈　第三篇』（注(21)）五五二・五五三頁。
(106)正宗敦夫編『諸家伝　上』（自治日報社、一九六八年）四五六頁。
(107)なお、広橋綱光の孫広橋守光が少なくとも明応三年六月には近臣番衆であることが確認できるので（『言国卿記』同年六月二日条）、日野家流が全く消えたわけではない。
(108)小森崇弘「後土御門天皇期の禁裏における猿楽興行の諸様相」（同『戦国期禁裏と公家社会の文化史—後土御門天皇期を中心に—』小森崇弘君著書刊行委員会編集・発行、二〇一〇年、初出二〇〇五年）、『言国卿記』文明十年正月九日条等。
(109)小森崇弘『戦国期禁裏と公家社会の文化史—後土御門天皇期を中心に—』（注(108)）では、後土御門の朝廷における和歌会・連歌会・申楽の開催等の文化活動から、「むすび」で、天皇・公家が自ら文化事象の行為者として関与して吸収することにより、天皇の同時代的な文化的権威をも高めたと評価している。
(110)木下昌規「足利将軍家における足利義教御台所正親町三条尹子」（伴瀬明美・稲田奈津子・榊佳子・保科季子編『東アジアの後宮（アジア遊学）』〔注(7)〕）。
(111)『長禄二年以来申次記』（『群書類従　第二十二輯』続群書類従完成会、訂正三版）一八八頁。

(112) 『長禄二年以来申次記』（注(111)）一九一頁。

(113) 木下注(110)論文。

(114) 次の世代の話ではあるが、後柏原天皇の近臣衆の鷲尾隆康は、日記『二水記』大永五年（一五二五）十一月十八日条に、「余参近臣事、実父（四辻季経）之由緒、又者故長橋（四辻春子）後号民部卿典侍局従少年養育者也、尤眉目之至也」と記している。隆康が近臣になることができたのは、後土御門の近臣であった実父四辻季経との血縁と、実父のおばである勾当内侍（四辻春子）に養育されたことのおかげであり、近臣衆に加わる上では父祖が近臣であったことや身内の女官の存在が大きく関係していたことを示している。

(115) 桃崎有一郎「『後円融院宸記』永徳元年・二年・四年記―翻刻・解題と後花園朝の禁裏文庫―」（田島公編『禁裏・公家文庫研究第三輯』思文閣出版、二〇〇九年）。

(116) 相馬注(36)論文、『教言卿記（応永年中楽方記）』応永十七年六月十三・十五日、九月九日条。『建内記』文安二年（一四四五）十月二十日条には、後小松院の十三回忌の声明懺法で後花園が絃を弾いたことに関して、「旧院御執心事也」とあり、後小松は特に箏の演奏を好んでいた。

第Ⅱ部　家族の所有と婚姻

第一章　中世後期における相続と家族法

はじめに

本章は、中世後期の武家の家督・所領等の相続のあり方と、相続に関する家族法について考察するものである。前近代の相続法については、中田薫（1）・石井良助（2）両氏の総体的な研究があり、今日の研究の基礎となっている。中世の所領等の相続形態は、鎌倉時代後期以降に分割相続から嫡子の単独相続に移行し、家督・所領を相続した嫡子は一族・一家の惣領として庶子を扶持した。また同時に、女性への所領の譲与は、永代譲与から一代限りの一期譲与の形態に変化した（3）。

単独相続制における相続のあり方については、嫡子の単独相続に帰着し、中田氏の論考以後詳細には考察がなされていないと思われる。しかし、相続の順位、惣領（嫡子）と庶子の関係、女子の相続など、検討しなければならない問題点が存在する。

まず、単独相続の順位についてである。中田氏の論考（4）によれば、中世の原則的な家督相続の順位は次の通りである。

1　嫡出長男（生得嫡子）

2　生得嫡子が相続できない場合は、

①　生得嫡子の子
②　生得嫡子の弟
3　相続できる子孫がいない場合は養子（弟・甥・外孫・従弟等一族より選定）

しかしながら、このなかには女子の相続が含まれていない。宮本義己[5]・田端泰子[6]両氏の研究によって、戦国期の毛利氏領国の国人層では、女子の家督相続が婿を取って行なわれた例が多くあることが明らかになっている。[7]相続順位については女性も含めて考えなければならない。

次に、惣領と庶子の関係であるが、南北朝期以降に惣領の権限が強化され、庶子は惣領の家臣化し、惣領から扶持を加えられた。しかし、この「扶持」の意味について誤った解釈がされている傾向があり、このことが庶子の位置付けにも影響を与えていると考えられる。

また、女子への譲与に関し、岡田章雄氏[8]は、単独相続制で女性への所領譲与が慣習として禁ぜられて女性の経済的・社会的地位が低下したとし、これまでほぼ同じ見解[9]が主流を占めてきた。この見解を継承して従来では、女性の地位は中世前期では高かったが、中世後期に低下して家父長の権力が強化されたとする考え方が一般的である。[10]一方、永原慶二氏[11]は、男の庶子の相続権否定と合わせて武家社会の全体的動向のなかで女性の地位を位置付けることを主張した。

ところで、石井氏・岡田氏[12]が提示した女子への所領譲与禁止が記された史料の全文・関連文書をよく検討してみると、女子への所領譲与を禁止しているとはいえないものがあり、これらの史料について再検討する必要がある。筆者は鎌倉時代〜戦国時代の譲状類に目を通したが[13]、女子への譲与を禁止した文書の数は微少である。

これらの問題点を考察するために、室町・戦国期の相続法について着目してみると、室町幕府法には財産の譲与・

相続に関する法がほとんどない。しかし、在地領主等の置文・譲状から当時の相続の慣習について明らかにすることができる。置文には「家」の法規範としての性質があり、譲状にも規範的文言が記されている[14]。これら置文・譲状にみえる相続のあり方は、当時の慣習法を反映していると考えられる。そして、これらが戦国大名の分国法とどのように関係していくのかは、分国法の成立と性質を考える上で重要な問題である。在地法と分国法との関係については、近年では藤木久志氏[15]・勝俣鎮夫氏[16]らの研究があるが、「家」内部の相続に関する考察はこれまで少なかったといえる。

本章では以上の問題点を考察し、中世後期における家督・所領等の相続と、家族法の特質について解明する。

一　単独相続

1　譲状にみる相続順位

所領などを譲与する意思を表明した譲状、遺言・遺命の類である置文の類は、嫡子の単独相続制が定着した室町期に急激に数が減少するが[17]、南北朝期の武家の譲状・置文は数多く残されている。なかでも守護家の譲状・置文は、子孫のみならず、その地域の領主たちに対しても規範として影響力を持ったと考えられる。

次に掲げるのは、関東管領を務め伊豆・上野両国の守護であった山内上杉家の上杉道合（憲方）の、嘉慶二年（一三八八）十二月二十七日の譲状[18]である（「上杉家文書」）。

譲与

諸職所帯（註文在別紙）事

右、諸職所帯者、所譲与顕房《上杉》也、雖有数輩子、於家督者、可立壱人、若顕房無子者、房方子孫可知行之、自余兄弟等事者、為惣領計、可致扶持、至于不知行所領等者、依時分致訴訟、同可知行之、於後家・女子者、可譲与一期分、一期之後者、可付惣領、敢不可譲与他人、将又、国清寺・報恩寺・明月庵以下所々寺院事、惣領可致外護、若有非法之儀者、可為不孝第一、及子々孫々永代可守此旨之状如件、

嘉慶二年十二月廿七日　　道合（花押）

この譲状では、家督は一人（顕房）であり、惣領は他の兄弟等を扶持し、後家・女子は一期分を譲与されて一期の後は惣領に返し、他人に譲与してはならないとしている。これらは単独相続の基本的な事項であった。

中世における家督の相続順位として中田薫氏が示した原則、1嫡出長男（生得嫡子）、2生得嫡子が相続できない場合は①生得嫡子の子、②生得嫡子の弟、3相続できる子孫がいない場合は養子（弟・甥・外孫・従弟等）が単独相続に用いられていた場合が多かったと推測される。男子優先は明白な事実であった。しかし、女子の相続も存在した。至徳四年（一三八七）五月一日香取神宮大宮司長房置文[19]（「旧大禰宜家文書」）は、家督相続の順位として男子が優先であったこと、女子の相続も認められていたことを示している。長房は五七歳になっても男子ができなかったために女子に所領等を譲ったが、五八歳のときに男子が生まれたので、女子に譲った所領等を悔い返してその男子万寿丸に所領全部を譲った。長房は、「によし《女子》もおろか《愚》のき《儀》は候わねとも」としているが、神領の細分化を防ぐためには男子一人が相続した方がよいとしている。

相続する男子がいない場合は誰が相続するのかを、中世後期の譲状・置文から、家督・所領の単独相続の順位について具体的にみていこう。以下に、男子がいない場合の相続人としていくつかのケースを挙げる。

相続する男子がいない場合、男子の子、つまり孫（男女）がいれば、その子が相続することが多い[20]。また、男子が

いてもその男子の子が相続する場合もある(21)。

男子がいなければ女子が相続する場合がある。岡田章雄氏が挙げていた「天野文書」建武二年（一三三五）三月十七日斎藤胤成譲状(22)では、胤成は能登国万行保東方地頭職を狭少の地であるとして、

> （前略）男子一人之外、不可分譲数子、有男子数輩時者、不謂嫡庶、守器量、可譲一人、不可譲後家・女子江所領、無男子之時者、女子仁天毛一人之外不可分譲数子、女子之跡相伝之仁同前、（後略）

とし、相続では器量（能力）のある男子一人にのみ譲り、男子がいなければ女子一人にのみ譲れとし、どちらの場合でも分譲を禁じている。また、肥前国の安富泰治は、正平十四年（一三五九）七月二日に、「女子たりといへとも、一子たるうへハ、た《（他）》のさまたけ《（妨）》なくりやうち《（領知）》すへし」として、唯一の子である女子童女に相伝の所領を譲っている(23)（「深江文書」）。なお、女子の相続の例についてはさらに後述する。

女子の子（つまり外孫）が相続する場合もある。貞治二年（一三六三）二月十日藤原国重譲状写（「土佐国蠹簡集」一）では、男子がなく、三、四人の女子のうち乙女の嫡子午王丸に重代相伝の助安半名を譲っている(24)。

男子がいないために自身の弟に譲る例も少なくない(25)。「青方文書」応永八年（一四〇一）三月五日真覚譲状案(26)では、

> （前略）なんし《（男子）》もたすハ、もしお□《（と）》、もつ事あらハ、おとゝ《（弟）》ニゆつるへし、なんしもなくおとゝもなくて、によし《（女子）》なりともゆつりて、うら《（浦）》のうちの人をむこ《（婿）》にとりて、あを《（青）》方ニいするへし、（後略）

とし、単独相続人の順位を、男子、弟、女子（婿を取る）としている。

また、文和二年（一三五三）五月二十日尼れうゑん譲状(27)（「毛利家文書」）は、備後国泉荘踊喜村田畠について男子二人と女子一人それぞれに作成した譲状で、「ししん《（自身）》のこ《（子）》なくハ、めい《（姪）》・をい《（甥）》・きやう大《（兄弟）》にゆつるへし、たとへしたし《（親）》くとも、そのほかのものにわたすへからす」とし、子がいない場合は兄弟、甥、姪に譲れとしている。甥に譲る例は

珍しくはない(28)。

男子でも女子でも、生まれた子に相続させるとする場合もある。吉川経国は康永二年（一三四三）正月二十六日に安芸国大朝荘大塚村を、「つねくに《経国》かなんし《男子》にてもによし《女子》にても候へ、いてき《出来》候ハヽ」、一円に子々孫々まで譲るとしている(29)（「吉川家文書」）。

以上のように、男子がいない場合の家督・所領の単独相続人には、男子の子、女子、女子の子（つまり外孫）、弟、兄弟の子（つまり甥・姪）がいた。これらの相続順位は、家・個人・その時の事情などにより異なっており、一定ではない。なお、これらのなかで、実子（男子・女子）以外の相続人（孫、弟、甥・姪等）は、被相続人の養子(30)となって相続した。

この他の相続として、後家（妻）が相続した出雲大社国造北島雅孝の室「いとう御うへ」（尼子経久の娘）の例(31)や、他人が相続人となった例(32)がある。

また、たとえ男子がいても、その男子が親の意に背いた場合は、親は譲与した所領を悔い返して他の相続人に譲った。安富宗種の場合は、嫡子孫三郎と次男源次郎に譲った筑後国瀬高荘地頭職を、親の命に背いたとして悔い返して甥の泰重に譲っている(33)（「深江文書」）。譲与者の意思に背かないことは、相続の重要な条件であった。

また、先述の斎藤胤成譲状にみえる「器量」（能力）はこれまで指摘されているように、単独相続人の資格として重要視されていた。なお、この器量は男子に限ったことではない。前述の尼れうゐん譲状には、「なんし《男子》女しをきらハす、きりやう《器量》についてさたし《沙汰》もつへし、ゆめ〳〵たにん《他人》のて《手》ゐわたすへからす」とあり、男女の別なく能力を重視している。

以上、南北朝期を中心にみてきたが、武家の単独相続制では、嫡男あるいは能力のある男子が単独相続人となることが原則であった。そして、相続できる男子も男子の子もいない場合は、女子、外孫、弟、甥姪等が相続人に指定されており、単独相続人の範囲は直系の血族と、傍系の血族でも兄弟の系統にとどめられていた傾向が強い。相続順位は、被相続人の直系の血族（なかでも卑属）を優先し、そのなかに相続可能な男子がいなければ孫女、女子、外孫、弟、甥姪等が相続し、このなかのいずれを優先するかについて定めた法は存在せず、それぞれの家やそのときの事情などに依っていた。

2　女子の家督相続

単独相続制における女子の家督相続の具体例について、これまでは毛利氏領国の例が明らかにされているが、それ以外の例をさらに示そう。

肥前国松浦西郷斑島では、惣領職が永徳三年（一三八三）二月二十五日に尼祚聖から姫鶴女に譲られている(34)。また、波多（有浦）祝の女子千代寿は、同二年に九州探題今川了俊より討死した父の跡を継ぐことを承認され「女地頭」と称された(35)（「有浦文書」）。

従来、東国の例が取り上げられたことはあまりなかったが、女子の家督相続の例はある。東国における室町・戦国時代の女子の家督相続の例をいくつか挙げよう。

陸奥国の留守（余目）家では、室町初期に男子がおらず、女子が続けて相続している。留守家持は応永八年（一四〇一）五月十四日に陸奥国余目村等をすべて犬松女に譲り、その妹の犬鶴女は姉が扶持することとした(36)。同二十六年十二月十五日には、犬松女の婿と思われる留守家継が「なんし《男子》なきによつて」嫡女千世犬に余目村等を譲っている(37)（「余目文書」）。

同国の相馬家の大久政胤には男子がいないため、享徳三年（一四五四）に親類の同意を得て政胤の嫡女が継ぎ、所領の代官として岡田盛胤を任じている[38]（「相馬岡田雑文書」）。

伊達晴宗が天文二十二年（一五五三）正月十七日に所領を充行なった判書を収録した「晴宗公采地下賜録[39]」には、女子に所領を充行なっている事例が五つあり、そのうち峯紀伊守家の場合は、峯虎若丸が謀反を企てたためその妹が名跡を相続し、晴宗は「おとこの事ハ、はる宗見あてたるへし」として、晴宗が夫を決定するとしている。

さらに、織豊期の例ではあるが、古河公方足利家では、足利義氏が天正十一年（一五八三）に没し、義氏の女子が一〇歳で家督を継いだ。豊臣秀吉は同十八年九月二十日にこの古河姫君に対し三三二石の知行を充行なっている[40]（「喜連川文書」）。古河姫君は、秀吉の命により翌年に庶流の小弓御所の国朝と婚姻関係を結んだが、国朝はまもなく病死し、その弟の頼氏と再婚した。しかし、姫君は古河の鴻巣御所に居住し続けて子義親を育て、喜連川の御所にいた頼氏とは別居したまま古河で生涯を終えている[41]。

このように、中世後期においても、男子がいない場合の女子の家督相続は西国でも東国でも行なわれており、その場合は婿を取るのが通常であった。女子の家督相続は、男子がいない場合の手段として社会一般で認められていたのである。

二　惣領と庶子・女子

1　庶子への「扶持」

家督を相続した惣領は、庶子に扶持を加える義務を負った。次に一部を掲出する薩摩・大隅・日向国守護の島津道鑑（貞久）の延文四年（一三五九）四月五日の置文[42]（「島津家文書」）には、惣領と庶子の義務関係が記されている。

一、祖父道仏幷亡父道儀代々任置文之旨、無主一族同子孫等跡事、惣領師久可申給之、
一、惣領大事出来之時者、庶子等悉可令同道、若令違背者、可申給彼仁跡、
一、道鑑男女子孫得分親等中仁、於現不忠不調輩所領者、師久可知行之、但、為掠取所帯、構出不実者、不可知行道鑑跡、
一、男女子孫等、無牢籠儀之様、可加扶持、

庶子は惣領師久に従い、一致協力して惣領を支える義務がある一方、惣領が庶子の分を横取りした場合は家督を継ぐことはできず、惣領は庶子に扶持を加えなければならなかった。

この「扶持」について、岡田章雄氏は「毎年一定額の米を沙汰しおくる事」としており[43]、その他の諸研究においても「扶持」を「扶養」と同義語に解釈している傾向がある。しかし、中田薫氏は『塵芥集』第一〇六条[44]の「惣領より庶子の扶持分として所帯を貸す事」を引用して、扶持の方法に所領の分給があることを指摘しており[45]、後藤みち子氏も所領の分与と解釈している[46]。

「扶持」の内容を示した具体例を挙げよう。永和二年（一三七六）二月十六日毛利直元譲状写(47)（「毛利家文書」）は、「扶持」が所領の分与であることを示している。すなわち、

（前略）如子（女）道祖菊御前事者、為幸千代丸扶持、麻原内可分与之者也、（後略）

とあり、毛利直元の女子道祖菊御前には惣領の幸千代丸の「扶持」として安芸国吉田荘麻原郷内の地が分与されている。

さらに、永徳三年（一三八三）八月十日益田祥兼（兼見）置文(48)（「益田家文書」）には、

一、扶持人等事、就所領・給分足、可致奉公、（後略）

一、扶持人給恩之地沽却事、是又依公私大用、売給分事、于今不始、但年記事外久沽却、非遠慮歟、（中略）於向後者年記十ヶ年定之、買得方可存知此制法、聊奉公痛幅之時、召放給分之地、両方損亡基也、可守此法式矣、

とあり、扶持人に対し所領・給分の地を与えている。なかには給分の地を売る扶持人もおり、祥兼は一〇ヵ年の年季売りまでは認めている。

さらに、興福寺が織田信長に差出すために作成した大和国寺社・本所・諸寺・諸山・国衆領の起請文前書の雛形(49)には、「当寺老若・衆中・被官・家来私領幷買得分・扶持分何町何段事」とあり、扶持分が私領・買得分と並んで所領として扱われている。

これらの例では、「扶持」を加えることは所領を分給して与えることを意味しており、惣領が庶子を扶持するとは、多くの場合、惣領の所領の一部を庶子に分与・貸与することであった。

なお、「扶持」が岡田氏の示した意味で用いられた例に、戦国大名の後北条氏が配給した扶持米(50)があり、「扶持」は地域等によっては所領の分給を意味するとは限らなかった。

先述の道鑑置文のように、庶子分の保護を意図した譲状・置文は少なくない。暦応四年（一三四一）九月六日橘薩摩幸蓮譲状[51]（「小鹿島文書」）には、肥前国長嶋荘花嶋村地頭職を譲った公通に対し、もし嫡子公通が、幸蓮が他の男子・女子に譲った所について情け容赦なく害を及ぼすようなことをした場合には、不孝の子として孫の橘内を嫡孫として知行させるとしている。また、肥後国守護の阿蘇家の正平十九年（一三六四）七月十日恵良惟澄置文写[52]（「阿蘇家文書」）にも、「惣領ならひに男女の庶子」に対し、「庶子等分にわかちあたふる所々の事、かつハ少分なり、又同姓一腹なり、さまたけをなすへからす」とあり、庶子分の所領は少しであり庶子は皆同母であるので、惣領は侵害をしてはならないとしている。

これらのことから、惣領のなかには庶子分の所領や得分を押領する者がいるため、庶子分の権益を保護する目的でこのような文言を明記したといえる。

この庶子への保護は、戦国大名今川義元が天文二十二年（一五五三）に制定した分国法『今川仮名目録追加』に継承されている。同第一〇条[53]は、庶子は惣領唯一人に奉公すべしとしながらも、「父祖譲与の所を、惣領非分を以押領の上、公事に及、裁許を遂、兄の非儀為歴然者、弟各別之奉公、是非に不及也」とし、惣領である兄が弟の所領を押領し、裁判でそれが明白になったならば、弟が兄とは別に奉公することを認めている。

鎌倉末期から南北朝期にかけて単独相続制に移行し、惣領の権力は強化され、庶子は惣領の家臣化し、惣領家を中心に一族は団結した。しかし、庶子は惣領に完全に従属する地位にあったのではなく、惣領から所領を分給（「扶持」）され、さらには、譲状や分国法では惣領の庶子に対する不当な侵害から庶子の権利を保護していた。

2　女子への所領譲与

従来では単独相続制における女子への所領譲与に否定的な考え方が主流であったが、その根拠とされた女子への所領譲与禁止の史料を再検討してみよう。

岡田章雄氏(54)は、斎藤胤成が建武二年(一三三五)三月十七日の譲状(前掲の「天野文書」)の後に作成した同年七月十四日の譲状(55)(「得江文書」)に、「不可譲後家・女子・養子・他人仁所領」とあることを挙げている。この譲状は、胤成の次男真将が胤成の命に背いたため、悔い返して生得嫡男の茂成に所領を譲り、真将に万行保内の「狭少之地」を与えたものである。しかし、胤成は同日付で別に後家への譲状(56)(「得田文書」)を作成しており、岡田氏はこの譲状については触れていない。その譲状には、

(前略)為後家分、女房一期之間所譲渡也、一期之後、万行保東方内田屋敷等者、茂成領知之、得田保内田屋敷者、相副手継状等、可被返女子仁科女房、(後略)

とあり、後家の一期の後は田・屋敷の一部を女子の仁科女房に返すことを定めている。つまり、胤成が後家・女子・養子・他人に譲ることを禁じたのは、次男真将に与えた「狭少之地」に対してであって、後家・女子分は別に存在したことになる。

このように譲状のなかに女子への譲与を禁ずる文言があっても、同一人物作成の他の所領に関する譲状には女子への譲与分を記している場合がある。

また、鎌倉期に女子に対する譲与を禁止した史料として、石井良助氏ら(57)は「香宗我部家伝証文」の嘉元四年(一三〇六)四月十六日中原重通譲状から引用している。これは中原重通が土佐国香宗我部郷地頭職を、四郎秀頼を嫡子として譲ったもので、文中に「不可相伝女子・養子」とある。その譲状の全文をここに掲出しよう(58)。

譲与

土左国香我美郡内香宗我部郷地頭職事
四至
限東大里庄堺鎌田縄手自若王子西山際六段目　限南大海
限西深淵郷堺烏河　限北立山峯
右、於当郷者、為勲功之賞、自先祖秋家・秋通拝領以来、至于重通、六代相伝知行無相違者也、而守器量、以四郎秀頼為嫡子、相副　関東代々御下文・御下知以下調渡証文等、所令譲与也、且至男女以下得分親拾伍人加後家并孫千世寿丸分定者、以郷内田畠令分与者也、仍所相副面々譲状案文并目録等者也、任彼状等、可令存知沙汰、若又依関東・六波羅御事、令馳参惣領之時者、可令支配段別肆拾文用途於庶子分、其外不可有万雑公事、将又秀頼無男子者、舎弟等中仁、撰器量之仁、可令譲与、不可相伝女子・養子、仍為後日之亀鏡、譲状如件、

嘉元四年丙午四月十六日　中原重通（花押）

この日のために、をくかきをくわうるところ也、一事たりといふとも、このむねをそむかんともからにをきてハ、ふけうとして、そうりやうしんしたるへき也、よてをくかきの状如件、

四月十七日　重通（花押）

この譲状の末尾の方には確かに「不可相伝女子・養子」がみえる。しかしながら、譲状の中ほどには「至男女以下得分親拾伍人加後家并孫千世寿丸分定者、以郷内田畠令分与者也」ともあり、香宗我部郷内の田畠を男女以下の得分親（財産を相続する権利を有する者）一五人（後家・孫千世寿丸も含む）に分与している。重通が嫡子秀頼に譲ったのは地頭職と惣領の地位であった。つまり、重通は女子・養子に対して地頭職の相伝を禁止しているが、所領の分与は禁止していないのである。

香宗我部家では、康永四年（一三四五）九月二十六日沙弥性海譲状(59)でも、地頭職を子息時秀に譲り、「且為一所所

領之間、不可有女子・養子・他人相伝之儀」と記しており、地頭職の女子・養子・他人への相伝を禁止することを家の伝統としていたと考えられる。

さらに、岡田章雄氏は、「佐田文書」の室町期の譲状二通を例に挙げて、女性への譲与が他人への譲与と見なされてこれが家憲的伝統として遵守されていったとした。この豊前国の佐田家の場合、文永五年（一二六八）四月十日の定空置文(60)に他人への譲与禁止の文言がある。そして、永享七年（一四三五）三月三日佐田昌節譲状(61)、寛正二年（一四六一）三月三日佐田昌佐譲状(62)は、この定空置文の旨に任せて女子・他人に所領を譲るべからずとしている。

これらの他に女子・他人等への譲与禁止を家の譲状の伝統とした例に、常陸国鹿島神宮の大禰宜中臣家がある。同家の場合は、鎌倉後期～室町期の当主の譲状にこれらの文言が書かれている。すなわち、正安三年（一三〇一）四月二十二日前大禰宜中臣朝親譲状(63)に、「且於彼御神領者、末子・女子・後家・異姓他人、雖為段歩、全永代不可譲与之」とし、これと同様の文言が嘉慶元年（一三八七）十一月二十六日大禰宜中臣治親譲状(64)、文安六年（一四四九）八月十二日大禰宜中臣氏親譲状(65)にもみえ、神領と祈禱料所を末子・女子・異姓他人に永代譲ることを禁じている（「塙不二丸氏所蔵文書」）。しかし、禰宜職に伴う神領と祈禱料所の永代譲与を禁じたものであるので、一期譲与やその他の私領の譲与は、女子に対しても行なわれていた可能性がある。

中世の譲状類では、他人への譲与を禁止したものはめずらしくない(66)。しかし、女子・他人への譲与禁止が書かれた譲状類はごくわずかである。女子・他人への譲与禁止の文言は、これまでに挙げた香宗我部家・佐田家・鹿島神宮大禰宜中臣家など特定の家の当主の譲状に代々伝統的に書き継がれた文言であり、女子への譲与禁止が社会一般の風潮であったとまではいえない。

これらの家の譲状で女子・他人への譲与を禁止した理由については、次の康永二年（一三四三）四月十三日建部清武置文案[67]（「禰寝文書」）に記されている。建部（禰寝）清武は出陣する前にこの置文を母に宛てて書いた。

は《（母）》、御せんの御かたに申おき候条々、かせん《（合戦）》ニまかり出候ハ、そん《（存）》命つかまつり候ハん事もふちやう《（不定）》に候あいた申をき候、ちきやう《（知行）》つかまつり候しよりやう《（所領）》の事ハ、御一こ《（期）》又あくりにも一こゆつり《（期）（譲）》にハ給候へく候、その丶ちハそうりやう《（惣領）》にかへし《（返）》つくへきよしおほせ《（仰）》候て候、によし《（女子）》にりやう《（領）》をゆつり候事ハ、た《（他）》人のしよりやうになる事にて候、またそうりやうしき《（惣領職）》はさハく《（狭）》なり、すゑたゆる《（末）（絶）》事にて候なり、この心を御心へ候て、御はからひ候へく候、そのほかしよしやうくそくむまの事ハ、一かう御はからひにて候へく候、た丶しよこふくいわなミハいゑにつたへたく候、そのやうをよくく御心へ候て、もうちし《（討死）》にもつかまつりて候ハん時ハ御たい《（マヽ）》く候へく候、あなかしく、

康永二年卯月十三日　　　　きよたけ在判

清武はこの置文のなかで、母とあぐり（娘カ）に対し、所領を一期譲与として死後は惣領に返すとしたことの理由について、女子に所領を譲ることは（婚姻によって）他人の所領となり、（建部家の）惣領の所領が減って子孫の代には家が絶えるためとしている。女子は他家に嫁ぐとその女子の所領がその他家の子孫に継がれて所領が他家に流出することになり、他人に譲与したことと同じであった。鎌倉後期に女子に対する一期譲与の傾向が強まったが、それは他家への所領流出を防ぐためであり[68]、女子・他人への譲与禁止はこの一期譲与と理由を同じくするものであった。

南北朝・室町期の譲状・置文では、女子・後家に対して一期知行としていることが多い（「島津家文書」「入来院文書」「小早川家文書」「益田家文書」「熊谷家文書」「橘中村文書」等[69]）。

次の永享五年（一四三三）六月二十七日録司代慶弁譲状[70]（「旧録司代家文書」）は、女子の一期知行が当時の慣習であったことを示している。

譲与

録司代内慶弁女子千代松ニゆつる事

右屋敷ハ、東のいてくちのやしき《屋敷》南半分、た《田》のまへの茶ゑん《園》北半分、千代松ニゆつる処也、如法一期の間知行すへく候、仍為後日ゆつり状如斯、

永享五年癸丑六月廿七日　　慶弁（花押）

千代松か方へ

慶弁は娘の千代松に屋敷と茶園を譲り、「如法一期の間知行すへく候」として、「如法」とあることから、女子の一期知行が少なくとも慣習法として存在していたことがわかる。

なお戦国期においても、女子に対し一期ではない譲与を行なっていた例がある。田端泰子氏は備後国の高須氏の場合を挙げているので[71]、その他の例を示そう。

香取神宮の国行事直房は永正二年（一五〇五）四月十三日、「をとそう女」（「ようかいのおかた」）に田二反を永代譲与し、惣領まつ二郎を疎かにしないようにとしている[72]（「旧大禰宜文書」）。また、出雲大社国造家の大浦重孝は、天文十三年（一五四四）四月二十二日に北島国造家分の大社領富郷・阿吾郷と屋敷を「大これう《御料》人」に永代譲与している[73]（「出雲国造家文書」）。この大御料人は重孝の姉妹か妻と思われる。また、播磨国揖西郡梶山城の円山氏では、元亀二年（一五七二）五月十三日に円山弥五郎が討死した円山利真の跡を処分した際、利真の息女二人には「けわい《粧》田」として一町ずつを充て、二人の息女が結婚しても所領の領有はそのままとしている[74]（「安田文書」）。

このように、戦国期の東国でも西国でも、女性への永代譲与や女子の分割相続が行なわれる場合があった。

三　分国法にみる相続

戦国大名の分国法では、家督相続は嫡子優先であり、これまで見てきた単独相続の原則と一致する。

今川義元の『今川仮名目録追加』の第一一条(75)には、

　父の跡職、嫡子可相続事勿論也、雖然親不孝、其上無奉公之者にをひてハ、弟又ハ他人を養子としても、子孫奉公つゝくへき者に、可申付也、但嫡子何之不孝成事なきを、親弟に相続すへき覚悟にて、非分の事共申かくる事、太曲事也、時宜により可加下知也、

とあり、嫡子（長男）の相続を原則としながらも、嫡子が親に従わない場合や主人に奉公しない場合には跡を継がせず、また一方、親が弟を贔屓し道理に合わないことを言って廃嫡することはよくないとしている。

伊達稙宗が天文五年（一五三六）に制定した『塵芥集』の第一二四条(76)では、家督相続の相論については親に一任する方針を示している。

　名代問答《みやうだいもんだう》の事、親《おや》まかせたるべし、たゞし嫡子孝《ちやくしかう》々の道怠《をこた》らず、奉公《ほうこう》の事も年久しく勤《つと》めきたるといへども、或《あるひ》は幼《いとけな》き子をふかく最愛《いとをし》み、或は継母《まゝはゝ》の讒言《ざんげん》により、かの名跡を別人に渡《わた》すべきのよし申さば、親《おや》子不快《ふくわい》のおこりを相互《あひたがひ》に尋さぐり、其子誤《あやま》りなくば、時宜《じぎ》により下知を加《くわ》ふべき也、他人の子を養《やしな》ひ契約《けいやく》の事も可為同然なり、

名代家督については親に任せるものの、もし嫡子が親孝行で奉公にも問題がないのであれば、たとえ親が偏愛や継母の讒言で弟に家督を相続させようとしても、嫡子の相続を命じることがあるとしている。

右の『今川仮名目録追加』『塵芥集』では、家督相続は嫡子（長男）を優先としながらも親への孝行、主人への奉

公を重視し、親の決定権も認めているが、場合によっては大名権力が決定に介入した。

女子の家督相続については、結城政勝が弘治二年（一五五六）に定めた『結城氏新法度』第五三条(77)で、討死した男子の子が女子であっても、その女子を本体として結婚をさせて跡を継がせよとし、討死した男子の兄弟よりも、直系を重視してその男子の娘を優先している。

古代・中世前期においては、所領など財産相続に関する法として、遺産の分配を具体的に規定した法が存在する。天平宝字元年（七五七）に施行された「養老律令」の戸令の応分条(78)では、嫡母・継母・嫡子・庶子・女子・妾の相続分の割合を定めている。また、弘安六年（一二八三）の『宇都宮家式条』第二八条では、嫡子・後家・次男分の配分を規定し、第三二条では弘長元年（一二六一）以後の後家・女子分は一期としている(79)。しかし、鎌倉幕府が貞永元年（一二三二）に定めた『御成敗式目』では、そのような細かい規定をしておらず、戦国期の分国法においても同じ傾向にある。

分国法では、所領の譲与に関して原則的には、親から子への譲与は親の意思次第としている。

女子の場合は、たとえば『塵芥集』第一〇四条(80)には、

女子譲《にょしゆずり》の所帯《しょたい》の事、その親《おや》の書分《かきわけ》まかせたるべきなり、

とあり、女子への所領譲与は親の配分に任せるとしている。ただし、同第一三五条で、先祖の判が裁判沙汰になったときは、女子の所領は惣領に返すことを原則としている。

また、六角承禎・義治らが永禄十年（一五六七）に制定した『六角氏式目』の第四八条(81)には、「粧田之事、可為如約諾文書、無文書者、彼妻一期後者、可返付女之生家」とし、妻の持参財である粧田については譲状の文書内容に従うこととし、文書がなければ一期の後は妻の実家に返せとしている。室町期に慣習法であった女子の一期知行を取り

入れているものの、親等の意思を優先させている。

譲与一般に関する法を見ると、武田晴信（信玄）が制定した『甲州法度之次第』（五五箇条本）の第三一条「他人養子事」[82]では、「恩地外、田畠、資財、雑具等之儀者、可任亡父譲状」、つまり恩地以外の私領や所有財産の譲与については父の譲状に任せるとしている。

また、阿波国の三好氏が永禄年間（一五五八〜一五七〇）に制定したとされる『新加制式』の第一七条「譲与所領於子孫事」[83]では、子孫への譲与は父祖の意に任せている。すなわち、

右、以私領令譲与子孫者、可任父祖之意、父祖相伝之地、依令支配数多之子孫、其嫡家令侘傺、然則三代附属之領知者、一切不可譲庶子、至新地者、可任父祖之意、猶譲与之時、究淵底可有其定乎、

とあり、ただし、嫡家が困窮しないように三代相伝の所領は庶子に分譲してはならず、新しく入手した所領の譲与は父祖の意思次第と定めている。

分国法ではこのように、私領の譲与の仕方は、原則的には親・祖父母等の判断・処分に任されていた。女子に対しては、慣習法である一期譲与が原則であるが、親等の意思が文書に書かれていればそれを優先しており、戦国期における女子への一期ではない譲与の例はこれにあてはまる。

このように譲与権が各家に委ねられていたことの理由として、親に対し不孝の子には譲与しないこと、相続順位が家・事情によって異なること、所領に関する諸条件に相違があることなどが考えられ、家によって相続のあり方が異なるため、分国法では一律に規定することを避けたと考えられる。戦国期の大名領国では、在地領主の財産相続に関しては、各家の自律性を尊重していたことになる。

しかし、文禄五年（一五九六）に発布された『長宗我部氏掟書』の第八二条[84]は、それまでの他国の分国法とは異な

っている。同条では、「人々譲之事、実子たりといふとも、遂上聞、可為下知次第、私譲堅停止之事」とし、必ず届け出て上意に従うことを定め、私的な譲与を禁じている。この『長宗我部氏掟書』は、文禄の役の後に長宗我部元親が朝鮮から帰国して制定した法であり、再出兵により元親が再び不在となることを想定して作られたこの法のあり方(85)を一般化することには検討を要すべきであるが、各家の自律性に大名権力が介入する兆しをうかがわせる法でもある。

おわりに

中世後期における在地領主の単独相続制では、「家」の継続と「家」の財産の維持のために、直系の血族の卑属を中心に、男子である嫡子を優先する家督相続が行なわれた。相続できる男子が直系にいない場合には、各家の裁量によって孫女、女子、外孫、弟、甥などが相続した。また、女子が婿を取って相続することは社会的に認められた相続方法であった。

家督を相続した惣領は庶子に所領の分給(「扶持」)を行ない、また、女子の所領相続は一期とする慣習法が存在した。女性はこの一期分などの資産所有(86)により、婚家において夫に経済的に従属する必要はなく、少なくとも経済的な女性の地位は低下していないと考えられる。

これらの相続のあり方は、在地領主の譲状・置文から戦国大名の分国法に継承されている。分国法は相続の慣習法を取り入れ、家督相続における親の決定権も認めて、財産相続では各家の自律性を尊重しており、さらに惣領と庶子の両方の権益を保護した。

戦国大名の特質として、河合正治氏(87)は家臣たちの共通利益の保護者としての性格を、また藤木久志氏(88)は調停権力を挙げている。相続においても同様に、分国法は在地領主の「家」の継続を助勢して「家」の内紛を調停する機能を有していたといえる。しかし、家督相続に関しては、「家」の自律性を認めながらも、勝俣鎮夫氏のいうところの大名[89]権力の裁判権と強い権力意志が介入する可能性を含んでいた。

注

(1) 中田薫『法制史論集　第一巻』(岩波書店、一九二六年)。
(2) 石井良助『日本相続法史』(創元社、一九八〇年)。
(3) 中田薫「中世の財産相続法」(中田注(1)著)、石井良助『日本相続法史』(注(2)) 第二「長子相続制」、新田英治「中世の相続制」(日本法社会学会編『家族制度の研究(上)歴史』有斐閣、一九五六年)、豊田武『武士団と村落』(吉川弘文館、一九六三年)、同『日本の封建制社会』(吉川弘文館、一九八〇年)。
(4) 中田薫「中世の家督相続法」(中田注(1)著)。
(5) 宮本義己「武家女性の資産相続—毛利氏領国の場合—」(『國學院雑誌』七六—七号、一九七五年)。
(6) 田端泰子『日本中世女性史論』(塙書房、一九九四年) 第三章「戦国期女性の役割分担—経済活動と財産相続—」。
(7) この他に、久留島典子「婚姻と女性の財産権」(岡野治子編『女と男の時空—日本女性史再考⑤　女と男の乱㊤』藤原書店、二〇〇〇年)では戸次道雪の娘誾千代の例を挙げている。
(8) 岡田章雄「中世武家社会に於ける女性の経済的地位」(『歴史地理』六〇—三号、四号、一九三二年、歴史科学協議会編、編集・解説西村汎子『歴史科学大系一六　女性史』校倉書房、一九九八年)。
(9) 新田注(3)論文、豊田『日本の封建制社会』(注(3))、五味文彦「女性所領と家」(女性史総合研究会編『日本女性史　二中世』東京大学出版会、一九八二年)、峰岸純夫「中世社会の「家」と女性」(歴史学研究会・日本史研究会編『講座日本歴史三　中世一』東京大学出版会、一九八四年)。
(10) 瀧川政次郎『日本法制史研究』(名著普及会、初版一九四一年、復刻版一九八二年)、高群逸枝『招婿婚の研究』(大日本雄弁会講談社、一九五三年)、同『日本婚姻史』(至文堂、一九六三年)、宮川満「中世家族の特質と動向」(同『家族の歴史的研究』日本図書センター、一九八三年)、関口裕子ほか『日本家族史』(梓出版社、一九八九年) 第二篇中世(鈴木国弘)、坂田聡「中世の家と女性」(『岩波講座　日本通史八　中世二』岩波書店、一九九四年)等。
(11) 永原慶二「女性史における南北朝・室町期」(女性史総合研究会編『日本女性史　二中世』〔注(9)〕)。
(12) 石井注(2)著、岡田注(8)論文。
(13) 竹内理三編『鎌倉遺文』一〜四二巻、補遺編一〜四巻(東京堂出版、一九七一〜一九九五年)、瀬野精一郎編『南北朝遺文　九州編』一〜七巻(東京堂出版、一九八〇〜一九九二年)、松岡久人編『南北朝遺文　中国・四国編』一〜六巻(東京堂出版、一九八七〜一九九五年)、佐藤進一・百瀬今朝雄編『中世法制史料集　第四巻武家家法Ⅱ』(岩波書店、一九九八年)、同編『中世法制史料集　第五巻武家家法Ⅲ』(岩波書店、二〇〇一年)、その他の史料集、自治体史史料編などに所載の譲状類。なお筆者は、『鎌倉遺文』全四六巻所載の譲状類にみられる仮名文と漢文について分析をし、総合女性史研究会(当時)大会で報告をした(報告趣旨「中世の古文書にみる仮名と漢字—ジェンダーは存在するのか—」〔『総合女性史研究』二二「大会の記録」、二〇〇五年〕)。また筆者は、『鎌倉遺文　索引編』一〜五(東京堂出版、一九八六〜一九九七年)の作成メンバーの一人である。
(14) 置文・譲状の規範性については、『中世政治社会思想　上(日本思想大系)』(岩波書店、一九七二年)解説(石母田正)参照。
(15) 藤木久志『戦国社会史論—日本中世国家の解体—』(東京大学出版会、一九七四年)。
(16) 勝俣鎮夫『戦国法成立史論』(東京大学出版会、一九七九年)。
(17) 佐藤進一『〔新版〕古文書学入門』(法政大学出版局、一九九七年)二四六〜二六一頁。
(18) 東京大学史料編纂所編『大日本古文書　家わけ十二ノ一　上杉家文書』(一九三一年、東京大学出版会、覆刻一九七一年)五二号。
(19) 『千葉県史料　中世編　香取文書』(千葉県、一九五七年)「旧大禰宜家文書」一五二号。
(20) 瀬野精一郎編『南北朝遺文　九州編』三六二二・三七三五号。
(21) 瀬野精一郎編『南北朝遺文　九州編』二八二四・四九七一・五五三一号。
(22) 東京大学史料編纂所編『大日本史料　第六編之二』(一九〇一年、東京大学出版会、覆刻一九六八年)三四五頁。
(23) 瀬野精一郎編『南北朝遺文　九州編』四一一七・四三六三号。
(24) 松岡久人編『南北朝遺文　中国・四国編』三二〇九号。この他に女子の子の相続として、瀬野精一郎編『南北朝遺文　九州編』四八二八・四九〇八号がある。

(25) 松岡久人編『南北朝遺文　中国・四国編』六二〇号等。
(26) 瀬野精一郎校訂『史料纂集〔古文書編〕青方文書』二（続群書類従完成会、一九八六年）、三八一号。
(27) 松岡久人編『南北朝遺文　中国・四国編』二四七六〜二四七八号。
(28) 瀬野精一郎編『南北朝遺文　九州編』二三〇三・三四八五・五八〇三号。
(29) 松岡久人編『南北朝遺文　中国・四国編』一二二四号。
(30) 養子については、中田注(4)論文。
(31) 『出雲国造家文書』（清文堂出版、再版一九九三年）八四号。
(32) 瀬野精一郎編『南北朝遺文　九州編』四五五一・四五九九号。
(33) 瀬野精一郎編『南北朝遺文　九州編』三八八二号。
(34) 福田以久生・村井章介編『改訂松浦党有浦文書』（清文堂出版、二〇〇一年）一四二号、沙弥連覚・尼祚聖連署譲状。
(35) 福田以久生・村井章介編『改訂松浦党有浦文書』一三三号、永徳二年四月五日今川了俊書下写。
(36) 『仙台市史　資料編一　古代中世』（仙台市、一九九五年）「余目家文書」八号、留守家持譲状。
(37) 『仙台市史　資料編一　古代中世』「余目家文書」九号、留守家継譲状。
(38) 豊田武・田代脩校訂『史料纂集〔古文書編〕相馬文書』（続群書類従完成会、一九七九年）「相馬岡田文書」六八号、享徳三年八月二十三日岡田盛胤契約状。
(39) 小林宏『伊達家塵芥集の研究』（創文社、一九七〇年）第五編「塵芥集関係資料」。
(40) 『栃木県史　史料編　中世二』（栃木県、一九七五年）「喜連川文書」六〇号。
(41) 「喜連川判鑑」（『続群書類従　第五輯上』）、佐藤博信「古河氏姫に関する考察」（同『古河公方足利氏の研究』校倉書房、一九八九年）。
(42) 瀬野瀬一郎編『南北朝遺文　九州編』四〇九七号。
(43) 岡田注(8)論文。
(44) 『中世政治社会思想　上（日本思想大系）』（注(14)）二二八頁。
(45) 中田注(1)著、二四二頁。

(46) 後藤みち子「南北朝・室町期の女性の所領相続―単独相続との関係―」(前近代女性史研究会編『家族と女性の歴史〈古代・中世〉』吉川弘文館、一九八九年、後藤『中世公家の家と女性』吉川弘文館、二〇〇二年、第Ⅱ部第三章)。
(47) 松岡久人編『南北朝遺文　中国・四国編』四二五七号、後藤注(46)論文で引用している。
(48) 松岡久人編『南北朝遺文　中国・四国編』四八一三号。
(49) 『多聞院日記』天正八年九月二十六日条(『増補続史料大成　多聞院日記三』臨川書店、一九七八年、一二六・一二七頁)。
(50) 杉山博・下山治久編『戦国遺文　後北条氏編』(東京堂出版、一九八九～二〇〇〇年)九八二・一五一四号等。
(51) 瀬野瀬一郎編『南北朝遺文　九州編』一七〇一号。
(52) 瀬野瀬一郎編『南北朝遺文　九州編』四五三五号。
(53) 佐藤進一・池内義資・百瀬今朝雄編『中世法制史料集　第三巻武家家法Ⅰ』(岩波書店、二〇〇一年)一二六・一二七頁。
(54) 岡田注(8)論文。
(55) 東京大学史料編纂所編『大日本史料　第六編之二』(注(22))三四六頁。
(56) 東京大学史料編纂所編『大日本史料　第六編之二』三四七頁。
(57) 石井注(2)著、新田注(3)論文。
(58) 竹内理三編『鎌倉遺文』一二六一一号。
(59) 松岡久人編『南北朝遺文　中国・四国編』一四二六号。
(60) 「佐田文書」には定空置文自体は残されていないが、延慶二年六月十二日鎮西下知状に、定空が子息覚実に与えた文永五年四月十日の定空置文の一部が引用されており、それによれば定空の置文には「又現不調令成他人所領之時者」とある。(『熊本県史料　中世篇第二』〔熊本県、一九六二年〕「佐田文書」三号)。
(61) 『熊本県史料　中世篇第二』「佐田文書」六六号。
(62) 『熊本県史料　中世篇第二』「佐田文書」七六号。
(63) 『茨城県史料　中世編一』(茨城県、一九七〇年)「塙不二丸氏所蔵文書」二〇号。
(64) 『茨城県史料　中世編一』「塙不二丸氏所蔵文書」五八号。
(65) 『茨城県史料　中世編一』「塙不二丸氏所蔵文書」八七号。

(66) 瀬野精一郎編『南北朝遺文　九州編』四七〇七号、松岡久人編『南北朝遺文　中国・四国編』一四六七号、『千葉県史料　中世編　香取文書』(注(19))「旧案主家文書」二一号等。
(67) 瀬野精一郎編『南北朝遺文　九州編』一九二一号。
(68) 五味注(9)論文等で、一期譲与が他家への所領流出を防ぐためであったことはすでに指摘されている。
(69) 瀬野精一郎編『南北朝遺文　九州編』四〇九八～四一〇〇、四一〇二、四四六七～四四七〇、四六六一・四九〇四号、松岡久人編『南北朝遺文　中国・四国編』三三二〇・三三三四・三三三五・四八一三号、『大日本古文書　家わけ十四』(一九三七年、東京大学出版会、覆刻一九七一年)「熊谷家文書」二四二・二四三号、『佐賀県史料集成　古文書編　第一八巻』(佐賀県立図書館、一九七七年)「橘中村文書」六七号。
(70) 『千葉県史料　中世篇　香取文書』(注(19))「旧録司代家文書」四六号。
(71) 田端泰子『日本中世の女性』(吉川弘文館、一九八七年)第一部第二「室町期の女性」。
(72) 『千葉県史料　中世篇　香取文書』「旧大禰宜家文書」二三一号。
(73) 「出雲国造家文書」(注(31))八五号。
(74) 『兵庫県史　史料編　中世三』(兵庫県、一九八八年)「安田文書」八・九号。
(75) 佐藤進一・池内義資・百瀬今朝雄編『中世法制史料集　第三巻武家家法Ⅰ』(注(53))一二七・一二八頁。
(76) 『中世政治社会思想　上』(日本思想大系)』(注(14))二三一頁。
(77) 佐藤進一・池内義資・百瀬今朝雄編『中世法制史料集　第三巻武家家法Ⅰ』二四〇頁。
(78) 『律令(日本思想大系)』(岩波書店、一九七六年)二三二頁。
(79) 佐藤進一・池内義資・百瀬今朝雄編『中世法制史料集　第三巻武家家法Ⅰ』九～一一頁。
(80) 注(44)。
(81) 佐藤進一・池内義資・百瀬今朝雄編『中世法制史料集　第三巻武家家法Ⅰ』二六八頁。
(82) 佐藤進一・池内義資・百瀬今朝雄編『中世法制史料集　第三巻武家家法Ⅰ』二〇八・二〇九頁。
(83) 佐藤進一・池内義資・百瀬今朝雄編『中世法制史料集　第三巻武家家法Ⅰ』二八一・二八二頁。
(84) 佐藤進一・池内義資・百瀬今朝雄編『中世法制史料集　第三巻武家家法Ⅰ』二九九頁。

(85) 拙稿「戦国大名の密懐法と夫婦―家父長権力再考―」(『歴史評論』六七九号、二〇〇六年、本書第Ⅲ部一章)。
(86) なお、拙稿「山科家年貢等収納幷算用帳と「家」の経済」(『古文書研究』五七号、二〇〇三年、のち、拙著『中世の武家と公家の「家」』〈吉川弘文館、二〇〇七年〉第三部第一章「山科家の経済と「家」」に改稿)で、十五世紀末の山科家では夫婦別財であったことを明らかにした。
(87) 河合正治『中世武家社会の研究』(吉川弘文館、一九七三年)第七章「戦国武士の教養と宗教」。
(88) 藤木注(15)著、Ⅱ第二章「在地法と農民支配」。
(89) 勝俣注(16)著、第二部第五章「戦国法」。

〔付記〕本章作成にあたり、東京大学史料編纂所「所蔵史料目録データベース」「編年史料綱文データベース」を利用した。

第二章　中世後期の婚姻形態と居住

はじめに

高群逸枝・石井良助両氏は、中世に婚姻の形態が婿取婚から嫁取婚に移行したとし(1)、現在では、中世後期には嫁取婚が一般化して家父長的な「家」が成立したとされている(2)。

しかし、戦国時代の諸史料をみていると、「婿取り」「嫁取り」の両方が出てくるのである。また、戦国時代では合戦が頻繁に行なわれ、戦死する男子は少なくない。男子が戦死して女子ばかりが残された家では、「家」の存続のためには女子に婿を取る必要などが生じてくる。このことから考えても、中世後期に嫁取婚が一般化したとするこれまでの通説には疑問を持たざるをえない。

また、夫婦の居住形態について、十六世紀末期にイエズス会の巡察師として来日したヴァリニャーノは、同会総長への報告書「日本諸事要録」のなかで、日本の領主の「妻及び子供の一人一人が家屋と地所を所有し」と記しており(3)、武士階級の夫婦は別財・別居であったとしている。中世後期の夫婦別財については、イエズス会宣教師として来日したルイス・フロイスも著書『日欧文化比較』（一五八五年）の第二章に、「ヨーロッパでは財産は夫婦の間で共有である。日本では各人が自分の分を所有している。時には妻が夫に高利で貸付ける」と記しており(4)、拙著でも指摘して論じた。(5)当時の日本の夫婦別居については、夫婦が別々に住んでいたと考えられる史料が実際に存在する。(6)夫婦が別財・別居であれば、嫁取婚であってもそれがすなわち家父長的な「家」の成立につながるとはいえないのではないだろうか。

本章では、先ず中世における「嫁す」の言葉の意味を明確にした後、主に戦国時代の婿取り・嫁取りに関する諸史料と、夫婦の居住形態に関する史料を挙げて、これまでの通説であった中世後期における嫁取婚と家父長的「家」の成立について再考する必要があることを提示したい。

一 「嫁す」について

「嫁す」「嫁ぐ」という言葉は、現在では女性が男性のところに嫁に行くという意味で使われている。しかし、中世においては意味が異なり、女性が男性に「嫁す」場合と、男性が女性に「嫁す」場合の両方があったことを、すでに田端泰子氏、(7)高橋秀樹氏(8)が指摘している。田端氏は、小早川隆景が小早川又鶴の妹に「嫁した」と表現している安国寺恵瓊覚書の例を挙げている。さらに高橋氏は、『吾妻鏡』にみえる「嫁す」の用例一七例を一覧表にし、男女の別なく婚姻を表わす一般的な動詞として使用していたとし、また、婚姻後の居住形態を示すものではないともした。

さらに筆者は、『鎌倉遺文』所載の古文書にみえる「嫁す」の言葉から、「嫁す」が婚姻に限らず男女の交合を意味する語として使われていたことを指摘した。(9)以下にその婚姻以外の「嫁す」の事例について、男性から女性へ「嫁す」場合の三例を示そう。

文永九年(一二七二)十二月二十六日関東下知状案(10)(「正閏史科外編河野六郎所蔵」)は、河野通時の代理人唯観と通

時の甥通義との相論に関するもので、通義の父通継と祖父敬蓮の妻妾との関係に言及している。本文中の事書には、

通継嫁継母否事

とあり、通継が継母に「嫁」したか否かのこととしている。そしてこの事書の本文の方には、

唯観則通継姦敬蓮妻妾二人之由申之、

とみえ、通継が父敬蓮の妻妾二人を「姦」したと唯観が申しているとしている。つまり、「嫁す」と「姦す」が同じ意味で用いられているのである。

元応二年（一三二〇）九月二十五日関東下知状写[11]（「小早川家文書」）には、小早川定心（政景）が養子長政の妻として山城入道光阿養女を迎えたが、「然而迎取之後、定心相嫁之、景宗出生之間、長政更無夫婦儀之旨、景宗令申之上」、つまり、長政の妻になった光阿養女に定心が「嫁」して景宗が出生したとある。つまり、定心が養子長政の妻と密通したことを「嫁す」と表現している。

また、弘安二年（一二七九）十月八日関東下知状案[12]（「有浦文書」）によれば、肥前国御家人佐志房について、「如妙蓮申者、房嫁阿経雖生留、自襁褓中□、令収養之間、如実子、（中略）阿経宰府遊君也」、つまり、房は阿経に「嫁」して留が産まれたが、房の後家妙蓮が留を乳児のときから実子のように養ったといい、この阿経は大宰府の遊君であった。ここでは佐志房と遊女の関係も「嫁す」で表現されている。

これらの事例から、鎌倉時代では「嫁す」が男女の性的結び付きを表わす言葉として使われていたことがわかる。

これらにみられる「嫁す」の用法は、戦国時代においても同様である。今川氏親が大永六年（一五二六）に制定した『今川仮名目録』の第七条[13]には、次のようにある。

一、夜中に及、他人の門の中へ入、独たゝずむ輩、或知音なく、或は兼約なくば、当座搦捕、又ははからざる殺

害に及ぶとも、亭主其あやまりあるべからざる也。兼又他人の下女に嫁す輩、かねて其主人に不届、又は傍輩に知せず、夜中に入来ば、屋敷の者、其咎か丶るべからず。但からめとり糾明之後、下女に嫁す儀於顕然者、分国中を追却すべき也。

この条文は、主人の家成敗権を示す史料としても知られている。本章と関係するのは後半の部分で、他人に仕える下女と関係を結んだ（「嫁す」）男性について、その下女の主人に届けず、あるいはその同僚に知らせずに夜中に忍び込んで来たならば、屋敷の者がたとえその男性を殺害しても罪にはならない、ただし捕らえて取り調べた上で下女との交合（「嫁す」）が明らかであれば、分国から追放とする、と定めている。この条文は男性から女性へ「嫁す」場合であり、「嫁す」は男女関係を結ぶ意味として使われている。

このように、中世の「嫁す」は、現代の用法とは異なり、男女の交合を示す言葉として使われていたのであり、中世の史料に「嫁す」とあった場合には、早計に嫁入婚と解釈してはならない。

二　婿取婚・嫁取婚

高群逸枝氏は、平安時代中期〜南北朝時代を婿取婚、室町時代〜江戸時代を嫁取婚の時代とし、嫁取婚の時代に妻は夫に扶養されて家父長制が成立したとした(14)。脇田晴子氏も、中世に嫁取婚が一般化し、嫁取婚は家父長的な「家」の成立を意味するとしているが、ただし、家父長的な「家」の成立により一夫一婦制原則が成立して正妻の地位が確立したとみている(15)。

婿取婚から嫁取婚への移行を示す事例として必ず引用されるのが、建久二年（一一九一）の九条良経と一条能保の娘（母は源頼朝の妹）との結婚である。良経の父で摂政の九条兼実は婿取婚を主張したが、能保の妻の兄源頼朝は嫁取婚を主張し、双方の意見が対立した。結局頼朝が譲歩し、殿下（兼実）の決定に従い大将（良経）を迎えるようにと能保に伝えて婿取婚になった。兼実の日記『玉葉』の同年六月二日条には次のように記されている。[16]

日来頼朝卿、可進娘、不可奉迎之由依令申、力不及之由、彼卿再三示之、然而近例皆不快、加之、当時事体傾懦弱、仍広元（大江）下向之次、示遣子細於頼朝卿之許、仍聞披子細、諷諫能保歟、最神妙也、

兼実は頼朝が主張する嫁取りについて「近例皆不快」と述べており、当時は嫁取婚が増加する傾向にあったことを示している。良経は、一条能保が以前に居住して妻の死により出ていた一条室町の邸宅に婿入りした。[17]

この事例で源頼朝が嫁取婚を主張したことについて、石井良助氏は当時の武家社会では嫁取婚が慣習化していたとした。[18]現在ではこれが通説になっており、中世嫁取婚普及説の根拠の一つとされている。しかし、九条良経は摂関家で父兼実は摂政であるが、一方の一条能保は祖父・父が四位どまりの下級貴族であり、[19]両者には身分上に大きな差がある。能保は検非違使別当の重職にあったが、[20]この能保の出世には能保が頼朝の妹を妻にしたことが大きく影響している。頼朝が嫁取婚を主張したことについては、前掲の『玉葉』の記事に「ひごろ頼朝卿、娘を進ずべし、迎え奉るべからざるの由申せしむるに依り」（書き下し文）とあり、頼朝は、能保が娘を進上せよ、良経をお迎えしてはいけないと言っている。この主旨は、貴族として下級の能保が娘を高貴な良経に進上せよ、高貴な良経を下級貴族の能保の家に迎えてはならない、と解釈することができる。つまり、頼朝の主張内容が武家社会における嫁取婚の慣習を示しているわけではないと考えられる。したがって、この『玉葉』の記事をもって鎌倉時代初めには武士の間で嫁取婚が広く行なわれていたとする石井氏の見解は再考を必要とする。

さらに、戦国時代の武家故実書や分国法には、婿取り・嫁取りの両方がみえることが指摘できる。

室町時代後期に成立したとされる[21]武家故実書『今川大双紙』には、輿に関する故実のところ[22]で、

一、むこ取・よめ執之時の折がみ《紙》ハ引合也。（後略）

とある。また、料理に関する故実の箇所[23]には、

一、むことり・よめ取の雑しやう《餉》の事。肴にも御めし《飯》の具足にもあゆ《鮎》のうを《魚》をすべからず候。其故ハ、一年うを《魚》をなるがゆへなり。

とある。鮎は一年で一生を終えるため婿取り・嫁取りのときの料理では使うな、という意味である。

これらは婿取り・嫁取りの儀式のときの故実について述べたもので、両方のケースの婚姻が存在したことを示している。

なお、伊勢貞陸著の故実書に『娵入記』『よめ《嫁》むかへ《迎》の事』がある[24]。これらは嫁入りのときの諸作法について記したもので、これらから室町時代に嫁入りが一般化したと考えられるかもしれない。しかし、伊勢氏は将軍足利氏の側近で、貞陸は延徳二年（一四九〇）〜永正十八年（一五二一）に室町幕府政所執事を務めた人物であり、この二著は将軍足利氏を念頭に置いて記された可能性が高い[25]。将軍の場合は嫁取婚であるから、この二著をもって嫁入り・嫁迎えが当時の社会で一般化していたとは必ずしもいえないであろう。

戦国大名の分国法にも、婿取りに関する条文がある。

今川氏親制定の『今川仮名目録』第三〇条[26]には次のようにある。

一、駿・遠両国之輩、或わたくしとして他国より嫁を取、或は婿に取、娘をつかはす事、自今以後停止之畢。

今川氏の領国である駿河・遠江国の人間が、今川氏の許可を得ずに勝手に他国から嫁取り・婿取りをすること、あるいは娘を他国に嫁に行かせることを禁止した内容である。この条文から、今川氏領国では嫁取り・婿取りの両方が

行なわれていたことがわかる。

下総国の国人領主結城政勝が弘治二年（一五五六）に制定した『結城氏新法度』の第五三条[27]は、女子に婿を取るケースである。

一、二親在世之内、幾度も其子共用に立ち、討死するのみにて候。それは親の綺あるべからず。此方より名代計らい候べく候。其死候もの男子を持ならば不及是非、女子にて候共、其死候もの丶子を本躰として、□□□いづれの子成共申合候而、其跡継がせべし。子共多持ち候とて、其跡を削り、残之兄弟共立て候はん義、以外之曲事たるべし。又其死候もの、男子・女子にてもなくば不及力、親の見計らいに可相任候。此義誰も誤られべからず。

ここでは、両親の存命中に男子が討死した場合、その跡継ぎは結城氏が決定するとし、その討死した者に男子がいれば当然跡を継ぎ、女子であればその女子を本体として他の男子と結婚をさせて跡を継がせよ、討死した男子の兄弟を跡継ぎに立てることはよくない、としている。つまり、結城氏家中ではあくまでも討死した者の直系に跡を継がせ、その直系が女子の場合は婿を取って継がせる方針であった。

また、『結城氏新法度』第五七条[28]も、女子に婿を取ることに関する内容である。

一、誰人成共、男子を持たず、女子計持ち候て、人の子を所望、又我が親類成共、取立て養子になし、名代を継がするに、其女気に入らず候とて除き去り、別の女を置き、其名字名乗り候はん事、一向□非分之義たるべく候。女気に入らず候はゞ、養父之名字其跡を滑り候て、女を除き去り、別の女を迎へ候はん義は、一理すみたる義にて候。可被心得候。

つまり、男子がおらず女子ばかりがいる場合、親類などの男子を女子の婿に取って養子とし、跡を継がせたところ、婿がその女子を気に入らないといって追い出し、他の女性を迎え入れるのは不正である、女子が気に入らなければ養父の名字と財産を放棄してから別の女性と結婚せよ、とある。この内容からは、女子しかいない家では婿養子を取って跡を継がせるケースがあることがわかる。女子しかいなければ婿を取るのである。

以上の武家故実書・分国法の内容から、戦国時代において婿取婚が少なからず存在したことが指摘できよう。中世後期には嫁取婚が一般化したとする従来の通説は再考する必要がある。

三　夫婦の食事と居住

イエズス会の巡察師ヴァリニャーノは、前述したように「日本諸事要録」に、領主の妻は夫とは別に家屋と土地を所有していたと記している。また、同会宣教師のルイス・フロイスが来日二三年目の天正十三年（一五八五）に著した『日欧文化比較』の第六章には、

ヨーロッパの男性は普通に妻と一緒に食事をする。日本ではそういうことは非常に稀である。食卓もまた別々だからである。

とある[29]。日本では夫と妻が別々に食事をするという。これらイエズス会士たちの記述に従えば、日本の武士は夫婦が別々の家屋に居住し、食事もそれぞれの家屋でとるという構図になる。

戦国時代の史料のなかには、実際に夫婦別居・別食を示していると思われる史料が存在する。以下にそれらの史料を提示しよう。

（1）　山科言国の『言国卿記』

筆者は長年公家の山科家の日記を読んできたが、山科言国の日記『言国卿記』を何回も読んでいるうちに、言国と妻東向（公家の高倉永継の娘）は同敷地内で別々に居住し、食事も別々にとっていたのではないかということに気がついた。なお、山科家も東向の実家高倉家も、ともに公家装束・衣紋道を家業とする家である。

言国は、山科家の邸宅全体を指す場合は日記に「今日此亭㒵煤払也[30]」や「此亭へ面向ヨリ盗人乱入[31]」などのように、「此亭」と書いているが、邸宅内の個別の居所を指す場合は「〇〇方」と記しており、「東向方」がしばしば登場するのである。

先ずその一例として、次の文亀元年（一五〇一）七月十五日条[32]の記事を掲出する。

一、東向里ヨリ樽代・蓮・魚東向方へ被送進之、則酒被召寄予給之、目出々々、

東向の実家高倉家から「東向方」に酒樽代・蓮・魚が送られてきて、言国は東向から酒を頂戴している。高倉家からの送付先は「東向方」である。

これに対し言国は、自分の方のことを「此方」などと日記に書いている。

同文亀元年六月十七日に次女茶子の鬢曾木の儀式が行なわれ、東向の実家から茶子の祖母にあたる高倉永継室（御西向）が来て、その晩は山科家に泊まった。翌日、言国は日記『言国卿記』同年六月十八日条[33]に、

一、御里ノ御西向此方事間、朝飯申付了、

と記しており、永継室のことは「此方」のことであるので、彼女の朝食の用意を申し付けたという。つまり、永継室は言国方に泊まり、言国方で朝食が用意されているのである。

また『言国卿記』によれば、このころの行事として毎年十一月頃に所々で「田楽」が行なわれており、宮中におい

ても恒例の内々の宴会として催されていた。[34]『言国卿記』文亀二年十月十七日条[35]には、

　一、夜小田楽在之、ユルリ《（囲炉裏）》アク《（開）》ル祝云々、

とあることから、この「田楽」は囲炉裏で田楽豆腐[36]のように焼きながら食する行事と考えられ、宮中では酒等や歌舞を伴った一種の宴会であった。[37]

　山科家ではこの「田楽」を言国や東向、その嗣子がそれぞれで催していたことが『言国卿記』に散見する。[38]このことは、言国や東向等のそれぞれの居所には囲炉裏がしつらえてあったことを示している。

　明応七年（一四九八）閏十月下旬の山科家では、東向の妹の新内侍（高倉継子）が女房の右京と阿五々を伴って言国邸を訪れた。同記同年閏十月二十二日条[39]には、

　一、今夕新内侍局御渡《ワタリ》アリ、是ニ宿ニテ被遊也、御女房右京・阿五々御供被来、両人ヲモトメ《（泊）》御カユ《（粥）》ニテ田楽ヲ
　　申付了、

とあり、新内侍と女房二人は山科家に泊まり、言国は彼女たちのために粥と田楽を用意させた。

　翌々日の二十四日条[40]には、

　一、今日早旦右京・阿五々帰了、御局ハ此方逗留也、朝飯・同夕供御申付了、

とみえ、二人の女房が早朝に宮中に戻った後も新内侍は言国方に逗留しているため、言国は朝食と夕食を用意させた。この日は、その後に東向が新内侍のために酒等を用意し、「東向被進之、然間今夜此方ニテ東向田楽沙汰間、右京・阿五々ヨハル、也、ナニカトテ不来」、つまり、東向が言国方で新内侍に田楽を振舞うので二人の女房も呼んだが、二人とも来ないため、「夜東向田《（楽脱カ）》沙汰ニテ、新内侍殿被遊了、周快此方事也」、東向の方で新内侍に田楽を振舞うことになり、東向の弟周快は言国方に泊まることになった。

以上の記事からは、山科家邸内では言国方と東向方の居所と食事が別々であったことがうかがえる。また言国夫妻の次男言綱（内蔵頭）についても、『言国卿記』文亀元年（一五〇一）十二月二十八日条に「今日内蔵頭方へ可来由間行、ウトンニテ祝在之」とあり、言綱は山科邸内に作られた新居所に移り父言国を呼んで饂飩でお祝いをしている。(41)

このように、『言国卿記』には言国方の「此方」と妻の「東向方」、さらには次男言綱の「内蔵頭方」もみえ、山科家の邸宅内では言国と東向は別々の居所にいた。そして、これらの別居は夫婦別財の経済によって支えられていたのであり、山科家の所領等から入ってくる収入は夫と妻に別々に支給され、(42)各自で賄っていたのであった。

(2)　北条家朱印状

次に挙げる永禄三年（一五六〇）二月二十三日北条家朱印状写(43)（「相州文書所収足柄下郡幾右衛門所蔵文書」）は、北条氏康と正室の食事が別会計で台所も別であったことを示す史料である。

本城御前様御台所、毎月納肴従昔相定帳面、改而被仰出事、

壱艘　　国苻津　村野宗右衛門船

此肴銭毎月弐百五十文充之役、

一、肴損間、致塩上可申、但随時無塩にても上可申者、可為船主之随意、代物にて納申儀被停止事、

一、国苻津上十日ニ被定置候、十日之内者二度ニも三度ニも、弐百五十文之肴之積を以、上可申、十一日共至于令遅々者、可被懸過役事、

一、御肴之渡所、由比千菊・清五郎左衛門両人ニ被定候、相渡度ことに必請取を取、御糾明之時、為先請取可申披事、

以上

此外魚之代定

一、六七寸之鯛　塩にても無塩にても可為随意、　壱ツ　代十文

一、一尺之鯛　壱ツ　代十五文

一、一尺五六寸鯛　壱ツ　代卅文

以上、鯛ならハ以此積可渡、

一、かつほ《なまひ》（鰹）　壱ツ　代十二文

一、大あち（鯵）　壱ツ并わかなこ（若魚子）　代二文

一、あわひ（鮑）　壱はい　代三文

一、いハし（鰯）　弐ツ　代壱文

一、いなた　壱ツ　代五文

以上

右、所定置令無沙汰ニ付而者、船持可刎頚、地頭迄可被処越度、若又台所奉行并由比・清五郎左衛門、至于非分之儀申懸者、則可捧目安者也、仍如件、

（永禄三年）
庚申　二月廿三日　（虎朱印）

国府津之船主
村野宗右衛門

この文書の内容は、相模国足柄下郡国府津（現、小田原市）の船主村野宗右衛門に小田原城の「御前様」の台所に納められる魚役を課したもので、魚は由比千菊・清五郎左衛門に渡されて請取が出され、台所担当の役人としては台所奉行がいた。

なおこの「御前様」に関しては、天文二十一年（一五五二）八月吉日遠山綱景願文写[44]（「新撰総社伝記考証附巻」）に、「ほうちやう《北条》のうちやす《氏康》のきよい《御意》よく、こせん《御前》のきよい《御意》よく、ほうちやう《北条》のけんなん《幻庵》のきよい《御意》よく、御まもり《守》候て可被下候」とみえる。江戸城主の遠山綱景は北条氏康・「御前」・北条幻庵の気に入られることを願っており、「御前」が氏康の正室（今川氏親娘）であったことがわかる。北条幻庵は氏康の叔父で北条早雲（実名は伊勢新九郎・宗瑞）の子である。

前掲の朱印状の冒頭には「本城御前様御台所」とあり、わざわざ「御前様」を入れて書かれていることは、本城の小田原城のなかに正室の台所が氏康の台所とは別に存在したことを示していると考えられる。つまり、北条家の当主と正室の食事は別々の台所で作られ、食材も別会計で納入されていたことになる。

戦国時代では、少なくとも公家・武士階級の夫と妻は食事を別々にとり、それは夫と妻の居所・台所が別々であったためと考えられ、ヴァリニャーノやフロイスの記述は事実を述べていたことになる。

おわりに

本章では、戦国時代においては婿取婚・嫁取婚の両方が存在したこと、また、公家・武士階級では夫と妻が別々に食事をし、それは夫と妻の居所・台所が別であったためと考えられることを指摘した。

これまでは、中世後期には嫁取婚が一般化して、嫁は夫の「家」に入って家父長制のもとに家父長権力に屈していたと考える傾向にあった。しかし、それは夫婦同居・同財の前提のもとに成り立つものである。たとえ嫁取婚であるからといっても夫婦同居・同財であるとは限らない。女性が嫁として入ったとしても、夫婦が経済的・空間的に別々な形で居住していれば、同じ「家」にあっても妻の夫に対する自立度は高くなる。ましてや婿取婚も少なからず存在していた。戦国時代の「家」の家父長権力については、その内容を改めて検討し直す必要があろう。

注

（1）高群逸枝『招婿婚の研究』（大日本雄弁会講談社、一九五三年）第一〇章「その終焉」、同『日本婚姻史』（日本歴史新書、至文堂、一九六三年）第七章「室町安土桃山江戸時代」、石井良助『日本婚姻法史』（創文社、一九七七年）第一「中世婚姻法」。
（2）脇田晴子『日本中世女性史の研究』（東京大学出版会、一九九二年）第4章「町における『女の一生』」等。
（3）ヴァリニャーノ（松田毅一他訳）『日本巡察記』（東洋文庫、平凡社、一九七九年）一四四頁。
（4）ルイス・フロイス（岡田章雄訳注）『ヨーロッパ文化と日本文化』（岩波文庫、岩波書店、一九九一年）四八頁。
（5）拙著『中世の武家と公家の「家」』（吉川弘文館、二〇〇七年）、同『日本人の生活文化―くらし・儀式・行事』（吉川弘文館、二〇〇八年）。
（6）拙稿「戦国大名の密懐法と夫婦―家父長権力再考―」（『歴史評論』六七九号、二〇〇六年、本書第Ⅲ部第一章）で、『長宗我部氏掟書』第一〇〇条が、父と母へ別々に所領を分配することを、父・母が別居していることを前提に規定し、ただし同居であれば父への分で生活せよとしており、同居よりも別居の方が一般的であったと考えられることを指摘した。また、『喜連川判鑑』によれば、古河公方足利義氏の娘は古河に、その夫頼氏は喜連川に居住していた。
（7）田端泰子『日本中世の女性』（吉川弘文館、一九八七年）一六二頁。
（8）高橋秀樹『日本中世の家と親族』（吉川弘文館、一九九六年）二六三～二六五頁。
（9）ことばの中世史研究会編『「鎌倉遺文」にみる中世のことば辞典』（東京堂出版、二〇〇七年）「嫁」の項。なお、辻垣晃一「嫁取婚の成立時期について―武家の場合―」（『龍谷史壇』一一七号、二〇〇一年）では、平安末～鎌倉時代の「嫁」の具体例を挙げ、肉体関係を示す「嫁」七例を指摘している。

(10) 竹内理三編『鎌倉遺文　第十五巻』（東京堂出版、一九八〇年）一一一六七号、四九頁。
(11) 竹内理三編『鎌倉遺文　第三十六巻』（東京堂出版、一九八八年）二七五七四号、二一頁。
(12) 竹内理三編『鎌倉遺文　第十八巻』（東京堂出版、一九八〇年）一三七三〇号、二三一頁。
(13) 『中世政治社会思想　上（日本思想大系）』（岩波書店、一九七二年）一九五頁。
(14) 高群注(1)著。
(15) 脇田注(2)著。
(16) 『玉葉　第三』（名著刊行会、一九七九年）七〇七頁。
(17) 『玉葉』建久二年六月二十五日条。
(18) 石井注(1)著、一八頁。同『日本法制史要』（弘文堂、一九五〇年）一三九頁。高群逸枝『招婿婚の研究』（注(1)）一一三一頁参照。
(19) 『新訂増補国史大系　尊卑分脈　第一篇』（吉川弘文館、一九八三年）二五八・二五九頁。
(20) 『新訂増補国史大系　公卿補任　第一篇』（吉川弘文館、一九八二年）五二四頁。
(21) 『国史大辞典　一』（吉川弘文館、一九八〇年）七八六頁。
(22) 『群書類従　第二十二輯』（続群書類従完成会、訂正三版）五二一頁。
(23) 『群書類従　第二十二輯』（注(22)）五三一頁。
(24) 『群書類従　第二十三輯』（続群書類従完成会、訂正三版）所収。
(25) 田端泰子『日本中世の社会と女性』（吉川弘文館、一九九八年）九「中世の家と教育―伊勢氏、蜷川氏の家、家職と教育―」参照。
(26) 『中世政治社会思想　上（日本思想大系）』（注(13)）一九八頁。
(27) 『中世政治社会思想　上（日本思想大系）』（注(13)）二六〇・二六一頁。
(28) 『中世政治社会思想　上（日本思想大系）』（注(13)）二六二頁。

(29) ルイス・フロイス（岡田章雄訳注）『ヨーロッパ文化と日本文化』（注(4)）九四頁。
(30) 『言国卿記』明応二年十二月十九日条（『史料纂集　言国卿記　第四』続群書類従完成会、一九七七年、二七二頁）。
(31) 『言国卿記』明応三年七月二十八日条（『史料纂集　言国卿記　第五』続群書類従完成会、一九七七年、一一八頁）。
(32) 『史料纂集　言国卿記　第七』（続群書類従完成会、一九八四年）二二五頁。
(33) 『史料纂集　言国卿記　第七』（注(32)）九三頁。
(34) 『言国卿記』明応二年十一月七日条によれば、この日の夜に宮中で田楽が催され、赤粥が出されて天皇と申沙汰衆（近臣衆）・親王等が酒を飲み、謡と舞が行われている。同記文亀元年十一月二十七日条には、前日に行なわれた宮中の田楽に出席した言国次男の内蔵頭言綱が、「近臣輩大略祗候」と語っていることがみえ（『史料纂集　言国卿記　第七』〔注(32)〕二〇四頁）、この田楽は天皇と近臣衆を中心とした内輪の集まりの宴会であった。
(35) 『史料纂集　言国卿記　第八』（続群書類従完成会、一九九五年）一八八頁。
(36) 樋口清之『新版　日本食物史―食生活の歴史―』（柴田書店、改訂三版一九八八年）一八〇頁、原田信男『豆腐の文化史』（岩波新書、岩波書店、二〇二三年）七七～七九頁によれば、豆腐を串に刺し味噌をつけて焼く「田楽」が流行し始めたのは、室町時代であった。
(37) 『言国卿記』より約二〇年後の鷲尾隆康の日記『二水記』からは、「田楽」の意味が芸能の方に変化していることが読みとれる（『大日本古記録　二水記』一～四、岩波書店、一九八九～一九九七年）。すなわち、永正十七年（一五二〇）十月二十六日条（『大日本古記録　二水記』一、一九八九年、二五一頁）や大永五年（一五二五）十一月十六日条（『大日本古記録　二水記』三、一九九四年、二一頁）等には「闇爐舞田楽」、また天文元年（一五三二）十月十一日条（『大日本古記録　二水記』四、一九九七年、九九頁）には「舞田楽」とあり、「田楽」は芸能の舞う田楽の意味になっている。
(38) 『言国卿記』明応三年十月十四日条、文亀二年十月二十・二十一・二十三日条、十一月十・二十三日条等。
(39) 『史料纂集　言国卿記　第六』（続群書類従完成会、一九七八年）一九二頁。
(40) 『史料纂集　言国卿記　第六』（注(39)）一九二・一九三頁。
(41) 『史料纂集　言国卿記　第七』（注(32)）二二三頁。なお言国の長男定言は、明応三年七月二十八日に山科邸に入った盗人に斬られ（注(31)）、その傷がもとで同月三十日に十九歳で没している。

（42）拙著『中世の武家と公家の「家」』（注（5））第三部第一章「山科家の経済と「家」」で、言国の妻東向は山科家領からの年貢の一部を夫とは別に支給されていたことを明らかにした。

（43）杉山博・下山治久編『戦国遺文　後北条氏編　第一巻』（東京堂出版、一九八九年）六二二号、二一〇・二一一頁。

（44）杉山博・下山治久編『戦国遺文　後北条氏編　第一巻』（注（43））四一九号、一四九頁。

第三章　嫁迎えの伊勢流武家故実の成立

はじめに

平安時代の朝廷・貴族社会では儀礼・儀式・年中行事・服飾等の先例が蓄積され、これらは有識故実（後に有職故実）と呼ばれた。(1) 室町時代に将軍の幕府が政治権力を掌握して武家文化が発達すると、幕府独自の武家故実が生まれた。この幕府の武家故実に精通した家が成立したのは、二木謙一氏によれば(2)室町時代中期であり、弓馬では京都の小笠原氏が、儀礼関係では伊勢氏が武家故実家としての地位を確立した。なお近代に民間で小笠原流礼法として知られた小笠原氏は、江戸時代に小笠原の姓を称したまったく別の家である。

この武家故実家の伊勢氏は、桓武天皇の曽孫高望王の子の平国香の子孫で、鎌倉中期の平伊勢守俊継のときに伊勢氏を称した(3)（巻末付図2参照）。『伊勢系図』(4)では俊継の父俊経の代に初めて足利義兼に仕えたとしており、鎌倉時代から足利氏の家臣であったらしい。室町幕府において伊勢氏の動向が明確になるのは俊継の孫貞継のときで、貞継は将軍足利義満のときの康暦元年（一三七九）に従来の二階堂氏に替わって政所執事に就任し、貞継の子孫の嫡流は政所執事と伊勢守を世襲して将軍家の家政・財政と将軍家嫡子の養育を担当した。(5)

伊勢氏の故実家としての基盤を築いたのは将軍足利義政の頃の伊勢貞親で、その子貞宗のときに武家故実家の伊勢氏が成立し、さらに貞宗の子貞陸は武家故実家の地位を確立させた(6)。貞陸（常照）は『簾中旧記』『娵入記』『よめむかへの事』『産所之記』『常照愚草』等の故実書を残し、また、貞親の弟貞藤は『御供古実』を、庶流の下総守家の貞頼（宗五）は『宗五大草紙』を残しており、これらの故実書は応仁の乱後から戦国期にかけて著されている。

伊勢貞陸の『娵入記』『よめむかへの事』は、室町時代の結婚式の史料として江馬務氏の著『結婚の歴史』(7)で引用され、詳しく解説されている。しかし江馬氏著では、平安時代の結婚式については有職故実書の他に貴族の日記にみえる具体例も取り上げているが、室町時代に関しては主に故実書に依拠しており、実際に行なわれた結婚式の具体例は挙げられていない。そこで本章では、筆者が知り得た室町・戦国期の諸史料にみえる諸階層の結婚式の具体例を取り上げ、伊勢流武家故実の成立前と成立後の結婚式を比較しつつ、伊勢流故実成立後の結婚儀礼が故実通りであったのかなどをみていく。

一　婿取りから嫁取りへ

(1)　婿　取　り

平安時代から鎌倉時代にかけての貴族社会では婿取婚が多かった。建久二年（一一九一）六月に九条良経が一条能保の娘（源頼朝の姪）と結婚するときには、良経の父兼実が婿取婚で行なうことを主張して頼朝と意見が対立したことはよく知られている(8)。また、良経の子道家は、次女仁子が嘉禎三年（一二三七）正月に近衛兼経と結婚したが（このときは嫁取婚）、道家の日記『玉蘂』同月十四日条（「高嗣記」）に「代々婚嫁の例、多くは執聟の礼として、或は新迎の儀として、平治・建仁等みな御迎えの車をまいらせらる」（原漢文）(9)とあり、摂関家では婿取婚が多く行なわれていたことがうかがえる。

この「執聟」の儀礼については、平安後期に大江匡房が編纂した有職故実書『江家次第』の「執聟事」にその式次第がみえる。[10]それによれば、当日は婿から消息（手紙）が送られてきた後に、婿が布袴姿で到着して寝殿に脇の階段から入るが、そのときに脱いだ沓は舅・姑が抱いて臥す（婿が逃げ出すのを防ぐためか）。寝殿では婿が帳内に入ると姫も入り、婿が装束を解く。そして物吉（縁起の良い）の女房が寝具の衾《ふすま》を二人にかける。その後、銀盤に載せられた餅三枚に銀箸・木箸が添えられて供され、婿は餅を全部は食べきらない。次に、婿は烏帽子・狩衣に着替えて帳前に出ると、婿と姫に三膳が供され、その後は侍所饗・賜禄、随身所勧盃などがあり、同じ儀式が三日間行なわれる。その後、婿の父が吉日を選んで来る。現在でいうところの披露宴は露顕《ところあらわし》といい、吉日を選んで一夜行なわれた。[11]この執聟の儀式の特徴は、婿・姫が三日間同じ儀式を行ない、儀式では餅と三膳が二人に供されることであり、披露宴（露顕）は儀式とは別の日に行なわれた。

(2) 嫁取り

室町時代の頃になると、貴族すなわち公家の結婚式では嫁を迎える形が一般化した。

公家の甘露寺元長の結婚では、文明十三年（一四八一）二月に元長は高倉永継の娘を嫁に迎えた。元長の父親長の日記『親長卿記』によれば、[12]二月十一日の夜に「嫁娶の儀」があり、三日目の十三日には、親長も出席して酒「三献」によるお祝いがあった。

この元長の嫁迎えついては、山科家の家僕大沢久守が人から聞いて日記『山科家礼記』同年二月十七日条[13]に書き留めている。

今日よめむかへ《嫁迎》の座敷のやう、又いわゐの様尋候也、上ハこきちやう《小几帳》を立候、御まへのものハ二ちう《重》、からへいし《唐瓶子》二くちつゝむ、おきとり《置鳥》、こい《鯉》、かたくちてうし《片口銚子》、上ハ御つし《厨子》ひとりいわゐ、しき三こん《式献》のときむね《胸》のまほり《守》おとりて、ミつし《御厨子》のうへニおく、次きやう《饗》・ゆつけ《湯漬》男女のおとりちかへ候也、のちハこん〳〵候ハん共、又ぬしのまゝ、次日のいわゐハぬしのまゝ、三日のいわゐ、あか《赤》きもち《餅》い・しろ《白》きもちい三と入ニ一つゝ入、二くきやう《供饗》ニすゑて出、三さるへき男女ニ一せんつゝ、もちいのおほゝきさハ、いのこ《亥子》の御ま《な》いりきりのほとニたゝくつむ、かす候へともたくつミほうたいニ入候て候也、又しろきもちいはかりお、かわらけ《土器》二にもつミ候となり、今度甘露寺殿御方のハ如此候也、このもちいもとりかへもし候、又もちはかりもせんおもさた候也、

この嫁迎えの座敷には小几帳と御厨子棚が置かれ、両人の前には二重、唐瓶子、置鳥、鯉、片口銚子が置かれた。お祝いでは、一日目に式三献の後に饗の膳と湯漬けが嫁と婿の二人に出され、三日目に赤い餅と白い餅が供饗（膳）に据えて二人に出されている。一日目の式三献のときに取り外す胸の守りは、『簾中旧記』『娵入記』によれば嫁入りのときに胸に掛けるお守りである。なお式三献は、現在の三々九度に相当する酒盃を含むもので、詳細については後述する。

ここでは結婚式が三日間かけて行なわれており、それは平安時代の『江家次第』等にみえる貴族の結婚式と同じである。また餅は、平安貴族の結婚式にも登場しているので、その名残であろう。一方、平安貴族の結婚式にはみられなかった酒盃を含む式三献があるのは、室町時代の儀礼の特徴といえる。式三献は室町時代では結婚式に限らずさまざまな行事や饗応の場で武家の儀礼として行なわれていた(14)。

二　伊勢貞陸『よめむかへの事』

室町幕府将軍足利氏の側近伊勢貞陸が著した『よめむかへ《嫁迎え》の事』は、将軍足利氏の嫁迎えの儀式を記したと考えられ、貞陸が政所執事を務めていた延徳二年（一四九〇）から大永元年（一五二一）の頃に著されたと思われる。『群書類従』所収の『よめむかへの事』[15]には、座敷の飾りや式三献と饗の膳を説明した図もある。座敷の飾りの図には、二重、瓶子二つ、置鳥（雌・雄）、魚二つ、手掛がみえ、これらの座敷飾りの多くは、前述した甘露寺元長の嫁娶の座敷にすでに存在していた。

祝言では、『よめむかへの事』によれば、まず花嫁が乗った輿が到着すると、輿は屋敷の二の間、三の間に回され、そこで花嫁を降ろす。花嫁は待ち女房が座敷に案内する。

花嫁の衣装は白装束である。花嫁は幸菱（四弁の花を菱形にした花菱を組み合せた文様）を織り出した白の綾織の装束を上に着て、頭には幸菱を浮織（文様を浮き出させて織る）にした白い絹織物の被衣をかぶった。

被衣は、女性が外出するときに頭からかぶる衣服のことで、室町・戦国時代では小袖を被衣にしていた。被衣は女性が顔を隠すためのものであった。婚礼のときの被衣については、江戸中期の伊勢貞丈著『婚礼法式　上』「婚入之部」に、「かづきは女の顔をかくす為也、御輿よりおり給ひ、御座鋪迄いらせらるゝ時にかづき給ふ也」とあり[16]、輿のなかから座敷に着座するまでの間に用いたらしい。花嫁の顔を新郎以外の男性に見せないためであろう。

花嫁の衣装が白であった理由については、伊勢貞丈著『貞丈雑記』巻三で婚礼の白い小袖は葬礼から来たという説を否定しているが[17]、しかし、葬礼の衣服は中国では白で、日本でも「白無垢」は江戸時代では死装束を意味していた。

増田美子氏は、婚礼・葬礼が神々の降臨する深夜に行なわれていることに着目し、婚礼の白装束は神の加護・祝福を受けるための神聖な装束であったとしている。(18)

花嫁が着座した座敷では、殿（新郎）が現れると、式三献と饗の膳が運ばれてくる。

式三献には三膳ある。一膳は引渡しの膳で、ひきわたし（打鮑）、三盃、箸、海月《くらげ》、梅干五つがのせられている。(19)二膳は、塩、はじかみ（生姜）、打身（鯛の刺身）、三膳は鯛の腸《わた》煎りである。引渡しの膳の内容は、鎌倉幕府の将軍を饗応した垸飯(20)を引き継いでいる。

饗の膳には本膳・二膳・三膳があり、魚鳥類中心の料理で構成されている。これらには現代では見なれない料理が多いが、室町時代から江戸時代初期の料理書『武家調味故実』『庖丁聞書』（以上『群書類従』所収）、『式三献七五三膳部記』（『続群書類従』所収）等を参考にしながら、（　）内に説明を加えてそのまま記そう。

本膳には、塩引き（塩漬けの魚）、削鱧《そぎはむ》、蛸、焼鳥、香物《こうのもの》、えり切（するめを削ったもの）、鯛の厚作り、鴫壺《しぎつぼ》（茄子をくりぬき鴫を入れて酒で煮たもの）、帯の饗（飯を帯で巻いたもの）、二膳には巻するめ、海鼠腸《このわた》、削昆布《けずりこぶ》、蒲鉾、辛螺《にし》燕口《つばめくち》をさす（辛螺の壺入りのことか）、三膳には、小串さし、醤煎《ひしおいり》、差海月《さしくらげ》上にすり花鰹、腸煎《わたいり》、海老の舟盛があった。

これらは本膳料理と呼ばれ、室町時代の武家社会で形成された饗応料理である。(21)

花嫁とお供の女房衆は、三日目まで白装束を着て過ごし、三日目には色のついた装束を着る「色直し」があった。白い装束を着ている間は、酌・配膳等は殿の方の女房衆が行なう。

三日目のお祝いでは、殿の方から花嫁方へ酒樽が贈られ、両家の家族の挨拶も三日目に行なわれた。花嫁の御厨子黒棚に置く諸道具もこの日に入れられた。

このように、『よめむかへの事』にみえる婚礼は平安貴族と同じく三日間行なわれており、殿と花嫁が三日間を二人で過ごした後、三日目に両家で挨拶をしている。しかし、平安貴族の婿取りや甘露寺元長の嫁取りで登場した餅はみえない。また、待ち女房が花嫁の案内役を務めていることも、以前のこれらの婚礼と大きく異なっている点である。

三　嫁迎えの故実の定着

(1)　公家の三条西公条と甘露寺元長娘

伊勢貞陸の『よめむかへの事』と同じ内容の結婚式を行なったのが、公家の三条西公条と甘露寺元長の娘との結婚式である。公条は三条西実隆の次男であるが、実隆は長男公順を東大寺西室に入れ、公条に家督を継がせた。当時の三条西家では次男が家督を継ぐのが嘉例であったという(22)。

公条は永正七年（一五一〇）に甘露寺元長の娘と結婚した。元長は実隆にとって母方の従兄弟にあたり、両家は親戚関係にあった。元長の日記『元長卿記』同年二月十三日条によれば、二人の結婚は以前から内々に約束していたことであった。このとき、公条は数え年で二五歳、花嫁は一八歳である。

実隆の日記『実隆公記』によれば(23)、婚礼は二月十三日から十五日までの三日間で行なわれている。十三日には先ず式三献と饗の膳の儀が行なわれた。以下は『実隆公記』永正七年二月十三日条からである。

抑今夜元長卿息女十八歳歟、為相公羽林（三条西公条）室迎之、其間之儀毎事省略也、子下刻程入来、輿舁・供者等事悉皆父卿沙汰也、自此方不申付之、一献方事申付大隅、如形之儀也、先式三献、次居饗三本立、本盤八種、二盤七種、別御料在之、三盤五種、有汁、有汁懸之飯、以上如常、相公前重種朝臣（中沢）妻居之、女房前彼方官女居之、其儀了後予幷東向、姫御料人等出座、三献祝著、其後両人羞夕膳云々、相公則宿彼方、予宿相公方、帳台内也、

今夜天気快晴、珍重也、

青侍男両人引出物太刀也、其外各有小引物事、千秋万歳、祝著自愛々々、

花嫁の乗る輿は甘露寺家で用意をし、子の下刻（午前〇時すぎ）頃に三条西家に到着した。座敷ではまず式三献があり、次に饗の三膳が出された。三膳は、本膳で八種の料理があり、二膳で七種、三膳で五種あり、汁と汁懸けの飯が出された。

このときの座敷では、公条の前に三条西家の家僕中沢重種の妻が座り、花嫁の前には甘露寺家の侍女が座って諸役を務めた。これら一連の儀式が終ると、実隆・妻東向・次女が座敷に出てきてお祝いをしている。三条西家にとっては子供のときから知っている花嫁であったので、親しい気持ちで一緒にお祝いをしたのであろう。

その晩のことについては、『実隆公記』には「相公（公条）則宿彼方、予宿相公方」とあり、公条は甘露寺家に泊まり、実隆は公条方に泊まっている。この日、実隆は三条西家の家人たちに引出物を与えた。

三日目の十五日については『実隆公記』に、

十五日辛丑雨降、早朝柳二荷三種遣甘露寺、三ヶ日之儀表祝詞也、入夜祝著之儀三献有之、菅大納言（高辻長直）父子携食籠一瓶、対酌有興、（後略）

とあり、実隆は早朝に甘露寺家に酒樽を贈り、祝いの詞を伝えた。夜にはお祝いが酒三献で行なわれた。客人には、権大納言の高辻長直とその子章長が食籠（つまりお弁当）持参で駆けつけて来て、実隆も酒を飲んで楽しんだ。

公条の結婚式では、『よめむかへの事』にみえる「待ち女房」のことが『実隆公記』にははっきりとは書かれていないが、それに近い役割をしていたのが家僕中沢重種の妻であろう。また、一日目には式三献と饗の膳が出され、三日目に新郎方の家から新婦方の家へ酒が贈られていることも、『よめむかへの事』の内容と同じである。伊勢流武家故

実による嫁迎えの儀式は、当時の公家社会でも取り入れられて行なわれていたのであった。

この方式の結婚式は、その後の公家社会で定着している。

公家の冷泉為満は、天正十六年（一五八八）閏五月に住吉神社社務津守国繁の娘と結婚した（再婚であった）。為満の姉の夫である山科言経の日記『言経卿記』によれば(24)、二十一日の夜に嫁娶が行なわれ、待ち女房は為満の姉（言経の妻）が務めた。三日目の二十三日には、言経は妻・長男とともに酒樽を持参して冷泉家にお祝いに行っている。

(2)　お伽草子『鼠草子』の嫁迎え

さらに、これらと同様の嫁迎えを絵と物語で描いているのが、お伽草子の絵巻物『鼠草子』である。お伽草子は室町時代から江戸時代初期に作られた短編物語類の総称で、この『鼠草子』には伝本がいくつか残されている。最も古いものは室町時代後期とされている天理図書館所蔵本で、絵は稚拙で古風である(25)。また、サントリー美術館・東京国立博物館・スペンサーコレクション（ニューヨーク市立図書館）に所蔵されている各絵巻物は、本文・絵・画中詞がほとんど同じで、成立したのは江戸時代初期とされている(26)。しかし成立時期については、この系統の絵巻物の画中詞には「御ちや《（茶）》のゆ《（湯）》奉行そうゑき《（宗易）》」もみえ、また、画中の女性たちの服装の多くが戦国・織豊期に上流階級の女性が正装の一つとしていた垂髪で腰巻姿（打掛の小袖を腰に巻いた姿）(27)で描かれており、おそらく元の本は千宗易（利休）（一五二二〜一五九一年）が活躍して女性の腰巻姿が正装であった織豊期の頃に成立したと思われる。

このサントリー美術館・東京国立博物館等所蔵の『鼠草子』の物語では、鼠の権頭が子孫を畜生道から救おうと願い、清水寺の観音の引き合わせで裕福な柳屋の一人娘と結婚する。しかし、この姫君は夫や家来たちが鼠の姿であるところを見てしまい、家を出て行く。姫君が消えて悲しんだ権頭は、占い師によって姫君が再婚して猫を飼っている

図5　『鼠草紙』から，結婚式の場面（東京国立博物館所蔵）

ことを知り、出家して高野山に登る、というストーリーである。

この権頭と姫君の結婚式が「御よめむかひ」である。婚礼の日、姫君は侍女の侍従局とともに権頭の屋敷の奥深くに通された。引用は東京国立博物館所蔵本からである[28]。

やう〳〵夜もふけゆけは、ときもよきころとて、こんのかみ《（権頭）》こそまいられけれ、しき《（式）》三こん《（献）》をはしめつゝ、十一こんまてこそまいりけれ、

そのゝち、ともしひかすかにして、しゝうのつほね《（侍従局）》をはしめつゝ、まち《（待）》女はう《（房）》はうあやめのまへ《（前）》、あるしの女はうになりつゝ、あんなひしやして、われ〳〵のつほね〳〵へこそいられけれ、

つまり、深夜になりちょうどよい頃合いに権頭が姫君のいる座敷に現れ、式三献が始まり、一一献まで行なわれた。その後、待ち女房のあやめの前の案内で、侍従局ら侍女たちはそれぞれの局に入っていった。一一献まであるのは、物語として誇張したのであろう。

この二人の婚礼の場面は絵に描かれており[29]（図5）、権頭と姫君の横には待ち女房のあやめの前がいる。座敷や縁側にいる姫君の侍女たちは人間の姿で描かれ、銚子を持っていたり膳を運んだりしている。権頭の家来・侍女たちは

鼠で描かれているが、もちろん姫君たちの目には彼らは人間の姿で見えている。続く場面は料理の支度をする台所で、働く男女も人間の服装をした鼠たちである。

この嫁迎えでも、待ち女房が介添え役・案内役として重要な役割を担っている。このような方法の嫁迎えがお伽草子の絵巻物に描かれていたことは、織豊期当時の社会、少なくとも庶民も含めた上流社会では広く慣行されていた方法の結婚式であったことを示していよう。

四 「北条宗哲覚書」にみえる嫁入り

嫁迎えの実例の最後に、戦国大名北条早雲の子北条宗哲（幻庵）が記した「北条宗哲覚書」を取り上げる。北条宗哲は、兄氏綱の子氏康の娘[30]（一説に宗哲の娘）（鶴松院）が世田谷城主の吉良氏朝に嫁いだ際に、嫁入りの心得を二四ヵ条に書いて彼女に送った。それが「北条宗哲覚書」で、「北条幻庵覚書」ともいう。

宗哲と氏綱の父北条早雲は、実名が伊勢新九郎盛時で、出家後に早雲庵宗瑞となった。北条を名乗ったのは早雲の子の氏綱の代からで、北条早雲という名は後世の人々が呼んだ名である。伊勢新九郎盛時は室町幕府の政所執事伊勢氏の一族で、『尊卑分脈[31]』と『伊勢系図[32]』イ本によれば、伊勢貞継の兄弟盛経の子孫にあたる（巻末付図2参照）。「伊勢新九郎盛時」の名は、『長禄二年以来申次記』に幕府の申次衆（将軍への取り次ぎ役）としてみえ[33]、この伊勢盛時が北条早雲であることは近年では定説になっている[34]。新九郎は姉の北川殿が駿河の今川義忠の夫人であった縁で、駿河に下向して亡き義忠と北川殿の子今川氏親に仕えていた。そして、明応四年（一四九五）に伊豆国を支配下に置き、さらには小田原城を大森氏から奪い取り、独立した戦国大名として東へ領国を拡大していったのである。

伊勢新九郎の母は、『北条系図』(35)によれば伊勢備中守貞国の娘で、この貞国は幕府の政所執事を務めており、伊勢流故実の基盤を築いた伊勢貞親の父である。もし『北条系図』の記述が事実ならば、伊勢新九郎盛時は武家故実家の伊勢貞宗の従兄弟にあたる。また、「北条宗哲覚書」の文中には、小袖の下賜の作法について「いせ(伊勢)のひつちう(備中)物かたり候」とみえ(後述)、宗哲が伊勢備中守から直接聞いたことが記されており、この伊勢備中守は伊勢貞親の弟貞藤の孫貞辰に該当する。貞辰は天文三年(一五三四)に将軍足利義晴の使者として北条氏のもとに下向した後、そのまま小田原に在住していた(36)。この貞辰の次男貞孝は、武家故実家本家で政所執事の伊勢貞忠(貞陸の子)の養子になって本家を継ぎ(37)、政所執事になっている。これらのことは武家故実家伊勢氏本家と戦国大名北条氏との間に継続的な交流があったことを示していよう。

「北条宗哲覚書」は仮名文で書かれた宗哲自筆の原本が残されており(38)、文書の袖に「おほえ(覚)」、奥には日付の「十二月十六日」と差出人の「そう哲(花押)」がある。また巻末には、別紙で文政六年(一八二三)九月十六日に吉良義房が記した修補識語が付けられている(39)。仮名文で書かれているのは、宛名人が女性であったためである。

北条氏康(あるいは宗哲)の娘が嫁いだ吉良氏朝は、母が北条氏綱の娘のさき姫(高源院)(40)である。さき姫は、最初は将軍家足利氏の一門今川氏の堀越城主堀越貞基と結婚し、男子二人(氏朝・氏延)をもうけたが、その後吉良頼康と再婚した。頼康のあとの吉良家家督を継いだのは、このさき姫の連れ子氏朝であった。この吉良氏も将軍家足利氏の一門で、南北朝期には奥州一方管領を務めた名門であったが、次第に勢力が衰えて世田谷と蒔田《まいた》を領有する地域領主になっていた。吉良頼康の前名は頼貞で、天文十八年(一五四九)の頃に「貞」を「康」に変えて頼康と名乗っており、これは北条氏康の「康」の字をもらったためと考えられ(41)、吉良氏はこの頃には北条氏に与していた。北条氏は政治的な意図により(42)、吉良氏に娘を嫁がせてその所生の子どもに家督を継がせ、吉良氏の外戚としての地位を固めたである。

「北条宗哲覚書」の成立年代については、従来は永禄五年（一五六二）とされていたが[43]、最近では永禄三年と考えられている[44]。氏朝が吉良家の後継者として明らかになるのが、永禄三年十二月二十六日吉良頼康・同氏朝連署判物[45]にみえる頼康と氏朝の連署で、翌年の永禄四年二月吉日吉良氏朝判物[46]（江戸彦五郎宛）では氏朝が当主として文書を発給している。これらのことから、氏朝が家督を継いだ頃の永禄三年十二月に、「北条宗哲覚書」の作成と氏朝の結婚式が行なわれたといえる。

「北条宗哲覚書」の二四ヵ条のうち、吉良家での結婚式の儀礼・作法について書かれているのは第四条から第八条までで、第九条から第一八条までは御内衆、すなわち吉良家の宿老衆《(おとな)》と堀越家以来の宿老衆、近習衆が御礼に来たときの対応と返礼の作法が書かれている。以下に、第四〜九条と、関連する第一三条と第一四条（一部）を掲出する[47]。なお、素のルビは原文にふられているルビである。

一、④きら殿《(吉良氏朝)》の御前《マヘ》へまいり候ハん物、上ら《(臈)》ふとりつき給ふへく候、又後《ノチ》々の事ハ、あまりきやくしん《(隔心)》もかへりてわるく候へく候、

一、⑤しうけん《(祝言)》のときのもやう、あなたのしたてしたる人の申やうにせられ候へく候、大くさ《(草)》ハなにと申なと、たつね申候とも、おほえ候ハぬと返《ヘン》たう候へく候、

一、⑥さためてつね《(常)》の三こん《(献)》にて候へく候、たゝし、くほなとまいり候ハゝ、ほんほんのしき《(式)》三こんにて候へく候、さやうに候ハゝ、くほによくたつねられ候て、したい《(次第)》ちかハぬやうに候へく候、つねの三こんにて候ハゝ、へち《(別)》き《儀)》なく候ほとに、やうかましく申されましく候、

一、⑦さんこん《(三献)》の三さか月、しうけんのときハ三ッにて御まいり候物にて候、せつく《(節供)》、ついたち《(朔日)》にハ、さ候ハねと

もくるしからす候、いわれハ御なりの時ハ、上に候かわらけ一つにて、三とまいり候、
一、⑧引わたし《渡》のとき、くハへ《加》の事、くハへハいて候へとも、くハへ候ハぬ物也、そのことくに御さた候へく候、
しき三こんの時ハもちろんにて候、
一、⑨みうち《御内》衆御れい申され候ハんやうたいの事、
せたかや殿《吉良氏朝》の御いへにつきたるおとなしゆ《宿老衆》をハ、一つれニそのしゆうはかり御あひしらい候へく候、三のまへん《御つきのさしき事》にて、ひきわたしにて、上らふしやうはん《相伴》しかるへく候、御つきと申ても、しやうし《障子》ひとへの所なとハあしかるへく候、
（中略）
一、⑬おとなしゆ《宿老衆》、きんじゆ《近習》衆、御返《こへん》れいのありやうハ、一両《りよう》日すき候て、御ひき《引》よういちうもん《注文》そへ、高はし《橋》かうさへもん《郷左衛門》を御たのミ候て、つかハされ候へく候、
一、⑭高はしかうさへもんに、こそで《小袖》御やり候はんハ、三日の御しうけんのうこ過候時《シ》ふん、御とをりへめし候てつかハされ候ハん□、これハ大かたとの《方殿》へよくたつね申され、御いけんのやうに候へく候、（後略）

最初に掲げた第四条では、新郎の吉良氏朝の前に来る物は上﨟（上級の侍女）が取り次ぐとしており、ここでは待ち女房の代わりに上﨟が仕えている。また第五条では、吉良家側で祝言を取り計らう人の言うとおりにしなさいとし、第六条では祝言はおそらく通常の三献で、もし久保氏（故実に詳しい者か）がいたならば本式の式三献になるとしている。第七条では、三献の盃は三つであり、節供や一日の祝いのときはそうでなくてもよいという。第八条は、引渡しの膳では加（酒を加えるための銚子類）が出されても酒を加えないとしている。引渡しの膳は式三献の第一膳で、膳には三盃と打鮑等がのっているので、第六条の通常の三献とはこの引渡しの膳を意味しているのかもしれない。

これらのことからは、祝言は吉良家側のやり方に従うとしながらも、三献かあるいは本式の式三献で行なわれ、引渡しの膳が出されたことがわかる。また、第一四条には祝言が三日間であったことがみえ、これは平安時代の婿取婚以来変わらなかった。

この「北条宗哲覚書」にみえる戦国武将の結婚式の特徴としては、三献または式三献の後に、主君の花嫁に対して御内衆すなわち家臣たちが御礼（あいさつ）をすることが挙げられよう。第九条では、次の間の座敷に吉良家の宿老衆を並べて座に着かせ、引渡しの膳を出して上﨟に相伴させるとし、この次の間については障子一重のようなところはよくないとしている。おそらくこれは、花嫁と彼ら宿老衆との間には距離を置くべきという考えからであろう。掲出していない次の第一〇条では、堀越家から氏朝に付き従って来た宿老衆にもこれと同様に対応し、第一一条では近習衆に対しては盃に銚子を添えて出すだけでよいとしている。

第一三条では、宿老衆・近習衆への引出物は、二日を過ぎてから目録を添えて、高橋郷左衛門に頼んで遣わしてもらうようにとし、第一四条ではこの高橋郷左衛門に小袖を下賜する際の作法について詳細に記しており、前述した伊勢備中守（貞辰）の話も引用している。また同条には、吉良氏朝の母の大方殿（北条氏綱娘さき姫・高源院）のこともみえ、高橋郷左衛門に小袖を渡すときの作法についてはは大方殿によく尋ねてそれに従うようにとしている。この後の第一五〜二一条では、小田原城の北条家から御礼の使者等が来たときの対応について書かれている。

これらによれば高橋郷左衛門は花嫁に付けられた家臣で、北条家・吉良家間の連絡役も兼ねていた。子孫の高橋家に伝わった古文書(48)（「高橋健二氏所蔵文書」）によれば、高橋郷左衛門の呼称は「高橋郷左衛門尉」で、「左衛門」の下に「尉」があった。

北条氏康が高橋郷左衛門尉に宛てて出した書状のなかで、長尾景虎（後の上杉謙信）が越後から南下して北条氏領

国に侵攻してきた永禄四年（一五六一）と推定される二月二十五日北条氏康書状[49]には、

（前略）蒔田殿をは如入廉之首尾、早々玉縄へ移可被申候、其方致逗留、来廿八、必々御着城御供可申候、（後略）

とあり、「蒔田殿」（吉良氏朝夫人）を「入廉」のときの首尾のように玉縄城（城主北条康成）に移し、着城まで御供をせよと命じている。[50]ここにみえる「入廉」はおそらく「入簾」のことで、「簾」は簾中（貴人の妻）を意味し、「入簾」は花嫁の輿入れを指していると考えられる。つまり、北条氏康は高橋郷左衛門尉に対し、蒔田殿（氏朝夫人）を輿入れのときのように首尾よく玉縄城へお移し申せと命じたのである。高橋郷左衛門尉は蒔田殿が吉良家に輿入れするときに御供として北条家から付き従って来たことがわかる。

なお、氏朝夫人が嫁入り後は「蒔田殿」と呼ばれていたことは、夫氏朝のいる世田谷城ではなく蒔田城に居住していたことを意味しており、夫婦別居であったことがうかがえる。

以上みてきた戦国大名北条氏の女子の吉良氏への嫁入りでは、婚家で三献または式三献による祝言が行なわれて引渡しの膳が出され、婚礼は三日間であった。また、祝言後の家臣たちからの御礼と花嫁からの引出物・返礼も儀礼に欠かせない要素であったといえる。

おわりに

結婚式の主な形態は中世に婿取りから嫁取り（嫁迎え）へと移り変わり、儀礼の作法も時代とともに変化していった。平安時代の婿取りの儀礼に登場した餅は、室町時代の十五世紀後半の嫁取りにも赤・白の餅として登場したが、この室町時代には酒盃を含む引渡しの膳のある式三献が祝言の新たな儀礼として定着した。

室町幕府政所執事の伊勢家として儀礼面の武家故実を確立させた伊勢貞陸は、結婚式に関する『よめむかへの事』等の故実書を著し、その引渡しの膳を含む式三献の結婚儀礼は公家社会や上流庶民にも浸透していった。また、この伊勢氏の一族北条早雲（伊勢宗瑞）が礎を築いた東国の北条氏領国圏においても、祝言の儀礼として三献あるいは式三献が行なわれて引渡しの膳が出されたが、これに加えて、祝言後の家臣たちの御礼とそれらに対する引出物や返礼のやりとりも結婚儀礼の一部であった。

婚礼が三日間であったことは平安時代以来変わらなかったが、祝言の場で両人が最初に飲食するものが餅から酒盃に変わったことは、文化の主流が公家文化から武家文化に変わったことを象徴しているようにも思えて興味深い。

注

（1）有職故実に関しては、石村貞吉（嵐義人校訂）『有職故実』（上）（下）（講談社学術文庫、講談社、（上）（下）一九八七年）、河鰭実英『有職故実　改訂版（塙選書）』（塙書房、二版一九七一年）、鈴木敬三編『有識故実大辞典』（吉川弘文館、一九九六年）等がある。

（2）二木謙一『中世武家儀礼の研究』（吉川弘文館、一九八五年）第二編「武家故実の発達」第一章「室町幕府弓馬故実家小笠原氏の成立」、第二章「伊勢流故実の形成と展開」。

（3）『伊勢系図』『勢州系図』『伊勢系図　別本』（『続群書類従　第六輯上』続群書類従完成会、訂正三版）、『新訂増補国史大系　尊卑分脈　第四篇』（吉川弘文館、一九八三年）「桓武平氏」の「伊勢」。

（4）注（3）。

（5）宮崎隆旨「室町初期における伊勢氏の動向―貞継を中心として」（『関西大学文学部史学科創設二十五周年記念　日本史学論集』関西大学史学会、一九七五年）、二木謙一「伊勢流故実の形成と展開」（注（2））、田端泰子「中世の家と教育―伊勢氏、蜷川氏の家、家職と教育―」（同『日本中世の社会と女性』吉川弘文館、一九九八年）。

（6）二木謙一「伊勢流故実の形成と展開」（注（2））。

（7）江馬務『結婚の歴史』（日本風俗史学会編集《文化風俗選書1》、雄山閣出版、一九七一年）。

(8)『玉葉』建久二年六月二日条。
(9)『玉蘂』(思文閣出版、一九八四年)四三七頁。
(10)『新訂増補故実叢書　江家次第』(明治図書出版、一九五五年)五二七・五二八頁。
(11)執聟の儀礼に関しては、江馬注(7)著、服藤早苗「三日夜餅儀の成立と変容」(同編『女と子どもの王朝史—後宮・儀礼・縁』森話社、二〇〇七年)を参照した。
(12)『増補史料大成　親長卿記　二』(臨川書店、再版一九七五年)一〇二頁。
(13)『史料纂集　山科家礼記　第四』(続群書類従完成会、第二刷一九八七年)一四頁。
(14)二木謙一『中世武家の作法(日本歴史叢書　新装版)』(吉川弘文館、一九九九年)一二五〜一二七、一六三、一七〇、二一一、二一六、二二〇、二三〇、二四三頁。
(15)『群書類従　第二十三輯』(続群書類従完成会、訂正三版)三七〜五二頁。
(16)『古事類苑　礼式部二』(吉川弘文館、一九六九年)一一四四頁。
(17)『改訂増補故実叢書　1巻　貞丈雑記』(明治図書出版、一九九三年)八二頁。
(18)増田美子「花嫁はなぜ角隠しをつけるのか」(同編『花嫁はなぜ顔を隠すのか』悠書館、二〇一〇年)。
(19)伊勢貞頼『宗五大草紙』(『群書類従　第二十二輯』続群書類従完成会、訂正三版、五六四頁)によれば、式三献の第一膳に打鮑(三本または五本)・三盃・箸・梅干・海月をのせ、この打鮑のことを「引わたし」というとしている。打鮑は熨斗鮑のことである。
(20)江原絢子・石川尚子・東四柳祥子『日本食物史』(吉川弘文館、二〇〇九年)五二頁、江原絢子編著『日本食の文化—原始から現代に至る食のあゆみ—』(アイ・ケイコーポレーション、二〇二一年)三〇・三一頁等を参照。
(21)江原絢子・石川尚子・東四柳祥子『日本食物史』(注(20))九一〜九四頁。
(22)『実隆公記』長享二年三月五日条。
(23)『実隆公記　巻五ノ上』(続群書類従完成会、第三刷一九八〇年)三三一・三三二頁。
(24)『大日本古記録　言経卿記　三』(岩波書店、第二刷一九九二年)八二・八三頁。
(25)『天理図書館善本叢書和書之部　第八巻　古奈良絵本集一』(天理大学出版部、八木書店、一九七二年)「解題」、沢井耐三「『鼠の草子(鼠の権頭)』の女性と笑い—諸本比較の過程から」(愛知大学『文学論叢』一三五輯、二〇〇七年)。

(26) 沢井注(25)論文。
(27) 増田美子編『日本服飾史』(東京堂出版、二〇一三年)一〇九、一一九頁。
(28) 横山重・松本隆信編『室町時代物語大成　第十』(角川書店、一九八二年)二六四頁、「御よめむかひ」の語は二六七頁。
(29) サントリー美術館所蔵の絵巻物「鼠草子」の絵は、『シリーズ太陽⑲太陽　古典と絵巻シリーズⅢ　お伽草子』(平凡社、一九七九年)、『鼠草子絵本』(編集・発行サントリー美術館、二〇〇七年)に掲載されている。
(30) 『小田原記』で北条氏康の娘の一人として「マイ田殿セタカイノ御所吉良殿ノ御前」を挙げている(東京大学史料編纂所所蔵写本「小田原記」、架蔵番号四一四一・三〇―五、所蔵史料目録データベース〔Hi-CAT〕のイメージ00000014(u-tokyo.ac.jp)で閲覧)。しかし、黒田基樹「北条宗哲と吉良氏朝」(同『戦国大名領国の支配構造』岩田書院、一九九七年、初出一九九二年)、『小田原市史　通史編　原始古代中世』(小田原市、一九九八年)第八章第四節2(黒田基樹執筆)五九七頁では、永禄十年十月に宗哲が「息女」に『太平記』を書写して与えている(相承院本『太平記』奥書、尊経閣文庫所蔵)ことなどから、氏朝と結婚をしたのは宗哲の娘としている。
(31) 『新訂増補国史大系　尊卑分脈　第四篇』(注(3))二六・二七頁。
(32) 『続群書類従　第六輯上』(注(3))。
(33) 『群書類従　第二十二輯』(注(19))二四九頁。
(34) 『小田原市　通史編　原始古代中世』(注(30))四七二～四七六頁、下山治久『北条早雲と家臣団』(有隣新書、有隣堂、一九九九年)、黒田基樹編著『シリーズ・中世関東武士の研究　第一〇巻　伊勢宗瑞』(戎光祥出版、二〇一三年)等参照。
(35) 『続群書類従　第六輯上』(続群書類従完成会、訂正三版)九一頁。なお、『寛永諸家系図伝　第六』(続群書類従完成会、一九八三年)所載の「北条」の系図はこれと同じ内容である。
(36) 『戦国人名辞典』(吉川弘文館、二〇〇六年)八八頁、「伊勢貞辰」の項(家永遵嗣執筆)。
(37) 『新訂増補国史大系　尊卑分脈　第四篇』(注(3))二八頁。
(38) 立木望隆『概説北条幻庵』(後北条氏研究会、一九七〇年)によれば、「北条宗哲覚書」の原本は千葉県の宮崎家に伝わり、その後立木望隆氏の幻庵文庫に譲渡された。
(39) 本章では、「北条宗哲覚書」からの引用については、原則的には荻野三七彦編著『関東武士研究叢書　第四巻　吉良氏の研究』

（名著出版、二刷一九九六年）二五五～二六〇頁の翻刻を用いたが、口絵に掲載されている原本の写真も参照して多少修正を加えた。

(40) 石井家本「吉良系図」頼貞の項（『世田谷区史料　第二集』東京都世田谷区、一九五九年、三三九頁）。

(41) 下山治久「吉良氏研究の成果と課題」（荻野三七彦編著『関東武士研究叢書　第四巻　吉良氏の研究』注(39)）二九二頁。

(42) 谷口雄太「武蔵吉良氏の歴史的位置―古河公方足利氏・後北条氏との関係を中心に―」（同『中世足利氏の血統と権威』吉川弘文館、二〇一九年、初出二〇一〇年）は、関東では吉良氏が鎌倉公方（古河公方）足利氏に次ぐ名門であったことから、北条氏が吉良氏を足利氏に代替する公方として擁立しようとした可能性を指摘している。なお天文八年には北条氏綱の娘（芳春院）が古河公方足利晴氏に嫁し、その所生の子義氏が古河公方足利氏の家督を継いでいる。

(43) 『新修世田谷区史　上巻』（東京都世田谷区、一九六二年）第三編中世第三章第三節「吉良氏朝と世田谷」（荻野三七彦執筆）、荻野三七彦編著『関東武士研究叢書　第四巻　吉良氏の研究』（注(39)）等。

(44) 武田庸二郎「「北条幻庵覚書」の作成年代について」（『世田谷区立郷土資料館　資料館だより』No.27、一九九七年）、中澤香織「「北条宗哲覚書」とその成立」（『駒澤大学　史学論集』三五号、二〇〇五年）、谷口注(42)論文。

(45) 杉山博・下山治久編『戦国遺文　後北条氏編　第一巻』（東京堂出版、一九八九年）六五七号、吉良頼康・同氏朝連署判物写（新編武蔵国風土記稿所収荏原郡東光寺所蔵文書）。

(46) 杉山博・下山治久編『戦国遺文　後北条氏編　第一巻』（注(45)）六六六号、吉良氏朝判物写（江戸文書）。

(47) 注(39)。

(48) 下山治久「吉良氏研究の成果と課題」（荻野三七彦編著『関東武士研究叢書　第四巻　吉良氏の研究』注(39)）二九四・二九五頁。

(49) 杉山博・下山治久編『戦国遺文　後北条氏編　第一巻』（注(45)）六六四号、北条氏康書状（高橋健二氏所蔵文書）。

(50) この「蒔田殿」については、従来は吉良頼康に比定されていた。しかし、石井家本「吉良系図」（注(40)）では、頼康は永禄三年に蒔田より世田谷に移ったとしており、また、『小田原記』は北条氏康の娘で吉良氏に嫁した女性を「マイ田殿」と記している（注(30)）。さらに、下山治久編『後北条氏家臣団人名辞典』（東京堂出版、二〇〇六年）の「たかはし〔高橋〕2」の「郷左衛門尉」の項でもこの「蒔田殿」を吉良氏朝夫人としている。

第Ⅲ部　武家の法と文化

第一章　戦国大名の密懐法と夫婦

——家父長権力再考——

はじめに

日本では古代末期から中世前期にかけて家父長的な家が成立し[1]、中世後期には女性の地位が低下して家父長権が強化したとする見解[2]が一般的である。この女性の地位低下の根拠を、高群逸枝氏[3]は婿取婚から嫁取婚への変化に、岡田章雄氏[4]らは単独相続制における女性の経済的な地位低下に求めた。近年の中世女性史研究では、性別役割分担において女性の担った役割を評価する研究が増え[5]、女性の地位低下に関して再考を促す傾向があるが、家父長権力の強化は否定されてはいない。そして、戦国期の密懐法が密懐した妻・姦夫を夫が殺害することを規定したことは、女性の地位低下、家父長権力の強化の表れと考えられている[6]。

密懐とは、鎌倉幕府の『御成敗式目』[7]第三四条に「他人の妻を密懐する罪科の事」とあり、男性が人妻と密通することである。中世には密懐法がたびたび規定され、近世では密通に関する法がある。中世の密懐法の研究では、勝俣鎮夫氏[8]が密懐法の展開を明らかにし、慣習として姦夫殺害が存在しており、「相殺」の論理と主人の家刑罰権により分国法で本夫による妻・姦夫殺害が定着し、さらに死罪へと処罰が強化されたのは大名の倫理統制の強化によるとした。その後、平安・鎌倉期の密懐法については岩口和正[9]・星野志津子[10]・辻本裕成[11]・辻垣晃一[12]各氏の考察があり、辻垣氏は復讐観念における公家と武家との相違を指摘している。

ところで、戦国末期・織豊期に日本を訪れたイエズス会士たちの著書・書簡には、日本の夫婦の別財・別居・離婚など意外な夫婦の実態が書かれており、さらに、イエズス会関係史料にはこれまで取り上げられていない密懐に関する史料がある。これらのイエズス会関係史料と、分国法の夫婦に関する条文などの史料により、勝俣氏のいう主人の家刑罰権や、女性の地位低下、家父長権力について再考する必要があると思われる。また、戦国期に頻発していた戦争と密懐法との関係も考慮に入れなければならない。

本章では、戦国期の夫婦のあり方について財産所有・居住形態・離婚などの視点から考察し、ヨーロッパ社会と比較して日本の家父長権力について見直すとともに、密懐法を法文の内容に沿って解釈し直し、戦国大名の密懐法の意図した真意を明らかにしたい。

一　夫と妻の関係

戦国大名の密懐法で夫が姦夫だけではなく妻も殺害することを規定したことについて、田端泰子氏[13]は、中世後期に妻が地位の低下により夫の私物化したとして家父長制の強化と関連付け、また、五味文彦氏[14]は密懐法にみられる家主の家成敗権が妻を夫に隷従させたとした。戦国期では妻は夫に従属する存在であったのか否かを、夫婦に関する法・慣習から考察する。

まず、夫が妻を殺害した場合の法がある。『六角氏式目』[15]第六二条には「為夫害妻咎、不可成地頭闕所、為其主可相計事」とあり、夫が妻を殺害した場合に咎すなわち罪科とみなしている。また、室町幕府奉行人飯尾氏が作成した「伺事記録」天文十四年（一五四五）八月十九日の記事[16]には、妻殺害に関する諮問への奉行人の返答として「夫其妻女理不尽害咎事、縦雖為夫婦中、於無子細者可為殺害人、但又可依其時之体歟」、すなわち、夫が妻を理不尽に殺害した場合、たとえ夫婦でも殺人罪になるとしている。この二つの史料によれば、夫が問題のない妻を殺害した場合は殺人罪になり、妻は夫の所有物ではなかったといえる。

さらに、イエズス会東インド巡察師ヴァリニャーノが第一回目の日本巡察（一五七九〜一五八二年）を終えた直後に記した「日本諸事要録」（一五八三年）第一章には、日本人は「望みのままに、何ぴとに気兼ねすることもなく、家族や配下の者を殺すことができる。（中略）誰しも自分の子供や家来を殺すことができるのである[17]」とあり、子供・家来を自由に殺すことができるとしているが、そこには妻が含まれていない。ヴァリニャーノは教会法学者で、同書は事実を客観的に記したイエズス会総長宛の報告書である。これによれば、主人の家成敗権はその妻には及んでいなかったことになる。

夫婦の財産・住居については意外な実態が存在した。次の『長宗我部氏掟書[18]』第一〇〇条は、夫婦の財産所有・居住の形態が別財・別居であったことを示している。

一、親類中へ之わけ分之事、其父ニハ分限十分一、母ニは弐十分一、但、父母一所ニ有之者、父へ之わけ分を以、相ともに可令堪忍、隠居分給役等之事者、堅固可相勤、雖然、親子納得之上者、可為各別、或兄弟、或おぢをい、或同名類へ之事ハ、其始末依筋目、可沙汰事、

これは惣領による一族への分配を規定したもので、父と母が別居していることを前提に、父に惣領の所領の一〇分の一、母には二〇分の一を分配し、もし父母が同居しているのであれば父への配当分で父母二人分とせよと定めてい

る。これによると、父と母は別居・別財の方が通常の形であって、同居の方がむしろ少ないということになる。夫婦別居・別財の史料は、ヴァリニャーノ著「日本諸事要録」第二八章にもある。同章では、日本の領主が貧しいことの理由を述べ、「これだけで、家中に抱えている男女全員を扶養せねばならず、しかも彼等は豪華な生活をし、妻及び子供の一人一人が家屋と地所を所有し、男も女もみな絹を着用してきわめて美麗な生活をしているので、その僅かな収入では多数の者を満足させることができない[19]」とし、領主の妻と子供の各自が自分の家と所領を所有していたと記している。

夫婦別財の具体例を挙げれば、十五世紀末の公家の山科家では、山科家領などからの収入が、山科言国・その妻・使用人たちの各個人に分配され、男女を問わず個人の間で銭の貸借がなされていた[20]。島津家の場合、慶長四年（一五九九）頃に島津義弘・家久の妻の知行分が存在している[21]。

日本の夫婦がヨーロッパの共有制とは異なり別財であったことは、ルイス・フロイス著『日欧文化比較』第二章[22]30にみえる。

ヨーロッパでは財産は夫婦の間で共有である。日本では各人が自分の分を所有している。時には妻が夫に高利で貸付ける。

中世末〜近世のヨーロッパの夫婦財産制は、地域によって異なるが、基本的には夫が共有財産を管理した[23]。フランス北部の慣習法地域では、妻は共有財産の管理権を持たず夫が単独で全財産を処分することができ[24]、イギリスのコモン・ローでは妻独自の財産処分権を認めていなかった[25]。

ヨーロッパではキリスト教が夫の優位性を支えていた。『旧約聖書』「創世記」第二章には、男のあばら骨で女を造って男の妻としたことが書かれ、妻を夫の一部と見なしている。『新約聖書』は十六世紀に宗教改革によってラテン語から翻訳され規範性を増加させたが、その『新約聖書』の「エペソ人への手紙」第五章では、「妻たる者よ。主に仕えるように自分の夫に仕えなさい。キリストが教会のかしらであって、自らは、からだなる教会の救主であられるように、夫は妻のかしらである。そして教会がキリストに仕えるように、妻もすべてのことにおいて、夫に仕えるべきである(26)」と記し、妻は夫に従うものとしている。

前近代ヨーロッパのキリスト教社会では妻の夫への従属が法と宗教の両方の規範にみられたが、これに対し日本の中世では、妻の夫への従属を規定した法・宗教規範は見当らない。日本に流入した中国の儒教の教えに「三従」があり、女性は、結婚前は父に従い、嫁げば夫に従い、夫の死後は子に従うことを説いている（『礼記』郊特牲篇、『儀礼』喪服伝）。しかし、日本の中世では「三従」は、キリスト教社会における聖書のような規範となる強固な教えではなかったと考えられる。「三従」は日本の諸文献に見えるが、日本は女神の天照大神を最高神、天皇家の祖神とし、女帝など女性の支配者が存在した国でもある。大永八年（一五二八）成立の伊勢貞頼著の武家故実書『宗五大草紙(27)』では、三従について記しながらも、「抑此日本国中ハ倭国とて女もおさめ侍るべき国也」として天照大神、神功皇后、推古天皇と五代の女帝、北条政子を挙げ、「さればず男女によるべからず」とし、女性を従属者と見なしてはいないのである。

二　離婚にみる夫婦

次に、離婚から中世の夫婦の関係について考察する。従来の諸研究では、『塵芥集(28)』第一六七条の「婦夫闘諍の事、その婦猛きにより、夫追い出す」が、夫が妻を家から追い出すと解釈され(29)、離婚が夫の専権離婚であったとする根拠の一つとして指摘されてきた(30)。この条文の内容を再検討するために次に全文を示して解釈する。

一、婦夫闘諍《めをつといさかひ》の事、その婦《め》猛《たけ》きにより、夫《をつと》追《お》い出《いだ》す、しかるにかの婦《め》、夫《おっと》に暇《いとま》を得《え》たるのよし申、改《あらた》め嫁《とつ》がん事をおもふ、その親《おや》・兄弟《きやうだい》、もとの夫《おっと》の方《かた》へ届《とゞけ》にをよばずして、かの婦《め》、夫《おっと》を改《あらた》む、いま嫁《とつ》ぐところの夫《おっと》・女《をんな》ともに罪科《ざいくわ》に行《をこな》ふべき也、たゞし離別紛《りべつまぎ》れなきにいたつては、是非《ぜひ》にをよばざるなり、しかるに前《まへ》の夫《をつと》、なかばは後悔《こうくはひ》、なかばはいま最愛《さいあひ》の夫《をつと》に遺恨《いこん》あるにより、離別《りべつ》せざるよし、問答《もんだう》にをよぶ、暇《いとま》を得《え》たる支証《しせう》まぎれなくば、まへの夫罪科《おつとざいくわ》にのがれがたし、

この条文では、妻が再婚するときは親・兄弟・前夫に届けなければ罪となるが、離婚が明らかであるならば問題はない、前夫が後悔あるいは妻の再婚相手に恨みがあって離婚取り消しを求める問答となった場合、離婚の証拠があれば前夫は罪となる、と定めている。

初めの「その婦猛きにより、夫追い出す」については、従来では夫が妻を追い出すとする解釈が主流であるが、しかしながら、豊田武氏は妻が夫を追い出すと解釈している(31)。また、猪熊本塵芥集(32)では「そのめたけきにより、おっとをおひいたす」とあり、「おっと《(夫)》」と「おひ《(追)》いた《(出)》す」の間に「を」があって、妻が夫を追い出すことになる。

この条文の内容から熟考すると、猛き妻が夫を追い出すと解釈した方が妥当である。この条文では、妻が夫から暇をもらったと勝手に称し、親・兄弟・前夫に届け出ないで無断で再婚した場合に罪科になるとしている。つまり、夫が離婚の意思表示をしていないのに、妻が勝手に再婚することが問題となっているのである。もし夫が妻を追い出したのであるならば、それは夫が妻に対し離婚の意思表示をしたことになり、妻が再婚するときに前夫に届け出る必要はなく、条文内容に矛盾が生じる。また、「その婦猛きにより」とわざわざ記していることは、夫を追い出すほど勇ましい妻ということを意味している。これらの理由から、第一六七条は勇ましい妻が夫を追い出すと解釈すべきであ

る。

妻から夫に離婚を迫ることがめずらしくないことは、ルイス・フロイス著『日欧文化比較』第二章32に、「汚れた天性に従って、夫が妻を離別するのが普通である。日本では、しばしば妻が夫を離別する」(33)とあることにも示されている。さらに、次に掲げるヴァリニャーノ著「日本諸事要録」補遺第四の記述は(34)、当時の日本の婚姻・離婚事情を伝えている。ヴァリニャーノは、離婚を禁止するキリスト教と(35)、離婚の多い日本の風習との妥協点を探るべく苦心していた(36)。

(前略)なぜなら夫が妻に離縁状を与えることは、日本人の間では普通であり、また妻の方も能うれば夫に離縁を迫るので、離婚条件としては相手に満足しないとか、他の女が好きになったとか、妻に対して怒ったというようなこと以外には必要条項がないからである。(中略)

このほかに日本人の生活は、総てある点において、土地も定まった住居も持たないジプシーと同様である、という問題がある。その理由は、彼等の間では、常に国替が行なわれるからであり、この国替の為に異教徒の間では無数の婚姻が解消される。なぜならば、領地から追放された夫は苦労して妻を連れて行くことを希望せず、女達も夫と共に他国へ行くことを望まないからである。武士はその負うている義務の為に、妻なしには絶対に生活できないので、赴いた先の土地で直ちに再婚し、その為にはなはだ複雑な事情になっている者が無数にいる。(中略)他の女と結婚する為にその妻を棄てることは、キリスト教徒には絶対に許されない、と言うのみでも、それは疑いもなく我等の信仰を受け容れることに対する日本における最大の障害となるからである。不義を犯した妻、悪妻、平和には絶対に暮らしてゆけないような条件の妻であっても決して離婚できないで、その悪妻を持ち続けなければならず、他の女とは結婚できないということは、彼らにはまったく道理に反していると思われるのである。さらに彼等にとっていっそう不当と考えられ理解できないことは、キリスト教徒である夫に何の罪もないのに女がこれを棄てて異教徒である男と結婚することがたびたびあるが、夫の方は結婚できずに妻の罪の償いをしなければならないことである。特に日本人は領主に対して義務を負うていて、これは妻が家を修め食事を作ってくれなければ、絶対に果たすことができない。（後略）

文中の「異教徒」とは、仏教徒などの日本人のことである。ここには離婚が多かった日本社会の実態が書かれている。夫が妻に不満足であるとか他の女性を好きになった場合や、不義を犯した妻、悪妻、喧嘩が絶えない妻の場合に、夫から離縁状を妻に渡すことがたびたびあり、一方、夫に離婚を迫ったり、夫を捨てて他の男性と再婚する妻もいた。また、夫が他の領地に赴任すると、双方の合意のもとに婚姻が解消されて夫は赴任先で再婚しており、夫にとって妻は必要不可欠であった。このように日本では、離婚を禁止したキリスト教社会とは異なり、婚姻が容易に解消され、離婚・再婚が頻繁に行なわれていたのである。

ここで戦国・織豊期の離婚の具体的事例を示そう。

室町幕府の将軍足利義澄は、文亀元年（一五〇一）十一月二十五日に日野富子の兄弟広福院永俊の娘阿子を御台所としたが、永正二年（一五〇五）二月五日に二人は離婚した。『後法興院記』(37)同年二月六日条に「伝聞、御台与大樹（足利義澄）不快、去夜被切髪云々」とあり、阿子は夫義澄と不仲で、髪を切って出家している。将軍の正妻が自らの意志で離婚した例である。その後阿子は安養院と号した(38)。

公家の冷泉為満は、少なくとも二回離婚し、三回再婚している。二回目に結婚した並河寄庵の娘とは、天正十六年（一五八八）五月十四日に夫婦喧嘩をして離婚した。『言経卿記』(39)同年同月十八日条には「冷、女中ト去十四日夜歟イサカハル、、先親所へ被行云々」とあり、為満の妻は家を出て親のもとに帰っており、すぐに離婚したとみなされている。為満は翌月の閏五月二十一日に住吉社社務津守国繁の娘と再婚したが、この妻は慶長元年（一五九六）に地震で倒壊した建物の下敷きとなって死亡した。(40) さらに為満は、同四年八月二十日に豊臣秀吉の家臣であった加藤光泰の娘と再婚した。しかし、『言経卿記』同十二年四月五日条に「冷へ北向被行了、冷ト女中ト不会、則離別云々、出了」とあり、二人は会わなくなってすぐに離婚となっている。

日本ではこのように容易に離婚が実行されていたが、その理由の一つに、前近代の日本では結婚式のときにキリスト教の結婚式のような神への誓約を行なわず、(41) 宗教と無関係であったことがある。宗教的拘束がない日本の結婚では、離婚は罪悪にも不名誉にもならなかった。

結婚・離婚・再婚が頻繁に行なわれ、夫婦の結びつきがそれほど強固ではなかった日本社会では、家父長権・夫権はキリスト教のヨーロッパ社会ほど強くはなかったと考えられる。キリスト教社会では、夫が家父長権・夫権を強化しても妻は容易に婚姻を解消できないが、しかし、婚姻を容易に解消できる上に夫婦別財でもあった日本では、夫が不当に家父長権・夫権を強化すれば妻は直ちに夫のもとを去るからである。

三　密懐法の内容

夫婦の別財・別居・離婚が多かった社会では、妻が夫に従属する存在であったとはいい難く、家父長権・家成敗権と密懐法との関連性は少なくなる。

分国法の密懐法の真意を考察するために、中世〜近世初期の公権力が発した密懐法を主に取り上げ、法文の内容を明らかにする。

まず①〜⑤は鎌倉〜室町期の密懐法である。

①律令の解釈書『法曹至要抄』[42]は、『御成敗式目』に影響を与えた。『法曹至要抄』の上第四一条「強和姦事」では、夫ある妻を強姦した場合は徒二年半の刑、女性も同意した和姦の場合は女性も同罪としている。

②貞永元年（一二三二）成立の『御成敗式目』[43]第三四条「密懐他人妻罪科事」では、密懐した男性に対し、強姦・和姦にかかわらず所領半分を没収、出仕罷免としており、所領がなければ流罪とし、女性もまた同罪である。強姦・和姦の区別をしていないのは、男女の主張の相違などにより、区別できない事例があったためではないかと思われる。

③建長五年（一二五三）十月一日鎌倉幕府追加法[44]第二九二条「密懐他人妻罪科事」では、名主・百姓中で、密懐のうわさだけで証拠不十分のまま処罰することを禁じ、もし密懐が事実であれば姦夫・妻に過料を課すとしている。

④弘長三年（一二六三）四月三十日神祇官下文[45]は、広田社に出された公家法である。第一三条「姦犯他人妻事」では、訴訟があれば取り扱い、密懐した男女からは過料二貫文を徴収し、強姦の場合は男からのみ、女から誘った場合は女のみが払うとしている。それでも夫の鬱念が散じなければ、上裁を経て過料を三貫文徴収するとしている。

⑤『大内氏壁書』[46]第一四条「寄事於左右、猥殺害人之間、御定法之事」は寛正三年（一四六二）八月晦日のもので、飯田貞家の郎従石川助五郎が左衛門三郎[47]の妻と密懐し、左衛門三郎が妻敵討ちとして助五郎を殺害した事件で、判決は『御成敗式目』を適用し、夫の姦夫殺害を殺人罪とみなして左衛門三郎と妻を流罪にしている。

以上のなかで、②③の鎌倉幕府の密懐法は、他人の妻と密懐した場合の罪科で、処罰の対象の主体は密懐した男性（姦夫）である。処罰の主となる対象を姦夫とした点は、近世の『公事方御定書』の密通御仕置[48]、近代の旧刑法における妻の姦通罪[49]と大きく異なる点である。④の公家法では男女公平に処罰し、訴えがなければ黙認としている。また、

①〜⑤の刑罰の程度は、徒（労役）、所領半分没収、流罪、過料など生命には関わりがなく、分国法に比べて軽い。

次に、戦国大名の密懐法の史料を掲出する。

⑥『塵芥集』[50] 第一六二〜一六五条

一、人の妻《め》を密《ひそか》に嫁《とつ》ぐ事、男《おとこ》・女《をんな》共にもつて誡《いまし》め殺《ころ》すべきなり、（第一六二条）

一、密懐《びつくわい》の事、押《を》して嫁《とつ》ぐも、互《たがい》に和《やはら》ぐも、媒宿《なかだちやど》なくして、これあるべからず、かくのごとくの輩《ともから》、同罪《どうざい》たるべきなり、（第一六三条）

一、密懐《びつくわい》の族《やから》、本《ほん》の夫《をつと》の方《かた》より、生害《しやうがい》さするのとき、女《をんな》を助《たす》くる事、法《ほう》にあらず、たゞし閨《ねや》におゐて討《う》つのとき、女房《ぼう》討ちはづし候はゞ、討手《うちて》越度《をつと》有べからざるなり、（第一六四条）

一、縁約相定《えんやくあいさだ》まる人の娘《むすめ》、横合《よこあひ》に奪《うば》ひ取《と》る事、密懐《びつくわい》の罪科《ざいくわ》におなじ、仍合力《がうりよく》の人衆《しゆ》、同罪《どうざい》たるべき也、（第一六五条）

天文五年（一五三六）に伊達稙宗が発布した『塵芥集』第一六二条では、密懐した男女を一緒に殺害せよとしている。また第一六三条では、強姦・和姦の場合でも、密懐の宿を提供した者を密懐と同罪としており、密懐が自宅以外の他所で行なわれたことを示している。第一六四条では、夫が密懐の現場で妻を殺害しなかったとしても落ち度にはならないとしている。

⑦『六角氏式目』[51] 第四九条

一、妻敵之事、件女・密夫一同仁可討事、

永禄十年（一五六七）発布の『六角氏式目』第四九条では、妻と姦夫を一緒に討てとしている。

⑧『長宗我部氏掟書』[52] 第三三条

一、他人之女ヲをかす事、縦雖為歴然、男女共同前、不相果者、可行死罪、付、親類令同心討事、非道之上、可為曲事、若其男ふかいなく、又ハ留守之時、外聞相洩於猥族者、為在所中可相果事、付、虚名之女契約停止之事、

慶長二年（一五九七）発布の『長宗我部氏掟書』第三三条は、これまでの密懐法よりも厳しい内容である。人の妻と密懐した場合、男も女も殺せとし（「同前」は、前条の「人を害打擲仕類者、可斬頸」を指していると思われる）、もし殺せなければ、男女を死罪にするとしている。また、夫の親類が加勢して討つことを禁じている。さらに、夫が不甲斐なくて討てない場合、もしくは夫が留守のときは、評判になるほど不品行であれば在所の人々が討てとしている。

⑨北条氏直の密懐法について、『北条五代記』[53]巻六「嫪《ヤモメ》男とやもめ女うつた《（訴）》への事」には、「当御代にハ他人の妻に密懐する者死罪にをこなはる」とある。同書の作者は、天正十八年（一五九〇）に小田原城が落城したときに籠城兵であった三浦浄心で、氏直の代には姦夫を死罪にしたという。

以下は近世初期の密懐法である。

⑩『吉川氏法度』[54]第五九条

一、人之女密懐之儀、何方にても不去寝所、可討果之、大形浮世之取沙汰計ニて無証拠儀ハ、法度も如何、是又男之分別肝要、且ハ可依其時之沙汰事、

元和三年（一六一七）に発布された『吉川氏法度』第五九条は、⑥⑦⑧とは逆の方向に歩んだ内容で、ここでは夫に、密懐した現場である寝所で必ず討てとしているが、妻も殺せとは書かれていない。むしろ夫がうわさに惑わされずに分別を持つことが肝心であるとまで諭している。

⑪近世初期成立の『板倉氏新式目』[55]では、⑩『吉川氏法度』の内容を引用し、うわさばかりで証拠がない場合は公

儀としては取り扱えないとし、⑩と同じく夫の分別が肝心であるとしている。

分国法の⑥～⑧は、鎌倉幕府法と同じく「人の妻を」「他人の妻を」あるいは「妻敵」と記しており、密懐の処罰の主体を姦夫としている。

さらに分国法では、夫が自力救済により密懐の現場で姦夫と妻を殺害して解決することを命じている。このなかで⑧『長宗我部氏掟書』は、夫が殺せず、妻の不品行が顕著な場合は在所中で討ち殺せとする厳しい内容である。また、⑥は密懐が家以外の宿で行なわれたことを示しており、勝俣氏の主張した家刑罰権は適用できないことになる。

ところで、イエズス会関係史料のなかに、戦国期に夫が姦夫と妻を殺害することが慣習として存在していたことを示す史料がある。

一五四八年（天文十七）夏（インドのゴア発）ニコラオ・ランチロットの日本報告(56)は、日本人アンジロー（一説にヤジロー）から聞いた話を書き留めたもので、密懐に関し次のように記している。

（前略）一般的には、すべての者が唯一人の女性と結婚します。また彼《（アンジロー）》が言うには、妻がなすべからざることを行ない、夫がその行為を見つけた場合には（アジュダ古写本は「彼が彼女を不義者と一緒に見つけたならば」とある）夫はその男と妻とを殺すのが習慣です。そして、夫が〔そのうちの〕一人しか殺さない時は、彼に対して裁判を行ない、彼を殺します。そして夫がどちらも殺さない時には、彼は著しく名誉を傷つけられます。彼がさらに言うには、妻についての悪い評判が立ち、そしてその行為を見つけることができない場合には、彼女はその父の家に戻されます。これは夫の不名誉とはならず、彼は他の女性と結婚することができます。そして、そのような妻は絶えず不名誉の誹を受け、その後は誰も彼女と結婚しようとはしません。（後略）

アンジローは、鹿児島出身の日本人で、天文十五年（一五四六）に殺人を犯して日本を脱出し、マラッカでフランシスコ・ザビエルに会ってゴアに行き、ランチロットが院長を務める同地の聖パウロ学院で一五四八年に洗礼を受け、ザビエルの日本渡航に同行した人物である(57)。そのアンジローの話によれば、夫が姦夫と妻を殺害する習慣があり、そのどちらか一方を殺せなかったならばその一方は裁判によって死罪となった。また、二人とも殺せなかった場合には夫は不名誉とされた。また、密懐のうわさの立った妻は、実家に戻され、不名誉の非難を浴び、再婚もできなかったという。これによれば、夫と妻の名誉の問題が密懐発覚後の処理に大きく関わっている。

さらに、ヴァリニャーノ著「日本諸事要録」第二章には(58)、

（前略）結婚している女の不義に対して死罪があり、夫や親族は平然と姦婦を、その相手と共に殺すが、日本人は自分の妻を信頼しているから、妻が不義を犯すというようなことは、ほとんど考えない。（後略）

とある。右の史料は、夫や親族が姦夫と妻を一緒に殺すことを定めた法が存在したことをうかがわせる。ただし、後半の、夫が妻の不義をほとんど考えないとする点については、実際には夫に知られていない密懐が少なからず存在したことを意味していると思われる。ヴァリニャーノは、教会で懺悔（告解）のときに、信者たちから密懐の告白をいくつも聞かされていたのではないだろうか(59)。

これらイエズス会関係史料は、戦国期の日本では夫が姦夫と妻を一緒に殺すことが慣習法として定着していたことを示している。アンジローの発言は天文十五年（一五四六）頃の日本（鹿児島）の状況を表したもので、天文五年の『塵芥集』成立より以後である。十六世紀中頃の日本では、夫による姦夫・妻の殺害が慣習法化していたことになる。

四　密懐法の真の意図

密懐法が、夫が妻・姦夫を殺害することを規定した法意を解釈し、その真の意図について究明しよう。

密懐法では、夫の妻・姦夫殺害に条件を付加している。⑥『塵芥集』第一六二条では「男・女共にもって誡め殺すべきなり」、⑦『六角氏式目』第四九条では「件女・密夫一同仁可討事」とある。この二法令には、「共にもって」「一同に」という言葉があり、密懐した姦夫と妻を一緒に討つことを命じている。つまり、二人を同時に討つことが重要で、片方だけではなく両方を一緒に殺害せよということである。その理由は、③鎌倉幕府追加法第二九二条、⑩『吉川氏法度』第五九条などに示唆されており、⑩『吉川氏法度』第五九条では、世間のうわさだけで証拠もない場合は処罰できないので、密懐の現場である寝所で討ち殺せとしている。このことから、姦夫・妻の同時殺害は、二人の密懐現場を押さえて確かな証拠をつかんでから殺害せよということが法の趣旨であったと考えられる。これは誤解による殺害を防ぐためにこのように同時殺害を義務付けたのである。この点については、勝俣氏も姦夫殺害の根拠の第一義として挙げている。

さらに姦夫・妻の同時殺害の理由として、事件の拡大化の問題がある。文明十一年（一四七九）の妻敵討ちの事件では、殺された姦夫甘草は赤松氏の被官人で、本夫小原の子が板倉氏の被官人、板倉氏が山名氏の被官人の親類という関係から、赤松対山名という大騒動に発展している。[60]このように本夫・姦夫のそれぞれの縁者が加勢して騒ぎが拡大化することを防止する目的があったと考えられる。そのことは⑧『長宗我部氏掟書』第三三条で、本夫に親類が加勢して姦夫を討つことを禁じていることからもうかがえる。支配者側としては、あくまでも当事者間で問題を処理させてそれ以上問題が大きくなることを防ぐために、本夫自らが密懐現場で二人を殺害することを定めたのである。

鎌倉・室町期の密懐法では処罰内容が生命に関わるものではなかった。それに対し戦国期の分国法では男女ともに殺害を命じている。この差異の理由については、辻垣晃一氏[61]が指摘した、公家は武家に比べ復讐観念が弱かったとする考え方が関係する。平安貴族社会では密懐は日常茶飯事に行なわれており[62]、公家は密懐に対し寛容であった。これに対し、武士の社会では名誉を重んじた。日本の鹿児島を訪れたフランシスコ・ザビエルは、一五四九年（天文十八）十一月五日にゴアにいるイエズス会員に宛てた書簡[63]のなかで、日本の武士が非常に名誉を重んじ、「また貧しい武士はいかに多額の財産を与えられようとも武士でない他の階層の者と決して結婚しないことです。彼等は低い階層の者と結婚すれば、名誉を失うと考えているからです。このように、彼等は富よりも名誉を大切に思っています」と書いている。前掲のニコラオ・ランチロットの日本報告によれば、妻を密懐された夫は、姦夫・妻を殺さなければ不名誉とされた。時代の趨勢が、密懐に対して寛容な公家社会から、名誉を重視する武家社会へと移行したことで、名誉のための妻・姦夫殺害を認めた密懐法に変化したと考えられる。谷口眞子氏[64]は、近世の密通の処罰規定が戦国時代の法慣習を引き継いでおり、本夫が「家」の不名誉を実力行使ですすがなければ、社会から認知を得ることができなかったとし、妻敵討の理由として武士の名誉を重視している。武士の名誉は、戦国時代においても本夫による妻・姦夫殺害の理由として指摘できる。

ところで、『長宗我部氏掟書』[65]第三三条の密懐法に続く第三四〜三六条は、密懐の原因を示唆している[66]。

一、男留守之時、其家江座頭・商人・舞々・猿楽・猿遣・諸勧進此類、或雖為親類、男一切立入停止也、若相煩時者、其親類令同心、白昼可見廻、雖為奉行人、門外にて可遂理事、但、親子兄弟可為各別事、（第三四条）

一、同留守之時、仏神物詣見物一切停止之事、付、年忌月忌寺にて可勤事、（第三五条）

一、同留守之時、第一出家出入、曽以禁制也、付、祈禱之時者、可為各別事、（第三六条）

この三つの条文では、夫が留守のときに、芸能人・商人や親類・奉行人・僧など親子兄弟以外の男性を家に入れることを禁止し、寺社参詣・見物も禁じている。これらは密懐を未然に防ぐための法と考えられる。

お伽草子の『音なし草子』(67)は妻の密懐の物語である。西洞院の川近くに住む人が長旅に出て留守のときに、その妻に以前から思いを寄せていた男性が忍び入って通うようになり、やがてそのうわさを知ったある若い男性が、その男性を装ってその妻のもとに紛れ入るという話である。夫が長期間留守のときにはこのような妻の密懐が現実に起こりうる。

戦国期では夫が合戦に出陣して不在の場合が多い。密懐の理由の一つとして、この夫の不在が挙げられる。『長宗我部氏掟書』が発布されたのは、文禄の役の直後である慶長二年（一五九七）三月二十四日である。そのため、『長宗我部氏掟書』の内容は文禄・慶長の役と深い関係があると思われるので、その点について考察しよう。

長宗我部元親は、(68)豊臣秀吉の命により朝鮮出兵のために文禄元年（一五九二）一月二十六日に土佐国浦戸を出発した。(69)元親の軍は三〇〇〇人で、四月に朝鮮の釜山に到着し、日本軍は六月十五日に平壌を陥落させた。秀吉は自分が朝鮮に渡ったときのために諸武将たちに朝鮮各地の城普請と在番を命じ、同年十二月に元親は咸昌《はむちゃん》の在番を命じられた。(70)なお、元親の甥香宗我部親氏は同年十一月二十四日に朝鮮の陣で没している。(71)文禄二年二月九日に秀吉は、元親等の四国勢に釜山海から漢城までの城々の普請を命じた。(72)しかし、日本軍は明・高麗軍に苦戦し、同年六月に明と和議が成立した。元親が帰国した月日は不明であるが、おそらくその頃帰国したと考えられる。

元親は文禄三年頃から、秀吉の命により大船数艘を造らせて朝鮮への再出兵の準備を始めた。(73)慶長二年（一五九七）秀吉は再び朝鮮への出兵を命じ、元親は六月中旬に三〇〇〇人の兵を率いて浦戸を出発した。(74)『長宗我部氏掟書』が発布されたのは再出兵の少し前で、長宗我部氏は同年三月一日に侍を対象とした掟二二ヵ条を、三月二十四日には一般庶民も対象とした掟百ヵ条(『長宗我部氏掟書』)を発布した[75]。

長宗我部氏は、文禄の役による出兵で秩序の乱れた国内を厳しく誡め、秩序を回復して再出兵後の国内に備えるために掟書を制定した可能性がある。密懐法に関していえば、『長宗我部氏掟書』第三三条で「若其男ふかいなく、又ハ留守之時」と加えていることと、第三四〜三六条の夫が留守のときの法は、夫が出陣中の場合を想定していたと考えられる。『長宗我部氏掟書』では、再出兵後の密懐発生を防止する目的で第三三〜三六条の厳しい規定を設けたと考えられる。これは、勝俣氏のいう大名権力の倫理統制の強化にも該当するが、当主元親の再出兵による長期不在という特殊な状況を想定して制定されたこの法を、大名権力の強化の潮流に適合するものとして位置付けることが妥当であるかどうかは課題を残すと思われる。

おわりに

密懐法は、元来は姦夫を処罰することが第一の目的であり、分国法では夫が妻・姦夫の密懐の確証を得た上で自力で妻と姦夫を密懐現場で処分して解決することを要求した。その真意は誤解による殺害と事件の拡大化を防ぐためである。夫が妻・姦夫を殺害することは、名誉を重視した武家社会の時代に容認された解決方法であり、名誉のための殺害であった。この夫による妻・姦夫の同時殺害は、十六世紀中頃には慣習法として定着しており、分国法はこの慣習法を吸収して密懐法を規定したと考えられる。分国法にみられる夫の自力救済による処罰権は、近世社会においても継続し、さらに公権力による死罪が規定されていく[76]。密懐法と戦争との関係については推測の域を出ないが、『長宗我部氏掟書』と文禄・慶長の役との関係は無視するわけにはいかないと思われる。

妻の密懐に対しては夫の処分権が条件付きで存在したが、夫の不倫に対しては法的責任が問われていない。この点では、ヨーロッパのキリスト教社会の一夫一婦制に比べて日本の社会は夫婦不平等であった。しかし、キリスト教は妻が夫に従属した上での一夫一婦制である。これに対し中世日本の夫婦には離婚の自由がある上に別財・別居が通常で、夫とは別経済であった妻には離婚によって夫と別れる自由があった。このことは、ヨーロッパの家父長制とは異質の中世日本独自の夫権が強くなかった家父長制のあり方を示すものである。

注

（1）鎌田浩「家父長制の理論」（比較家族史学会監修、永原慶二・住谷一彦・鎌田浩編『（シリーズ比較家族1）家と家父長制』早稲田大学出版部、一九九二年）。

（2）鈴木国弘「中世前期の家族＝親族形態とその意義」（『日本史研究』二四二号、一九八二年）、宮川満「中世家族の特質と動向」（同『家族の歴史的研究』日本図書センター、一九八三年）、坂田聡「中世の家と女性」（『岩波講座日本通史八　中世二』岩波書店、一九九四年）など。

（3）高群逸枝『招婿婚の研究』（大日本雄弁会講談社、一九五三年）、同『日本婚姻史』（至文堂、一九六三年）。

（4）岡田章雄「中世武家社会に於ける女性の経済的地位」（『歴史地理』六〇―三・四号、一九三二年、歴史科学協議会編、編集・解説西村汎子『歴史科学大系16女性史』校倉書房、一九九八年）。なお筆者は別稿「中世後期における相続と家族法」（『日本歴史』六九七号、二〇〇六年、本書第Ⅱ部第一章）で中世後期の相続法について論じ、岡田論文の誤りを指摘した。

（5）脇田晴子『日本中世女性史の研究』（東京大学出版会、一九九二年）、田端泰子『日本中世女性史論』（塙書房、一九九四年）、同『日本中世の社会と女性』（吉川弘文館、一九九八年）、後藤みち子『中世公家の家と女性』（吉川弘文館、二〇〇二年）、西村汎子『古代・中世の家族と女性』（吉川弘文館、二〇〇二年）、黒田弘子『女性からみた中世社会と法』（校倉書房、二〇〇二年）、細川涼一「女性・家族・生活」（歴史学研究会・日本史研究会編『日本史講座4　中世社会の構造』東京大学出版会、二〇〇四年）など。

(6) 豊田武『日本の封建制社会』(吉川弘文館、一九八〇年)、田端泰子『日本中世の女性』第一部第三「戦国期の女性」(吉川弘文館、一九八七年)、五味文彦「女性所領と家」(女性史総合研究会編『日本女性史2　中世』東京大学出版会、一九八二年)、坂田注(2)など。

(7) 佐藤進一・池内義資編『中世法制史料集　第一巻鎌倉幕府法』(岩波書店、一九五五年)。

(8) 勝俣鎮夫「中世武家密懐法の展開」(『戦国法成立史論』東京大学出版会、一九七九年)。

(9) 岩口和正「密懐法の成立をめぐって」(『歴史の理論と教育』七三号、一九八九年)。

(10) 星野志津子「中世前期における密懐の再検討―『今昔物語』を中心として―」(『総合女性史研究』七号、一九九〇年)。

(11) 辻本裕成「密通と権力関係―ノート―」(『国文学研究資料館紀要』二三号、一九九七年)。

(12) 辻垣晃一「鎌倉時代における密懐」(上横手雅敬編『中世公武権力の構造と展開』吉川弘文館、二〇〇一年)。

(13) 田端注(6)。

(14) 五味注(6)。

(15) 『日本思想大系　中世政治社会思想　上』(岩波書店、一九七二年)。

(16) 桑山浩然校訂『室町幕府引付史料集成　上』(近藤出版社、一九八〇年)一九〇頁。『日本思想大系　中世政治社会思想　上』二九八頁頭注参照。

(17) ヴァリニャーノ(松田毅一他訳)『日本巡察記』(東洋文庫、平凡社、一九七三年)六頁。

(18) 佐藤進一・池内義資・百瀬今朝雄編『中世法制史料集　第三巻武家家法I』(岩波書店、一九六五年)。

(19) ヴァリニャーノ『日本巡察記』(注(17))一四四頁。

(20) 拙稿「山科家年貢等収納并散用帳と「家」の経済」(『古文書研究』五七号、二〇〇三年、拙著『中世の武家と公家の「家」』吉川弘文館、二〇〇七年)。

(21) 長野ひろ子『日本近世ジェンダー論』第二部第一章「幕藩制成立期の「家」と女性知行」(吉川弘文館、二〇〇三年)。

(22) ルイス・フロイス(岡田章雄訳注)『ヨーロッパ文化と日本文化』(岩波文庫、一九九一年)四八頁。

(23) 三成美保「近世チューリッヒ市の夫婦財産制」(前川和也編『家族・世帯・家門―工業化以前の世界から―』ミネルヴァ書房、一九九三年)では、財産共通制と財産併合制の二類型のヴァリエーションがあるとしている。

(24) 福地陽子「フランス法における夫婦財産制の変遷」(『神戸法学雑誌』九―一・二号、一九五九年)、有地亨『家族制度研究序説』(法律文化社、一九六六年) 二五四頁。

(25) 上野雅和「イギリス婚姻思想史―市民的夫婦一体観の成立をめぐって―」(福島正夫編『家族　政策と法　4欧米資本主義国』東京大学出版会、一九八一年)、栗原真人「イングランドにおける家父長制家族の変容をめぐって―継承財産設定を中心にして―」(『〈シリーズ比較家族1〉 家と家父長制』〈注(1)〉)。なおドイツでは多種多様な夫婦財産制が錯綜して行なわれていた(ハインリッヒ・ミッタイス著、世良晃志・広中俊雄共訳『ドイツ私法概説』創文社、一九六一年、一三〇頁)。

(26) 『新約聖書』(日本聖書協会、一九七七年) 三〇六頁。

(27) 『群書類従　第二十二輯』(続群書類従完成会、訂正三版) 六二二頁。

(28) 注(15)二三八頁。原文は仮名文で書かれている。

(29) 注(15)、二三八頁の頭注。

(30) 宮川注(2)論文など。

(31) 豊田武『日本の封建制社会』(注(6)) 一三八頁。

(32) 小林宏『伊達家塵芥集の研究』(創文社、一九七〇年) で紹介。なお注(15)(18)書掲載の『塵芥集』は村田本による。

(33) ルイス・フロイス『ヨーロッパ文化と日本文化』(注(22)) 四九頁。

(34) ヴァリニャーノ『日本巡察記』(注(17)) 一八九～一九一頁。

(35) キリスト教のカトリックでは中世以来、一夫一婦制、婚姻の不解消、秘蹟主義が原則である(『カトリック新教会法典』〈有斐閣、一九九二年〉第一〇五六条、福地陽子「カトリック教婚姻非解消主義の生成と発展」〈『法と政治』七―四号、一九五六年〉、久保正幡・阿南成一「教会婚姻法」〈宮崎孝治郎編『新比較婚姻法Ⅲ』勁草書房、一九六二年〉)。なおプロテスタントでも、裁判によってのみ離婚が認められ、自由には離婚できなかった(三成美保「宗教改革期におけるチューリッヒ婚姻裁判所」〈『阪大法学』三九―二号、一九八九年〉、同『ジェンダーの法史学』勁草書房、二〇〇五年、四九頁)。

(36) ヴァリニャーノの諮問に対するイエズス会の示した解決策については安延苑「キリシタン時代の婚姻問題について」(『史学雑誌』一〇九―九号、二〇〇〇年) がある。

(37) 『増補続史料大成　後法興院記四』(臨川書店、一九八五年)。

(38) 拙書『中世公家の経済と文化』(吉川弘文館、一九九八年)二〇三頁。
(39)『大日本古記録　言経卿記三』(岩波書店、一九九二年)。
(40)『言経卿記』慶長元年閏七月十六日条。
(41) 日本では明治期に、神社がキリスト教の結婚式を真似て神前誓約の結婚式を行ない定着した(江馬務『結婚の歴史』第九章「幕末・明治時代の結婚」、雄山閣出版、一九七一年)。室町・戦国期の結婚式については拙稿「男子の成長と儀礼—日記からのアプローチ」(服藤早苗・小嶋菜温子編『生育儀礼の歴史と文化』森話社、二〇〇三年、拙著『中世の武家と公家の「家」』〈注(20)〉)、同「結婚と離婚」(『日本歴史』六七四号、二〇〇四年)。
(42)『群書類従　第六輯』(続群書類従完成会、訂正三版)。『御成敗式目』に影響を与えたことは『日本思想大系　中世政治社会思想上』(注(15))四三三頁など参照。
(43) 注(7)。
(44) 注(7)。
(45)『日本思想大系　中世政治社会思想　下』(岩波書店、一九八一年)。
(46) 注(18)。
(47) 下村效「「大内氏掟書」第十四条—妻敵討なのか—」(『戦国史研究』一八号、一九八九年)では、「左衛門三郎男」を左衛門三郎の息子と解釈しているが、平民の場合は名前のあとに「男」をつけることがあり、それは息子を意味してはいない。ここでも「左衛門三郎男」は左衛門三郎本人のことと思われる。
(48)『公事方御定書』下巻四八「密通御仕置之事」(『徳川禁令考　別巻』創文社、一九六八年)では「密通いたし候妻」「密通之男」が並列され、妻・姦夫は同列である。
(49) 明治十三年(一八八〇)公布の旧刑法第三五三条では、夫からの告訴があれば妻の姦通を処罰対象とし、姦夫も同罪としている(我妻栄等編『旧法令集』有斐閣、一九六八年、四四二頁)。
(50) 注(15)。
(51) 注(15)。
(52) 佐藤進一・池内義資・百瀬今朝雄編『中世法制史料集　第三巻武家家法I』(注(18))。『長宗我部氏掟書』については小関豊吉

「長宗我部氏の法令に就て」（上）（下）（『土佐史談』二七・二八号、一九二九年）、井上和夫『長宗我部掟書の研究―近世初期法制の研究―』（高知市立市民図書館、一九五五年）がある。
(53)『改定史籍集覧　第五冊』（覆刻版、臨川書店、一九八三年）。成文化された法として残されていないが、これまで密懐法の史料として取り上げられていないと思われるので、ここに掲出する。
(54)注(18)。
(55)『徳川禁令考　前集第六』（創文社、一九六八年）三四五三。
(56)東京大学史料編纂所編『日本関係海外史料　イエズス会日本書翰集　訳文編之一（上）』（東京大学史料編纂所、一九九一年）六。
(57)アンジローに関しては岸野久『ザビエルの同伴者　アンジロー』（吉川弘文館、二〇〇一年）参照。
(58)ヴァリニャーノ『日本巡察記』（注(17)）一六頁。
(59)密懐の告白の例として、コリャード『懺悔録』（大塚光信校注、岩波文庫、一九八六年）に、妻のいる男性が人妻を妾にした告白が載せられている。
(60)『長興宿禰記』文明十一年五月二十三日条、『晴富宿禰記』同月二十三・二十七・二十八日条。佐藤進一・池内義資編『中世法制史料集　第二巻室町幕府法』（岩波書店、一九五七年）参考資料二〇三、補註九五、勝俣注(8)論文参照。
(61)辻垣注(12)論文。
(62)保立道久「平安京の密通・婚姻・売春事情」（同『中世の女の一生』洋泉社、一九九九年）。
(63)東京大学史料編纂所編『日本関係海外史料　イエズス会日本書翰集　訳文編之一（上）』（注(56)）二九。
(64)谷口眞子『近世社会と法規範―名誉・身分・実力行使―』Ⅱ第二章「密通仕置と妻敵討」（吉川弘文館、二〇〇五年）。
(65)注(18)。
(66)小和田哲男「戦国の家訓と男女の実情」（『歴史評論』五一七号、一九九三年）で、第三三条と第三四～三六条が関係することに触れている。
(67)横山重・松本隆信編『室町時代物語大成』三（角川書店、一九七五年）。絵巻物模本（赤木文庫・東京国立博物館所蔵）の書写奥書に永禄十三年四月中旬頃の日付がある。
(68)『高知県史　古代・中世編』（高知県、一九七一年）、『高知県史　古代中世資料編』（高知県、一九七七年）参照。

(69) 中山巌水（前田和男校訂）『土佐国編年紀事略』（臨川書店、一九七四年）巻九、天正二十年二月二十六日条、東京大学史料編纂所編『大日本古文書　家わけ第十一ノ一　小早川家文書』（一九二七年、覆刻版、東京大学出版会、一九七一年）五〇一号、（天正二十年）三月十三日豊臣秀吉朱印状。

(70) 神戸大学文学部日本史研究室編『中川家文書』（臨川書店、一九八七年）四六号、（文禄元年）極月八日豊臣秀吉朱印状。白峰旬「文禄・慶長の役における豊臣政権の諸城普請について」（三鬼清一郎編『織豊期の政治構造』吉川弘文館、二〇〇〇年）参照。

(71) 『高知県史　古代中世資料編』（注(68)）「土佐国蠧簡集拾遺」二二〇号、文禄元年十一月二十四日宝鏡寺内香宗我部親氏石牌銘写。

(72) 『中川家文書』（注(70)）五四号、（文禄二年）二月九日豊臣秀吉朱印状。

(73) 『高知県史　古代中世資料編』（注(68)）「土佐国古文叢」一二一六号、十月十九日長宗我部元親書状写。

(74) 東京大学史料編纂所編『大日本古文書　家わけ第二　浅野家文書』（一九〇六年、覆刻版、東京大学出版会、一九六八年）二七一号、慶長二年二月二十一日豊臣秀吉高麗陣陣立書など。

(75) 『長宗我部氏掟書』には、日付が文禄五年十一月十五日のものと慶長二年三月二十四日のものがあり、前者が九九ヵ条であった可能性が指摘されている（注(18)書、解題）。

(76) 『公事方御定書』（注(48)）など。

第二章　戦国大名と「国法」

――武田氏・北条氏領国の場合――

はじめに

戦国大名の法について、近年では勝俣鎮夫・藤木久志氏により戦国大名「国家」の支配権力として論じられてきた。[1]そして、戦国大名の文書にみえる「国法」については、勝俣氏が、戦国大名によって創出された支配理念としての「国家」の意志を担ったもので、国家意志の発動形態であるとした。[2]また藤木氏は、領主階級が結集して一大名権力のもとに国法秩序を形成して農民支配体制をつくりあげたとしており、[3]国法秩序をつくりあげたのが領主階級とした点は勝俣氏と異なるが、「国法」が大名権力の農民に対する支配形態であるとする点では勝俣氏と一致するところである。現在の戦国期研究では、「国法」は戦国大名による領国支配の権力形態であるという理解が大勢を占めているといえよう。[4]

しかしながら、これらの「国法」の解釈に対し、久保健一郎氏は、北条氏関係の「国法」文言収載文書一覧表を作成し、「国法」の文言が眼前の年貢・公事の確保を図る局面に用いられ、勝俣氏のいわれる国家の意志とは直接にはいい難いとし、勝俣説を批判している。[5]

ここで「国法」を「国」と「法」に分け、「法」という言葉に着目してみよう。中世の「法」について笠松宏至氏は、ある地域、ある集団に固有の、いわゆる慣習法が大きな部分をしめており、それらは先例・傍例・習などと呼ばれることも多いとしている。(6)『日本国語大辞典』(7)（小学館）の「法」の項にも、三番目の意味として「特に、中世における生活規範。幕府法、家法、公家法、本所法などのほか、慣習法や先行の判例をさしていうこともあるが、近代法に比べて、一般に未来に対する拘束力が微弱である」とあり、四番目の意味「国家の強制力を伴う社会規範。法律と同義に用いられるが、法律より広義の概念」と区別している。このように、中世の「法」という言葉には慣習・先例などの意味がある。「法」を含む中世の言葉として、例えば、「大法」には「習慣づけられて決まっていること」の意味がある。(8)中田薫氏は、「大法」がその地方または諸国共通の慣習法であり、「先規の御法」「傍例」と同じであることを指摘している。(9)また「如法」は「いつものとおりであること」という意味である。(10)これらの「法」は、法律を意味しているのではなく、慣習・習わし・先例などのことを意味している。

「国」という言葉にもさまざまな意味がある。池享氏は「国の多義性」と表現し、生活空間としてのクニから政治的に編成された公的領域としての「国」が作り出されたとした。(11)「国」には、行政地域としての国だけでなく、知行所・故郷などの意味もある。(12)戦国期に「在国」するといった場合、それは地方下向や所領に滞在することを意味した。(13)

このように、「国」「法」のさまざまな意味を探っていくと、「国」の「法」は、必ずしも「国家の法律」を意味するのではなく、「地方の習わし」という解釈も可能になるのである。そのような場合、戦国大名の政治姿勢のあり方についての評価も変わってくる。

「国法」の意味を探る上でよい史料となるのが、武田晴信（信玄）が制定した分国法『甲州法度之次第』(14)である。武田氏の発給文書(15)には「国法」の文言があるものがあり、これらと『甲州法度之次第』の関係を考察することによって、「国法」の意味を考える手懸かりとすることができる。柴辻俊六氏は、五通の文書にみえる「国法」が『甲州法度之次第』を指しているとした(16)。また、池氏は、「武田領国における「国法」の用法」の一覧表（一二例）を作成し、「国法」を甲州の国法という認識を示した(17)。しかしながら、これらに掲出された武田氏の「国法」と『甲州法度之次第』を照らし合わせてみると、「国法」のほとんどは『甲州法度之次第』を指してはいないと考えられる。また、『甲州法度之次第』第二九・五五条では、武田氏発布の法令のことを「法度」と称しており、武田氏発給文書においても、法令の意味として「法度」という言葉を使用している場合が少なくない。

さらにまた、北条氏領国の「国法」の用例を検討してみると、「国法」の文言を慣習・決まりごとと解釈した方が妥当と思われる文書がある。北条氏領国における「国法」として、藤木氏は人返令を農民闘争への対応としての「国法」とした(18)。しかし、「国法」を慣習・決まりごとと解釈した場合、人返令もまた違った意味を持つことになる。

『甲州法度之次第』自体に関する論考は少なく、その位置付けが明確にされていない。本章では、まず『甲州法度之次第』の性格の位置付けを行なった上で、武田氏領国における「国法」と『甲州法度之次第』の関係を検討し、さらに、北条氏領国における「国法」の意味について考察する。そして、戦国大名の法令を意味する言葉について考えながら、戦国大名領国における「国法」とは何かについて明らかにしたい。

一　『甲州法度之次第』の性格

『甲州法度之次第』の性格を明らかにするために、まず二系統ある伝本（二六箇条本・五五箇条本）とその成立年次について触れた後、内容の特徴を検討して性格付けを行なう。

『甲州法度之次第』には二六箇条本と五五箇条本がある。『中世法制史料集　第三巻武家家法Ⅰ』[19]の解題では、伝本を三種類に分類し、①保阪潤治氏所蔵の二六箇条本、②松平文庫・保坂良晴氏・九州大学図書館所蔵の五五箇条本、③東京大学法学部研究室・青山靖氏・静嘉堂文庫所蔵、諸州古文書・池底叢書・甲陽軍鑑本の五五箇条本、に分けている。①は末尾に「天文拾六年丁未六月朔日（武田晴信）（花押）」とある。②と③には、五五ヵ条の次の注記に「右五十五箇条者、天文十六年丁未六月定置之畢、追加二箇条者、天文廿三年甲寅五月定之」とあり、五五ヵ条に二ヵ条が追加されている。②と③の相違点は、②は①に二九ヵ条と追加二ヵ条を加えたものであるが、③は①から一ヵ条（第一九条）を除いた二五ヵ条に三〇ヵ条と追加二ヵ条を加えたものである。

『甲州法度之次第』の成立年次については、『高白斎記』天文十六年（一五四七）五月晦日条に、「甲州新法度之次第書納進上仕候」とあり[20]、①の天文十六年六月一日成立の記述を裏付けている。しかし、五五箇条本の成立に関しては、田中久夫氏が、①二六箇条本の第一九条（妻子持ちの出家の供養を禁止）が五五箇条本にはないことなどから、天文十六年六月に二五ヵ条（または二六ヵ条）が定められ、その後補入改正されて天文十六年六月〜同二十三年五月の間に五五ヵ条が成立したとした[21]。しかし、①の第一九条の問題だけから五五箇条本の成立年次を確定することについては、『中世法制史料集　第三巻武家家法Ⅰ』の解題でも疑問視している。また柴辻俊六氏は、二六箇条本を五五箇条本の抄録本とし、天文十六年に五五ヵ条が制定されたとしている[22]。

これらに対し、筆者の考えは以下の通りである。①二六箇条本の末尾に記されている年月日は天文十六年六月一日である。②③五五箇条本の注記には天文十六年六月に定め置いたとあるので、そのまま素直に解釈すれば、天文十六年六月一日〜晦日の間に五五ヵ条が制定されたことになる。すなわち、天文十六年六月一日に二六ヵ条が成立し、同年六月二日〜晦日の間に改訂・増補されて五五ヵ条が制定・発布されたと考えられる。五五箇条本は、注記の記述通り、天文十六年の六月中に成立し、同二十三年五月に追加二ヵ条が加えられたとしてよいのではないだろうか。

『甲州法度之次第』の内容については、三浦周行[23]・杉山博[24]両氏が条文内容を概観し、林貞夫氏が解読・解説[25]を試みている。また、『甲陽軍鑑』（品第一が『甲州法度之次第』）の現代語訳がある[26]。これらの諸先学を参考にしながら、筆者の解釈も加え、条文内容を分類して一覧表を作成した[27]（表7）。

『甲州法度之次第』が今川氏の分国法『今川仮名目録』（大永六年〔一五二六〕成立）を継受していることは指摘されてきた[28]。『今川仮名目録』三三ヵ条のうち一四ヵ条は『甲州法度之次第』に取り入れられたのであるが[29]、しかし、残

表7　『甲州法度之次第』内容一覧

分類		条	内容
行政	法令	29(25)	分国諸法度の優先
	土地	1(1)	地頭による罪科跡没収を禁止
		5(5)	札狼藉の田畠
		7(6)	名田地の意趣なき取放ち
		8(7)	山野地の境
		9	田札と作毛
		10(8)	恩地の替地について
		11	恩地拘人と夫公事
		12(9)	恩地の売却を禁止
		追加2	百姓の隠田
	賦課	6	百姓の年貢
		13	百姓の出夫
		32	棟別法度
		33	他郷へ移屋人の棟別銭
		34	国中徘徊者の棟別銭
		35	棟別侘言の禁止
		36	悪党成敗家・新屋の棟別
		37	河流れの家（の棟別）
	ほか	21(17)	川流れの木・橋
		30	番所の近習の輩
		42	悪銭（撰銭令）
債権		38	借銭法度，無沙汰人の田地
		39	田畠の借状
		40	親・子の負物
		41(16)	負物人の逐電
		43	借状に恩地
		44	逐電人の田地
		45	穀米地に負物
		46	負物人の死去
		47	借銭に連判した人
		48	相当の質物の売却
		49	負物分の田畠の売却
		50	米銭借用の利子
		51	蔵主の逐電
		54	年貢・夫公事無沙汰の百姓から質物
		追加1	年期売りの田畠
家来・家族		14(10)	親類・被官の私誓約
		15(11)	他人に仕えた譜代被官の受取り
		16	逐電した奴婢
		19(14)	寄親を嫌うこと

	23(20)	被官出仕座席
	31	他人養子の遺跡相続
	53	譜代被官の子を他人の被官に出すこと
刑　　事	17(12)	喧嘩両成敗
	18(13)	被官の喧嘩・盗賊
	25(22)	童部の口論
	26	童部の朋友殺害
	56	不足銭の罰金
訴　　訟	2(2)	公事の披露と奉行人
	24(21)	相論半ばの狼藉
	27(23)	本奏者を差置き別人に訴訟
	28(24)	自分(寄親)・寄子の訴訟
	55(26)	晴信の行政・法度に対する目安
	57	火難・賊難死の披露禁止
他　　国	3(3)	他国への音物書札
	4(4)	他国への縁嫁を禁止
宗　　教	22(18)	浄土宗・日蓮党の法論を禁止
	52	禰宜・山伏等が主人を持つことを禁止
	58(19)	妻子持ちの出家の供養を禁止
教訓	20(15)	武道を忘れるな

注　条の数字は55箇条本，（　）内は26箇条本の番号（『中世法制史料集　第3巻武家家法I』による）．

りの一九ヵ条は取り入れられなかったのであり、『甲州法度之次第』を継受しなかったうちの一三ヵ条にみられる。

例えば、『甲州法度之次第』第一条は、地頭が罪科人の田畠を私的に没収することを禁止した条項で、『今川仮名目録』とその後に成立した『今川仮名目録追加』には同類の条文はない。『甲州法度之次第』は、『今川仮名目録』を参考にして作成されてはいるが、武田氏領国の支配の実情に合わせた独自性を有しているといえる。杉山博氏は、『甲州法度之次第』が『今川仮名目録』を承継しながらもきびしい秩序の確立、家臣統制を意図する法の精神をあらわしていることを特徴として挙げている。(30)

『甲州法度之次第』第一条は、地頭の在地支配力を抑制して武田氏権力の優位性を顕示したものであり、『甲州法度之次第』からは、武田晴信が領国内の武士に対し統制力を強化しようとする姿勢が読み取れる。

『甲州法度之次第』の内容の特徴をさらに詳しく検討してみよう。

表7からわかるように、『甲州法度之次第』は網羅的な内容の法典ではなく、内容に偏りがある。五五箇条本の内容をみると、総計五八ヵ条のうち一五ヵ条は債権関係の内容で、全体の四分の一強を占める。また、行政の賦課関係

では、八ヵ条のうち六ヵ条は棟別役に関する条項で、ほかの諸役、つまり軍役や普請役などに関する条項がない。これらにみられる内容の偏りは、『甲州法度之次第』が、紛争・訴訟が多い事柄に対処するために制定されたことを示している。債権関係の条項が多いのは、貸借をめぐる紛争・訴訟が非常に多かったためであり、棟別役については、その徴収にさまざまな困難（住人の転居・逃亡・侘言など）を伴い、徴収がスムーズに行なわれなかったためと考えられる。『甲州法度之次第』が紛争調停の性質を有したことは柴辻俊六・小和田哲男・平山優・関口明各氏も指摘しており、(31)領国内で紛争・訴訟として現実に多発している諸問題に対処するために作られた法令集であるといえよう。

『甲州法度之次第』の対象については、柴辻氏が給人被官であったことを指摘している。(32)『甲州法度之次第』の対象が武士であったことは、五五箇条本の第二〇条（二六箇条本の第一五条）に端的に示されている。すなわち、第二〇条には、

一、耽乱舞・遊宴・野牧・河狩等、不可忘武道、天下戦国之上者、抛諸事、武具之用意可為肝要、

とあり、武道を忘れてはいけない、何よりも武具の用意が大事である、などと記している。これは明らかに武士階級を対象として書かれており、『甲州法度之次第』が領国内の武士を対象として発布されたことを示している。

このことは、刑事関係の条項からもいえる。第一七条は喧嘩両成敗を定めたもの、第一八条は被官の喧嘩・盗賊行為については主人の罪とならない、第二五・二六条は童部の口論・朋友殺害についてである。これらの刑事事件は、庶民の犯罪というよりは武士の問題である。庶民を含む人々の刑事犯罪としては、室町幕府の法制書である『武政軌範』(33)の「侍所沙汰篇」に「検断条目事」として列挙されている謀叛・夜討・強盗・窃盗・山賊・海賊・殺害・刃傷・放火・打擲・蹂躙・追落・刈田・刈畠・路次狼藉、路辺で女を捕る、博戯（博打）、牛馬の尾を切るなど、多くの犯罪がある。このなかでも強盗・窃盗などの盗みは庶民に多い犯罪と考えられる。しかし『甲州法度之次第』では、

第一八条で被官の盗賊行為がその主人の罪となるかという問題として取り上げられているだけであり、ここでは主人の罪の方が問題となっている。つまり、『甲州法度之次第』は庶民を対象にして出された法令ではないのである。

さらに、第二八条には、

一、自分之訴訟直不可致披露、就寄子訴、可致奏者事勿論也、雖然依時宜、可有遠慮歟、沙汰之日事者、如載先条、寄子親類縁類等申趣、一切可禁遏也、

とある。「自分」の訴訟については直接に武田晴信に披露してはならず、寄子の訴えについても奏者を通すことは勿論のことであるとしており、(34)ここでいう「自分」とは、寄子の親分である寄親を指している。このことから、『甲州法度之次第』が「自分」と表現している寄親に対して出された法令であることがわかる。武田氏は軍隊の組織として、寄親の下に寄子を配分して付けた。寄親は、服部治則氏(35)によれば、武田氏の有力家臣、すなわち親族衆・直属家臣クラスに相当する。『甲州法度之次第』は、この第二八条から、武士のなかでも寄親を主要対象として制定されたことが指摘できる。

武家家法の基本的な性格については、『中世法制史料集 第三巻武家家法I』の解題で三種類に分類し、A一族子弟を規制対象とする家長の法、B従者を規制対象とする主人の法、C領域内の被支配者を対象とする領主の法に分けた。そして勝俣鎮夫氏は、戦国大名が領国支配を行なうにあたり領主法の基本法規の性格を有する家法の制定を必要としたとし、(36)領主の法としての性格を強調している。一方、杉山博氏は、戦国家法の根幹は民政に関する規定（領主の法）よりも主人の法であるとしている。(37)先に、『甲州法度之次第』が武士に対する統制強化を意図し、寄親を主要対象として発布された法令集であり、一般庶民を対象にしたものではないことを指摘したが、寄親が武田氏の有力家臣層であることを考えると、『甲州法度之次第』は武田氏の有力家臣を対象とした主人の法であるといえ、領主の法

よりも主人の法としての性格が強いと考えられる。

二　「国法」と『甲州法度之次第』

武田氏領国における「国法」が『甲州法度之次第』を指しているのか、それとも別のものであるのか、具体的に史料を検討して考察しよう。

池享氏が提示した武田氏関係文書の「国法」の用例は一二例あり[38]、このなかから「国法度」の用例と北条氏家臣清水康英発給文書を除くと、「国法」がみえる文書は九通になる。

この九通を検討してみると、「国法」が『甲州法度之次第』の条項に該当する可能性があるものは、次の「河野家文書」の武田家裁許状だけである[39]。

　信州下伊奈（那）川野之郷田地問答御下知之次第

一、従宮下新左衛門所、藤四郎去辛酉・壬戌（永禄四・五年）両年米銭借用依無紛、藤四郎名田之内七百五十文之所、其方請取作仕来之処ニ、彼借物不相済、去年彼田地、以強儀藤四郎取放候事、背国法之条、為其過怠、来丁卯（永禄十年）一歳、右之田地相計、翌戊辰（永禄十一年）之正月藤四郎方へ可返置之事、

（中略）

以上

丙寅（永禄九年）

十一月四日　　曾禰
　　　　　　　虎長（花押）

原隼人佑
昌胤（花押）

宮下新左衛門

右の裁許状によれば、藤四郎は信濃国下伊那郡川野郷の名田の内、七五〇文の所を質に入れて宮下新左衛門から米銭を借りたが、藤四郎が借物を返済しなかったために、宮下新左衛門は藤四郎から強引に田地全部を取り上げた。この裁許状では、新左衛門の行為は「国法」に背くので、その罰として永禄十一年（一五六八）正月には田地を藤四郎に返せとしている。

柴辻俊六氏はこの「国法」に『甲州法度之次第』第四八条が該当するとした(40)。第四八条は、「相当の質物」に関する内容である。

一、相当之質物之儀者、如定、若過分之質物、以少分取之者、縦雖過兼約期、聊爾不可沽却、利潤之勘定至無損亡者、五三月相待、頻加催促、其上令無沙汰者、以証人可売之、

「相当の質物」とは質の取代のことで、『板倉氏新式目』には「質物者相当半分ニ取置」とあり、質物の価格の半分を取代としている(41)。右の条文では、少分の金銭を貸して過分の質物を取った場合、契約の期日を過ぎても質物を売却してはならない、貸し主は損得の計算をして損がなければしばらく待ってから催促し、それでも弁済しなければ証人を立てて質物を売却せよ、と定めている。つまりこの条文は、過分の質物の場合はしばらく質物の売却を待てとする内容である。この第四八条と前掲の藤四郎・宮下新左衛門のケースを比較してみると、貸し主が過分に取り過ぎたという点では共通しているが、前者はその質物を売却することが主要な問題であり、後者は返済分以上の田地を強引に奪い取ったことが問題とされているので、厳密には同じ内容とはいえない。第四八条には、相当の質物のことについ

ては「定めの如し」とあり、「国法」はむしろこの「定め」の方に該当する可能性がある。

次に、『甲州法度之次第』を指しているとはいえない「国法」の用例を挙げよう。「国法」文言がみえる九通のうち、三通は名田の増分の免除に関するもので、次の「三井家文書」の武田家朱印状(42)はその一通である。

定
累年拘来田畠、於為名田者、雖有増分、被任御国法、可被成御赦免、至土貢幷諸役・夫役等者、地頭へ速可致弁償之由、被　仰出者也、仍如件、
天正八年庚辰
十二月廿一日（竜朱印）　曾禰河内守
奉之
三井右近丞殿
追而、有申掠旨者、可被悔還者也、

この文書では、三井右近丞に対し名田の増分を「御国法」に従って免除している。これとほぼ同文の朱印状が高添伊勢丸にも出されている(43)。この増分免除については、勝俣鎮夫氏が、元亀二年（一五七一）二月十三日武田家朱印状(44)（「田辺家文書」）の「向後拘来候田地、如軍役衆可被停検使之事」などから、軍役衆の場合は名田に増分があったとしても検地が免除されたことを明らかにしている(45)。右の三井右近丞も軍役衆であったので(46)、この朱印状で検地を免除されたのである。文中にみえる「御国法に任せられ」については、『甲州法度之次第』には名田の増分免除、あるいは検地免除に関する内容の条文はないので（表7参照）、この「御国法」は『甲州法度之次第』を指してはいない。

また、天正九年（一五八一）七月四日の武田勝頼判物(47)（「栗田家文書」）は甲斐国の善光寺に対して出された定書で、

その五ヵ条目に、

一、従信州本善光寺集来之僧俗、或守罪科人、或出罰銭等之役儀、一切停止之畢、但有佞人隠置盗賊、又者背国法者、可行厳科之事、

とあり、信濃国の善光寺から来た僧侶・俗人について、盗賊をかくまったり、「国法」に背いた場合には、厳しく処罰するとしている。この場合の「国法」は、厳しい処罰の対象となる行為であり、一般の僧侶・庶民に対するものである。「国法」に背く行為とは、おそらく、前節で挙げた『武政軌範』「侍所沙汰篇」の「検断条目事」に列挙されている刑事犯罪の類ではないかと推測される。『甲州法度之次第』では、前節で指摘したように、刑事犯罪として喧嘩、被官の喧嘩・盗賊、子供の口論・殺害しか扱っておらず、厳科に処すべき「国法」に背く行為としては範囲が狭すぎる。また、武士の寄親層を主要対象として発布された主人の法の性格が強い『甲州法度之次第』を、一般の僧侶・庶民を適用対象にした法として考えることは妥当ではない。

「小野家文書」の永禄三年三月十一日武田家朱印状(48)にみえる「国法」の用例も、これらと同様のことがいえる。同文書では小野郷に対し「於彼郷中、重科之人幷犯国法之輩、経三日至于隠置者、注文之人可為同罪」とある。この「国法を犯すの輩」は刑事犯罪人と考えられ、『甲州法度之次第』所載の刑事犯罪だけでは不十分である。

「大聖院文書」の天正五年七月三日武田家朱印状(49)は、真言宗豊山派の修験道の寺院である不動院に対して出されたもので、「於西上州、其方年行事職支配内、或背国法、或乱山伏之法度、至自由之輩者、早可有言上、随事之体可被処罪過之由、所被仰出也」とある。この文書で武田家は不動院に対し、「国法」や山伏の法度に違反して勝手な振る舞いをする者がいれば速やかに報告せよと命じている。この場合の「国法」も、一般社会における刑事犯罪全般を禁止する内容のものと考えられるので、『甲州法度之次第』を指してはいない。

武田家の親族・家臣である穴山信君（梅雪斎不白）の発給文書二通にも「国法」はみえる。一通は名田の増分を免除したもので[50]、先述の「三井家文書」の場合と同じである。もう一通は名田の充行状[51]で、望月与三兵衛に名田五〇貫文を充行ない、「如国法、軍役等可勤仕者也」としている。国法に従い軍役等を勤めよ、ということであるが、『甲州法度之次第』には軍役に関する条文はなく、この「国法」も『甲州法度之次第』ではない。

次に一部を掲出する元亀四年卯月二十三日武田勝頼起請文[52]（「京都大学総合博物館所蔵文書」）は、家臣の内藤昌秀に宛てたものである。昌秀について勝頼に讒言をする人物がおり、勝頼はそれについては糾明するとし、昌秀に対しては今後懇切に奉公することを要請している。

一、自今以後別而奉公ニ付而者、可令懇切候、努々心中ニ不可有疎略候、又任先誓詞之旨、国法幷勝頼為存知之異見被申候者、具可聞届候、縦非一途之儀候共、不可処科之事、

勝頼は、昌秀が「国法」ならびに「勝頼存知たるの異見」を申せばつぶさに聞き届け、たとえ勝頼と考えが一致しなくても処罰はしない、と記している。つまり、昌秀が申し上げる内容は勝頼と違う考え・意見である可能性がある。「勝頼存知たるの異見」は勝頼が存在を知っていた（勝頼とは）異なる意見であり、勝頼とは違う考えであることは明らかであるが、同時に「国法」も勝頼側の「法」ではないといえる。すると、この「国法」は『甲州法度之次第』ではないばかりか、武田家の法令ではないと考えた方がよい。

ここで逆に、『甲州法度之次第』を指していると考えられる史料を挙げよう。次の「大須賀家文書」の武田家朱印状[53]は被官の人返令である。

（竜朱印）

其方被官他所令徘徊者、任法意、当主人幷地頭へ再三相理、可召返、若有難渋之人者、早々可及注進、任道理可

加下知者也、仍如件、
（永禄五年）
壬戌
三月廿四日
大須賀久兵衛尉殿

ここでは、被官が他所を徘徊した場合に、「法意」に従い、現在の主人と地頭によく断って連れ戻せと命じている。この「法意」は『甲州法度之次第』第一五条にある「譜代被官他人召仕之時、本主見合搦之事、停止之畢、断旨趣而可請取之」を指していると考えられている(54)。この第一五条は、代々仕えている被官が他人に仕えた場合、もとの主人がその被官を見つけ次第連れ戻すことを禁止し、断ってから受け取れとするものである。右の朱印状では、この現在の主人に断ってから連れ戻すことを「法意」に従ってとしており、この「法意」は『甲州法度之次第』第一五条に該当する。「法意」という語は、『甲州法度之次第』二六箇条本の第一九条に(55)「持妻子出家不可供養之、若有背此法意輩者、師檀共ニ不可遁其科」とあり、この条文内容を意味する言葉として「法意」という語を用いている。『甲州法度之次第』を指していることが明らかな事例では「法意」という語を使っており、「国法」ではない。

これらの諸事例から考察すると、「国法」は『甲州法度之次第』を指してはおらず、また、武田氏が発布した法令ではないと考えられる。このように、むしろ「国法」は、刑事犯罪の禁止、軍役勤仕など、社会全般に流布・通用している一般的な常識・法則であると推測される。

三　北条氏領国の「国法」

北条氏の領国における「国法」の用例については、久保健一郎氏が所載文書の一覧表を作成し、半数が逃亡者の召還・還住を命じる「人返」であり、それ以外は郷村における年貢・公事賦課の設定に関わるもの、実際の納法に関わるものとした。そして、「人返」も収穫の確保のためであり、「国法」が大名のもっとも基本的・根幹的な経済基盤を確保するための強制力・権原として用いられたとの見解を示した。(56)

筆者は、久保氏の「国法」文書一覧の例に、「物国之法」(57)（普請人足の遅参の罰）と「御分国中如御法」(58)（十分一銭の滞納の罰金）の例を加え、「国法」の用例内容を分類して一覧表を作成した（表8）。その内容をみると、確かに久保氏の指摘のように、「人返」以外は年貢・公事の賦課や過銭・借米など経済関係が多い。しかし、普請に関するものもあり、経済関係とは限らない。「国法」は必ずしも経済基盤の確保のために用いられたとはいえず、別の観点から考える必要がある。

表8にまとめた「国法」の用例のうち、史料が多く残されているのは、久保氏が指摘しているように「人返」である。この「人返」令の文言を注意して読むと、領主・代官に断ってという文言があるものとないものがあり、表8では両者を①②に分けた。①②合わせて九通の文書があり、この文言がある①が六通、文言がない②が三通で、三分の二は①の方である。①の例を挙げれば、（永禄九年）閏八月六日北条氏康朱印状(59)（「土屋二郎氏所蔵文書」）には、「闕落之百姓、為国法間、彼在所領主・代官ニ相断、早々可召帰」とあり、逃亡した百姓について、「国法」であるので現在の領主・代官に断って召し戻せと命じている。また、天正二年九月三日北条氏照判物写(60)（「武州文書所収荏原郡清

表8　北条氏領国の「国法」の内容

分　類	内　容	史料（『戦国遺文 後北条氏編』番号）
人　返	①在所の領主等に断って召し返す	974・1477・1726・3077・3551・3650
	②召し返す	2094・2218・2522
賦　課	夫銭は8貫文	938
	直納の納法	1048
	三島社祭礼銭を納める	1879
	給田の増分は御蔵に納め，滞納には利子をつける	3207
	郷未進は代官が弁済	3210
	郷中の指引で，神社等の指置	1720・1721
	検地の免除はなし	3011
	増段銭	3038
	10分の1銭の滞納の罰金	1662・2387
普　請	普請人足の1日の遅参は5日の労役	2623
	御番普請の当番の日数	3243
ほ　か	御蔵銭借米の算用	3038
	作毛が相違	3011
不特定	人から物を借りて返済しないという「国法」はない	1201
	所領を進覧，「国法」に違うな	2092

左衛門所蔵文書」）には、

　従品河之郷所々江欠落之者之事、人返者御国法ニ候、
　為先此一札領主へ申断、不移時日可召返候、（後略）

とあり、「人返」は「御国法」として、この一札（北条氏照判物）を領主に示して断ってから品川の百姓を連れ戻せとある。これらは、「国法」の内容が逃亡先の土地の領主・代官らの了解を得て百姓を連れ戻すことであることを示している。つまり、「人返」に関する「国法」は、逃亡した百姓を連れ戻すことよりもむしろ、逃亡先の領主・代官らの了解を得ることの方に重点が置かれていたと考えられる。

　逃亡先の領主・主人らに断って連れ戻す「人返」は、武田氏発給文書にも多くみられる。柴辻俊六・関口明両氏は、武田氏領国における人返関係文書の一覧表を作成し、大半の文書に当主人に断ってという文言が含まれていることを指摘している(61)。武田氏領国では、逃亡した被官については、前節で触れたように『甲州法度之次第』第一五条に、もとの主人が逃亡した被官を見つけ次第捕

らえることを禁止し、現在の主人に断ってから受け取ることを定めており、その法則は貫かれていた。

この、現在の領主・主人の了解を得てから連れ戻すという法則は、北条氏・武田氏以外の大名領国においてもみられる。伊達稙宗が天文五年（一五三六）に制定した『塵芥集』(62)第七七条には、「百姓《ひやくしやう》、地頭《ちとう》の年貢《ねんぐ》所当《しよたう》相つとめず、他領《たりよう》へ罷《まか》り去《さ》る事、盗《ぬす》人の罪科《ざいくは》たるべし、仍かの百姓《ひやくしやう》許容《きよよう》のかたへ、申届《とづ》くるのうへ、承引《せういん》いたさず候はゞ、格護《かくご》候族《やから》同罪《どうざい》たるべきなり」とあり、他領へ逃げた百姓を、百姓を受け入れた所に申し届けて（盗人の罪科として）捕らえ、その受け入れ人が承知しなければ受け入れ人も盗人と同罪とするとしており、逃亡者の逮捕には逃亡先の承認を得ることを必要としている。また、文禄五年（一五九六）五月二十三日の「毛利輝元人沙汰掟書」(63)には、「先年検地已後逐電之百姓、許容すへからさる事、たとい不存候て領分ニ居候共、先主より理候ハヽ、即可返遣事」とあり、逃亡してきた百姓が領内にいて前領主が断って届けてきた場合は返し戻せとしている。これも逃亡者を現領主の了解を得てから連れ戻せとするものである。

このように、現在の領主・主人の了解を得てから連れ戻す「人返」は、戦国期の日本の広範囲にみられる法則であり、当時の慣習法であったといってよい。北条氏領国の「人返」の「国法」は、この戦国期の慣習法である、逃亡者を現在の領主・主人の了解を得てから連れ戻すという法則と考えられる。

「人返」令について藤木久志氏は、農民闘争弾圧の体制ととらえ、農民の欠落圏拡大が領主階級を広域結集させ、一大名権力のもとに国法秩序を形成させて広汎な領国にわたる農民支配体制をつくりあげたとした(64)。「人返」令の「国法」が当主人の了解を得るという慣習法であったことから考えると、藤木氏が「人返」令を農民闘争弾圧の体制とした点は再検討すべき課題となるであろう。しかし、「人返」令が領主階級を広域結集させたとしたことは、的を射た指摘である。すなわち、逃亡者の召還をめぐって前領主（前主人）と現領主（現主人）との間で紛争が発生することを回避するために、領主間で一定のルールを作る必要が生じ、それが「人返」の慣習法となったと考えられ、領主階級が連携してこの慣習法成立の母体になったことが推測されるからである。

次に、「人返」以外の「国法」について検討してみよう。表8の賦課・普請・ほかの項目に挙げた「国法」の内容には、夫銭は八貫文、普請人足の遅参に対する労役の日数、など細かい数値を定めた規則があり、また、直納の納法、給田増分の滞納には利子をつける、郷未進は代官が弁済する、など具体的な取り決めがある。さらに、三島社祭礼銭を納める、検地の免除はないなど、当然の規範といえるものもある。これらの「国法」は、細かい規則から当たり前の規範までを含む幅の広い内容である。

さらに、次の天正十四年（一五八六）の十月十九日北条氏邦朱印状(65)（「飯塚文書」）は、「国法」が具体的な法令・規定ではないことを示していると考えられる。

此度御検知之高辻事

百三貫百七拾六文　本増共、

此内八貫文　夫銭、壱疋壱人分

（中略）

以上、拾弐貫百文

残而、

六拾七貫五百文　従前々納御年貢、

拾壱貫五百文　戌年之増、

以上、七拾九貫文、毎年定納、

此外、
十壱貫五百七十六文戌年増分之内、百姓御侘言申ニ付而御赦免、
以上、合百三貫百七拾六文
一、此度御検知大途次之事、
一、大途御検地之儀者、夫銭以下さへ、被為引候へハ、十貫文之郷百貫文ニ成候共、御許無之御国法ニ候、近辺之郷中候ニ候間、可承候事、
一、作毛相違之事者、何時も御国法ニ候、大途可為如御領所候事、
右、免許之辻者、毎年田畠無不作致作、御年貢可走廻者也、仍如件、
（天正十四年）
戌
十月十九日（朱印「翕邦挹福」）
北谷之郷
代官
百（姓）性中

右の文書は、上野国緑野郡北谷郷の代官・百姓に対し、検地を行ない、本増分から夫銭等や赦免分を除いた残りの分を課税対象としたものである。

一つ書の二ヵ条目に「御許しこれ無き御国法」とあり、一〇貫文の郷が一〇〇貫文になっても増分に対する免除をしないのが「御国法」であるとしている。さらに三ヵ条目には「作毛相違の事は、何時も御国法に候」とある。これは、作毛の出来が田畠によって違うのはいつでも「御国法」である、と解釈するのが妥当と考えられる。するとこの

「御国法」は、法令や規定ではなく、習わし、決まりごとと解釈するとちょうど当てはまる。すなわち、作毛の出来が田畠によって違うのはいつでも世の習わしである、ということである。つまり、この場合の「御国法」は、世の習わし、在地社会の習わしなどを意味しているのである。二ヵ条目の「御許しこれ無き御国法」も、免除をしないという法令・規定があるのではなく、免除しないのが世間や在地社会の習わし・決まりごとであると解釈した方がよいと思われる。

次の（天正四年）十月晦日北条氏家臣清水康英判物(66)（「伊達英一氏所蔵伊豆在庁文書」）は、「国法」が在地社会の習わしであることを示している。

三嶋五ヶ年廻仁出之候御祭礼銭之事、申歳（元亀三年）以来、不致沙汰郷村有之由、一段曲事候、既十七ヶ条ニ三嶋御祭銭御法度初文ニ被遊候、乍有御国御国法不存者有之間敷候、然而片瀬・稲取毛利丹後ニ被下候時、号不入、両郷祭銭出間敷之由、申ニ付而、多呂玄番被遂披露候処ニ、自古来之儀相背之条、則両郷之百姓雖可有御成敗候、当領主毛利他国人之事候間、一往御用捨候而、如古来五日中ニ可済之旨、去巳歳（永禄十二年）以御印判被仰出候事、寔其隠有間敷処ニ、申歳以来無沙汰、畢竟触口不届故ニ候歟、（後略）

これは三島神社の祭礼銭の納入を片瀬・稲取郷に命じた内容である。三島神社の祭礼銭のことは「十七ヵ条」の「法度」の初文に載せており、国にいて「国法」を知らぬ者はいないはずである、両郷が毛利丹後に与えられて以来、不入と号して祭礼銭を出していないことが多呂玄番から報告され、「古来よりの儀」に背くので成敗すべきであるが、領主の毛利は他国人であるので容赦し、「古来の如く」五日以内に納めよ、という印判状が永禄十二年（一五六九）に出されている、とある。従来では文中の「法度」と「国法」が同じと解釈されてきたが(67)、両者は異なるものである。つまり、「法度」は「十七ヵ条」の方であるが、「国法」は「古来よりの儀」「古来の如く」の方であり、この場合の

「国法」は古来より行なわれてきた祭礼銭の納入のことをいっている。そうでなければ、ここで「古来」云々の文言を入れる必要は生じないであろう。つまり、この「国法」は、「昔からの習わし」を意味しているのである。

先の表8に掲げた北条氏の「国法」の内容は、細かい規則から当たり前の規範までを含む広い範囲であるが、それらも在地社会で行なわれていた習わし・慣習・決まりごと・常識としてまとめて理解することができる。「国法」が在地社会の習わし・慣習・決まりごとなどということであれば、「国法」の「国」は、大名の「国家」ではなく、在地社会を意味していることになる。それはむしろ、池享氏が「生活空間としてのクニ(68)」とした方の「国」である。

つまり、「国法」は、「国家」の法令ではなく、その逆であり、法令ではない在地社会の習わし・慣習・決まりごとであったと解釈できる。そして、「人返」令にみられるように、戦国大名はこれら在地社会の習わし・慣習・決まりごとを施政に取り入れながら、領国運営を行なっていたといえよう。

四　「国法」と法度・掟――結びにかえて

「国法」は、武田氏領国では社会全般に通用していた一般的常識・法則であり、北条氏領国では世間や在地社会の習わし・決まりごとなどであることを指摘した。これらを総合して考えると、つまり「国法」は、その地域社会で通用している慣習・習わし・決まりごと・常識であったといえる。これらの多くは慣習法と呼ぶことができるものであるが、「国法」は慣習法よりもさらに範囲が広く、法・規則にはならない風習・常識の範疇にまで及んでいたと考えられる。

戦国大名が領国支配のために定めた強制力のある法令は、分国法では「法度」と称していることが多い。武田氏の場合、『甲州法度之次第』第二九条には、

一、縦雖任其職、分国諸法度之事者、不可令違犯、雖為細事、不致披露、恣執行者、早可令改易彼職、

とあり、武田氏領国内ではその職よりも武田氏発布の諸法度を優先すべきことを定めている。また、第五五条には「晴信形儀其外之法度以下」とあり、武田晴信発布の法令を「法度」と呼んでいる。そのほかの分国法にみられる「法度」の例を挙げると、『塵芥集』第八〇条の「此法度《はつと》を背《そむ》き、由緒《ゆうしよ》の在家《ざいけ》へ帰《かへ》らずば」、『結城氏新法度』[69]第八〇条の「如此法度をき候所へ」などがある。さらに『六角氏式目』[70]では、『六角氏式目』のことを「御政道法度」「国中法度」と呼んでいる。

「法度」のほかには「掟」も使われている。『結城氏新法度』には、家中の連署の前に「御掟之とをり、いつれもそむきたてまつるへからす候」とある。

このように、戦国大名が分国中に発布した法令は「法度」「掟」などと称されており、「国法」ではない。武田・北条氏関係文書でも、法令の類は「法度」「掟」が多く、「定法」「軍法」もある。戦国大名発布の法令としては、「法度」「掟」などの方に着目すべきである。

「国法」がその地域社会の慣習・決まりごと・常識であるならば、戦国大名「国家」の支配のあり方についても見直す必要が生じるであろう。「国法に任せ」は、すなわちその地域社会の慣習に従ってということであり、在地社会のルールを尊重していたことを示している。戦国大名は上から法という権力を振りかざして領国民を支配していたのではなく、その地域社会の慣行を重視しながら支配・統制を行なっていたといえよう。

注

（1）近年の研究動向については、則竹雄一『戦国大名領国の権力構造』（吉川弘文館、二〇〇五年）序章「戦国大名権力研究の成果と課題」でまとめている。
（2）勝俣鎮夫「戦国法」（同『戦国法成立史論』東京大学出版会、一九七九年）。
（3）藤木久志「戦国法の形成過程」（同『戦国社会史論―日本中世国家の解体―』東京大学出版会、一九七四年）。
（4）西村圭子「戦国法成立の基礎―豊後大友氏について―」（『史艸』一一号、一九七〇年）、『中世政治社会思想　上』（日本思想大系、岩波書店、一九七二年）「解説」（石母田正）、峰岸純夫「身分と階級闘争―戦国時代の東国を素材に」（同『中世の東国―地域と権力―』東京大学出版会、一九八九年）、鈴木芳道「後北条氏権力と「国」」（『鷹陵史学』二一号、一九九五年）ほか。
（5）久保健一郎「後北条氏における公儀と国家」（同『戦国大名と公儀』校倉書房、二〇〇一年）。
（6）笠松宏至「中世の法意識」（同『法と言葉の中世史』平凡社、一九八四年）。
（7）『日本国語大辞典　第二版』（小学館、二〇〇〇～二〇〇二年）。
（8）同右。
（9）中田薫『法制史論集　第三巻下』（岩波書店、一九四三年）「法制史漫筆」の「大法」。
（10）注（7）。例えば、永享五年六月二十七日録司代慶弁譲状（『千葉県史料　中世編　香取文書』（千葉県、一九五七年）「旧録司代家文書」六七号には、「如法一期の間知行すへく候」とあり、女子の一期知行が慣習であったことを示している（拙稿「中世後期における相続と家族法」（『日本歴史』六九七号、二〇〇六年）、本書第Ⅱ部第一章）。
（11）池享「戦国大名領国における「国」について」（『武田氏研究』三二号、二〇〇五年）。
（12）注（7）。
（13）拙書『中世公家の経済と文化』（吉川弘文館、一九九八年）第二部第二章「公家衆の「在国」」。
（14）佐藤進一・池内義資・百瀬今朝雄編『中世法制史料集　第三巻武家家法Ⅰ』（岩波書店、一九六五年）。
（15）柴辻俊六・黒田基樹編『戦国遺文　武田氏編』一～六（東京堂出版、二〇〇二～二〇〇六年）所収。
（16）柴辻俊六「甲州法度の歴史的性格」（同『戦国大名領の研究―甲斐武田氏領の展開―』名著出版、一九八一年）。
（17）池注（11）論文。

(18) 藤木注(3)論文。

(19) 注(14)。

(20) 『山梨県史　資料編6中世3上』(山梨県、二〇〇一年)九〇頁。

(21) 田中久夫「武田氏の妻帯役」(『日本歴史』四六号、一九五二年)。

(22) 柴辻注(16)論文。

(23) 三浦周行「武田家の法律『甲州法度』」(同『続法制史の研究』岩波書店、一九二五年)。

(24) 杉山博「戦国の家法」(同『(日本の歴史11)戦国大名』中央公論社、一九六五年)。

(25) 林貞夫『新修甲州法制史　第一巻』(中央大学出版部、一九七五年)、『信玄法度の発掘』(新人物往来社、一九八〇年)。

(26) 原本現代訳『甲陽軍鑑』(解説・訳腰原哲朗、教育社、一九八〇年)、佐藤正英校訂・訳『甲陽軍鑑』(筑摩書房、二〇〇六年)。

(27) 内容分類は平山優「戦国大名武田氏の在地支配—地頭と寄子、百姓の争論を中心に—」(萩原三雄・笹本正治編『定本・武田信玄』高志書院、二〇〇二年)でも行なっているが、筆者の分類はそれとは異なり、近現代の法の分類を参考にして、行政(行政法)、債権(民法の債権法)、家来・家族(民法の家族・相続法)、刑事(刑法)、訴訟(民事訴訟法・刑事訴訟法)、他国(国際私法)などに分けた。

(28) 注(14)書、解題。

(29) 右によれば、『甲州法度之次第』二六箇条本のうち一三ヵ条が『今川仮名目録』の一四ヵ条に対応している。

(30) 杉山注(24)。

(31) 柴辻注(16)論文、小和田哲男「甲州法度」(原本現代訳『甲陽軍鑑』〔注(26)〕)、平山注(27)論文、関口明「武田氏領国における「人返」—甲州法度の検討を通じて—」(『駒沢大学史学論集』三五号、二〇〇五年)。

(32) 柴辻注(16)論文。

(33) 佐藤進一・池内義資編『中世法制史料集　第二巻室町幕府法』(岩波書店、一九五七年)。

(34) 奏者については、『結城氏新法度』第四九条で自訴・直奏を禁止し、奏者を通すことを定めており、『六角氏式目』第六五・六六条でも、御沙汰の奏者が六角氏への訴訟を取次ぐことを定めて六角氏への直奏を禁止している。つまり、国主に訴えるときは奏者という役職の者を介する必要があった。この『甲州法度之次第』第二八条の「就寄子訴、可致奏者事勿論也」について、林注(25)

書、腰原・佐藤訳注(26)書では寄親が寄子の訴訟を取次いで奏者をするべきであると解釈している。しかし、「勿論也」は「直不可致披露」も受けていると考えられ、この「可致奏者事」は寄親が奏者を用いるべきことと解釈すべきである。

(35) 服部治則「武田家家臣団組織と親分子分慣行」（柴辻俊六編『戦国大名論集10　武田氏の研究』吉川弘文館、一九八四年）。

(36) 『中世政治社会思想　上』（注（4））解題、勝俣鎮夫「武家家法」。

(37) 杉山注(24)。

(38) 池注(11)論文。

(39) 柴辻俊六・黒田基樹編『戦国遺文　武田氏編』（注(15)）一〇三八号。

(40) 柴辻注(16)論文。

(41) 石井良助校訂『徳川禁令考　前集第六』（創文社、一九五九年）、『中世政治社会思想　上』（注（4））二二九・二四二頁参照。

(42) 柴辻俊六・黒田基樹編『戦国遺文　武田氏編』（注(15)）三四六七号。

(43) 柴辻俊六・黒田基樹編『戦国遺文　武田氏編』三四六八号。

(44) 柴辻俊六・黒田基樹編『戦国遺文　武田氏編』一六四五号。

(45) 勝俣鎮夫「戦国大名検地の施行原則」（同『戦国法成立史論』注（2））。

(46) 同右。

(47) 柴辻俊六・黒田基樹編『戦国遺文　武田氏編』（注(15)）三五七七号。

(48) 柴辻俊六・黒田基樹編『戦国遺文　武田氏編』六九〇号。

(49) 柴辻俊六・黒田基樹編『戦国遺文　武田氏編』二八二五号。

(50) 柴辻俊六・黒田基樹編『戦国遺文　武田氏編』三六三八号。

(51) 柴辻俊六・黒田基樹編『戦国遺文　武田氏編』一八〇三号。

(52) 柴辻俊六・黒田基樹編『戦国遺文　武田氏編』二一二二号。

(53) 柴辻俊六・黒田基樹編『戦国遺文　武田氏編』七七四号。

(54) 佐藤進一・百瀬今朝雄編『中世法制史料集　第五巻武家家法Ⅲ』（岩波書店、二〇〇一年）三五・三三二頁で指摘している。

(55) 五五箇条本では、松平文庫・保坂良晴本にのみある。

(56)久保注(5)論文。
(57)杉山博・下山治久編『戦国遺文　後北条氏編』(東京堂出版、一九八九～二〇〇〇年)二六二三号。
(58)杉山博・下山治久編『戦国遺文　後北条氏編』一六六二・二三八七号。
(59)杉山博・下山治久編『戦国遺文　後北条氏編』九七四号。
(60)杉山博・下山治久編『戦国遺文　後北条氏編』一七二六号。
(61)柴辻俊六「武田領の人返し法」(同『戦国大名領の研究—甲斐武田氏領の展開』注(16))、関口注(31)論文。武田氏の「人返」については、ほかに利根川淳子「戦国大名武田氏の人返—百姓を中心に—」(『栃木史学』一七号、二〇〇三年)がある。
(62)『中世政治社会思想　上』(注(4))。原文は仮名文で書かれている。
(63)『広島県史　古代中世資料編V』(広島県、一九八〇年)一七五頁。菊池浩幸「戦国期人返法の一性格—安芸国を中心として—」(『歴史評論』五二三号、一九九三年)で掲出している。
(64)藤木注(3)論文。
(65)杉山博・下山治久編『戦国遺文　後北条氏編』(注(57))三〇一一号。
(66)杉山博・下山治久編『戦国遺文　後北条氏編』一八七九号。
(67)小和田哲男「戦国家法研究への提言—「伊勢宗瑞十七箇条」の確定をめぐって—」(同『後北条氏研究』吉川弘文館、一九八三年)など。
(68)池注(11)論文。
(69)佐藤進一・池内義資・百瀬今朝雄編『中世法制史料集　第三巻武家家法I』(注(14))。
(70)同右。

第三章　戦国大名の「法度」と分国法

——中国の法典と比較して——

はじめに

戦国大名の分国法は、領国の支配・統治のために作られた法であり[1]、領国民を規制対象とする「領主の法」[2]で、戦国大名の公権力（独立の国家権力）の成立を示すものとされてきた[3]。しかし、笠松宏至氏[4]は、中世の法の効力は近現代ほど絶対的・継続的ではなかったとしており、従来は分国法の効力に対して過大に評価する傾向があったと思われる。また、分国法の意義・役割については、大名の権力意志の発動としての法（勝俣鎮夫氏[5]）のほかに、家臣たちの共通利益の保護者としての大名の側面（河合正治氏[6]）、在地領主層の共通課題の解決（藤木久志氏[7]）、という評価も存在する。

筆者は、これまで大名の法とされてきた戦国期の史料にみえる「国法」が、実は在地社会の慣習・決まりごとであったことを指摘した[8]。戦国大名の支配のための法とされてきた「国法」の解釈を修正する以上、分国法の位置付けについても再検討する必要がある。

また分国法では、後述するように、自らの法のことを「法度」と称している場合が多い。その後「法度」は江戸幕府が「武家諸法度」等の法令名に用いている。この「法度」は元来中国から来た言葉であり、中国では古代から現代に至るまで法律を意味する言葉として用いている。この日本と中国の「法度」の相違点についても追究する必要がある。

本章では、分国法の制定の目的を明らかにして法典としての位置付けを再考するために、まず日本と中国のそれぞれの「法度」について考察し、分国法と同時代の明が編纂した法典（「明律」「明令」「大誥」「問刑条例」）のあり方と分国法を比較することによって、分国法の性質を浮き彫りにすることを試みたい。地方権力の法典を大国家の法典と比較することには、規模のレベルの違いなど問題点も存在するが、政治的な支配の性質を考える上では参考になり有意義である。そして、戦国大名の分国法制定の理由を分国法の記述自体から読み取って明らかにする。また、伊達稙宗制定の『塵芥集』と武田晴信（信玄）制定の『甲州法度之次第』のそれぞれの独自性を考察し、それらと制定の理由との関係についても考える。

一　分国法と中国の「法度」

分国法は文書の形で公布した成文法である。これに対し長年慣例として行なわれてきて成文法と同じ効力を持つ慣習法は、中世では「法」「大法」「先規」「先例」「傍例」「法例」等の言葉で表現されている。[9]また、従来、戦国大名が制定した法と捉えられてきた「国法」について、[10]拙稿で在地社会である「くに」の「法」[11]（慣習・決まりごと）であると解釈し、「国法」は在地社会の慣習・決まりごとであることを指摘した。[12]つまり、「国法」も慣習法に含まれることになる。それでは分国法は自らの法典・法令のことを何と自称していたのか、各分国法から自称を抽出して表９に

表9　戦国大名の分国法と自称

分国法	成立年(西暦)	制定者	領国	条数	分国法の自称
大内氏掟書	1439～1529	大内持世～義隆	周防	〔181〕	法度
相良氏法度	1493	相良為続	肥後	7	条々
	1518以前	相良長毎	肥後	13	
	1555	相良晴広	肥後	21	条々
今川仮名目録	1526	今川氏親	駿河	33	法度，条目
仮名目録追加	1553	今川義元	駿河	21	法度，条目，制法
塵芥集	1536	伊達稙宗	陸奥	171	法度，法令
甲州法度之次第	1547	武田晴信	甲斐	(26)55	法度
結城氏新法度	1556	結城政勝	下総	104	法度，掟
六角氏式目	1567	六角義賢・義治	近江	67	法度
新加制式	1558～1570頃	三好氏	阿波	22	
長宗我部氏掟書	1596	長宗我部元親・盛親	土佐	100	

注　条数には追加の法を含めていない.〔　〕は単発の法令。『甲州法度之次第』は26箇条本もある.

まとめた。分国法では多くの場合「法度」と自称しており、「国法」とは称していない。

今川義元制定の『仮名目録追加』(13)では、第一九条で次のように自称している。

一、諸事法度を定、申付と云共、各用捨あるゆへ、事をぬしになり申出者なきハ、各の私曲也。制法にをいてハ、親疎を不論、訴申事忠節也。自今以後、用捨をかへり見す申出に付てハ、可加扶助也。

これは、今川氏が制定した法令に関する事柄について遠慮なく訴えよ、と定めているもので、ここでは今川氏が制定した法のことを「法度」「制法」と呼んでいる。

また、『塵芥集』(14)の第八〇条には、「百しやうゆうしよ《由緒》のさいけ《在家》をしさり、たりやう《他領》にして、いてつくり《出作》いたす事、かつてもつてきんせ《禁制》ゐたるへし。此はつと《法度》をそむき、ゆうしよのさいけへかへら《帰》すハ、いますむところのちとう《地頭》、くたんの百しやうともにもつて、せいはい《成敗》をくわふへきなり」とあり、百姓が他領の土地を耕作することを禁止し、この「法度」に違反すれば百姓も百姓居住地の地頭も処罰するとしており、

『塵芥集』で定めた法令を「法度」と称している。

六角氏の『六角氏式目』[15]は、家臣二〇人が合議して作成した法案を六角承禎（義賢）・義治父子が承認する形で制定されているが、承禎・義治父子の起請文前書に「国中法度今度定置旨、永不可有相違」とあり、また家臣二〇人の起請文前書には「御政道法度之事、得御掟、愚暗旨趣書立」とある。ここでも『六角氏式目』のことを「法度」と呼んでいる。

「法度」は、後述するように元来は中国の言葉である。日本における「法度」の用例は、平安時代にはすでにみられるものの、その数はあまり多くはない[16]。鎌倉時代においても、北条泰時は編纂した『御成敗式目』についての書状のなかで「式条」「式目」と書いており（北条泰時消息）[17]、「法度」とは称していない。

「法度」の用例は室町時代に増加する。室町時代では寺院・神社中の法令に「法度」が多くみられる[18]。さらに戦国時代には、大名が単発で公布した法令にも「法度」がみられるようになる。戦国期の大名が公布した「法度」の早い例は、永正十六年（一五一九）四月二十一日赤松義村光明寺法度写[19]（「五峯山光明寺古証文写」）である。発給者の赤松義村は播磨国守護で、冒頭に「播州賀東郡光明寺法度条々」とあり、光明寺における禁止事項を五ヵ条掲げ、文末に「仍法度如件」とある。また、東国の場合として戦国大名北条氏の例を挙げると、天文二十三年（一五五四）七月十二日北条氏船方法度写[20]（「武州文書三府内下本芝弐丁目内田源五郎蔵」）の冒頭に「船方中ニ置法度」とあり、武蔵国柴金曾木の船持ちに対して四ヵ条を定めている。

なお、『中世法制史料集』第四・五巻（武家家法Ⅱ・Ⅲ）[21]に収集されている戦国期の大名たちの法令では、「法度」のほかに文書の冒頭部分に書かれている文書名として「定」「禁制」「掟」「制札」「条々」「条目」などがあり、これらが戦国期の大名が公布した法令を表わす言葉であった。

中国において「法度」は、古くは『荀子』性悪篇(22)にみえ、性悪説を唱える荀子は「起礼義、制法度、以矯飾人之情性而正之」（意味は、礼儀を起こし法度を定めて、人の本性を矯正・修飾して正す）としている。『荀子』は紀元前三世紀後半に成立した書で、少なくとも中国の戦国時代には「法度」は法律を意味していた。中国では法律を意味した言葉として「法」「法令」「法制」「法則」「法度」等があることが指摘されている(23)。

明では、『明太祖実録』巻一一六の洪武十年（一三七七）十一月是月(24)に「夫法度者朝廷所以治天下也（それ法度は朝廷の天下を治むるゆえんなり）」とあり、「法度」すなわち法律は洪武帝（朱元璋）の朝廷が天下を支配する方法であるとしている。洪武帝は法律を重視し、民衆の武装蜂起や官吏の汚職に対して厳罰を定めた(25)。

「法度」は明の一般民衆の間でも法律を意味する言葉として使われており、明代の白話小説『水滸伝』にも「法度」がみえる。『水滸伝』は、宋の時代に実際に山東に存在した宋江が率いる盗賊団の話が元であり、民間で語られてきた講釈や芝居が明代に口語文体で小説としてまとめられたもので、内容は明の社会を反映しているとされている(26)。百回本『水滸伝』(27)の第七五回では、朝廷の蔡京太師が陳宗善に「到那里不要失了朝廷綱紀乱了国家法度」（現代語訳は、あそこ〔梁山泊〕に着いたら朝廷の綱紀を誤ったり国家の法度を乱したりしてはいけない）と述べ、元盗賊団（梁山泊）を朝廷が招安（罪を許すこと）するために派遣する陳宗善に、梁山泊では国家の法律を破らないようにと念を押している。国家の法律は守るべきものであった。

このように、中国では「法度」は法律を意味し、明の国家は法律によって人民を支配する体制にあった。日本では中世後期に「法度」の用例が増加して分国法の自称として用いられるに至ったのは、おそらく明の影響と思われるが、このことについてはまた別の機会に考えてみたい。

二　明の法典と分国法の比較

分国法は、中国で法律を意味する言葉として用いられていた「法度」を自称したが、その内容・性質はどうであったのか、分国法の内容を中国の明の法典と比較することによって明らかにしてみたい。中国では、三世紀の魏と晋における律・令の法典編纂以来、王朝ごとに国家の法典が編纂された。明の法典としては、律・令の「明律」「明令」と、「大誥」「問刑条例」がある。[28]

律・令は、太祖洪武帝（朱元璋）が呉王のときの呉元年（一三六七）に編纂され、翌年の洪武元年（一三六八）正月に頒行された。律・令は、周知のように、律は刑法で、令は行政法が中心である。「明律」はその後、同七年、同二十二年にも編纂・頒行され、同三十年に改訂されて完成した。この洪武三十年の「明律」は七編に分けられ四六〇条ある。最初の同元年の律二八五条より条数が増加しているが、「唐律」の一二編・五〇〇条（実数五〇二条）には及んでいない。[29]一方、「明令」は、洪武元年の令が六編で一四五条あり、その後改訂されなかった。開元二十五年（七三七）の「唐令」が一五四六条あったことに比べれば、その一〇分の一にも満たない少なさである。[30]

「大誥」は、明の官民の過犯の事例を集めて撰定したもので、人民に犯罪と刑罰に対する認識を普及させて犯罪者を減らすことが目的で作られた。洪武帝は、洪武十八年に「御製大誥」（七四条）、同十九年三月に「大誥続編」（八七条）、同年十二月に「大誥三編」（四三条）、同二十年に「大誥武臣」（三二条）を撰定して頒行させた。そして、同三十年には「明律」（「大明律」）に「大明律誥」（三六条）を付けて頒行した。これらの「大誥」は、『明史』刑法志巻九十三によれば、学校や里の塾師に頒布して教えさせた。全国で「大誥」を講読して来朝した師・生徒は一九万余人に[31]

表10　分国法の処罰規定の条

分国法	総条数	処罰明記の条（□内は量刑が記されている条）	処罰明記の条数（割合）
今川仮名目録	33	[1]・[2]・[7]・[8]・9・[10]・11・13・[20]・22・24・25	12(36%)
仮名目録追加	21	1・[4]・5・[6]・[8]	5(24%)
塵芥集	171	4・5・6・[16]・[18]・21・25・27・[32]・33・34・35・39・[40]・41・45・46・[47]・48・[52]・53・[55]・57・58・59・62・63・[65]・[66]・[67]・[69]・[70]・71・72・73・74・[75]・76・[77]・79・80・81・82・83・87・89・91・[113]・114・116・117・125・129・130・[134]・[137]・[144]・[146]・[150]・152・[154]・155・[156]・[159]・160・[162]・[163]・[165]・167・[171]	70(41%)
甲州法度之次第	55	6・[9]・13・17・[18]・22・26・39・41・45	10(18%)
六角氏式目	67	[4]・12・13・[22]・24・29・30・31・32・40・[41]・42・[44]・46・[49]・53・57	17(25%)
新加制式	22	[1]・[2]・[3]・[6]・[7]・8・[9]・10・[11]・[20]・[22]	11(50%)
長宗我部氏掟書	100	3・[10]・[17]・18・23・25・[26]・27・[28]・[29]・[30]・31・[32]・[33]・[37]・[52]・[53]・54・60・62・63・[66]・[71]・[72]・[74]・[77]・[78]・79・80・83・84・87・[88]・[92]・94・95・[98]	37(37%)

のぼったという。

　その後、「明律」に法令がない場合や、「明律」の法令が不適当なケースの判決の事例が集積されていき、これらの先例を集めて編纂したものが「問刑条例」である。「問刑条例」は弘治十三年（一五〇〇）に撰定され、その後、嘉靖二十九年（一五五〇）、万暦十三年（一五八五）に改訂され、明の裁判で「明律」を補充・修正する法典として用いられた。

　これらの明の法典「明律」「明令」「大誥」「問刑条例」[32]は、その内容の多くが刑法である。明の洪武帝は法律によって天下を支配するとしたが、その法律は刑法が主であった。中国では古代から刑法が発達し、刑罰を中軸とした権力的な統治の体系が構成されてきたことが指摘されている[33]。盗賊たちが主人公の『水滸伝』にも、東平府などの府で彼らに対し背杖などの刑罰が厳しく執行され（役人に賄賂を渡して緩和されることもあったが）、地方の監獄に送られる、という場面が時々出てくる。

　これら中国の刑法による支配は、アジアにおける君主の法による権力的な支配性を論じるときに、刑法のあり方が一つの指標となることを示しているのではないだろうか。つまり、法典中の刑法の数、刑罰の軽重が、法典を制定した君主の権力的な支配性を測る一つの基準になると考えられる。

そこで、分国法の制定者である戦国大名の法による支配性を明らかにする試みの一つとして、分国法の刑法のあり方に着目してみた。表10は、検討が可能な七つの分国法を取り上げ[34]、各法典中で処罰することが記されている条（具体的な刑罰を記している条は□で囲って示す）、処罰することを記した条の数・割合を一覧表化したものである。なお、咎人に関する内容であっても処罰することを明記していなければ含めなかった[35]。

この表10によれば、分国法中で処罰を明記した法令（刑法）は全体的に少なく、どの分国法においてもその占める割合は半分以下である。また、これらの分国法の法令では、処罰することが記されているといっても、明の法典が具体的に笞・杖・徒・流・死の刑罰で量刑している（例えば「杖一百」）ことに比べ、具体的な刑罰を示している条文は少ない。分国法にみえる具体的な刑罰としては、過銭、所領・財産没収、追放、流罪、死罪がある。しかし、多くの処罰規定は、「罪過に処す」「成敗をなす」「成敗を加う」「成敗を行なう」等の文言で表現されており、具体的な刑罰を規定していない。日本の分国法は、刑法の占める割合が少なく、その上刑法では刑罰の内容を具体的に定めていないものが多い。分国法は、明の法典に比べれば、刑法・刑罰による支配は積極的には行なわれていなかったことがいえる。分国法が大名の支配のために作られた法典とする評価は、刑法のあり方からみる限り妥当であるとは思えない。

三　分国法制定の理由

分国法が支配のために制定されたのではないとすれば、一体何のために制定されたのであろうか。分国法制定の理由については、『今川仮名目録』と『結城氏新法度』に明記されている。

『今川仮名目録』[36]の末尾では、この法典を制定した理由について次のように記している。

右条々、連々思当るにしたかひて、分国のため、ひそかにしるしをく所也。当時人々こさかしくなり、はからさる儀共相論之間、此条目をかまへ、兼てよりおとしつくる物也。しかれハひひきのそしり有へからさる歟。如此之儀出来之時も、箱の中を取出、見合裁許あるへし。此外天下の法度、又私にも自先規の制止は、不及載之也。

これによれば、この法典は人々の訴訟に対処するために作成したもので、裁判の判決の基準とし、依怙贔屓をした裁判であると言われないためとしている。今川氏親が分国法を制定した理由は、一定の法令に基づいた公平な裁判を行なうためであった。

さらに、結城政勝が制定した『結城氏新法度』[37]の冒頭部分にも、これと同様のことが書かれている。

（前略）縁者・親類のさた《沙汰》の時、鷺をからす《烏》ニ言たて、縁者・親類又しなん《指南》其外ニたのもしかられへきかくこにて候哉。とても死得間敷ニ、目つくり、刀つきにて、無理を言たて、おほからぬはうはい《朋輩》間にて、にあハぬさんとうの刷、わけ候モなつきお□候。然間私法度をあけ候。各可被心得候。（後略）

政勝は親類・縁者の裁判で、鷺を烏だと言い張るような彼らに無理を言われ脅かされて困ったのでこの法度を作ったとしている。『結城氏新法度』も、親類・縁者だからといって依怙贔屓をしない公正な裁判を行なうことを制定の目的としていたことがわかる。

また、『塵芥集』では、末尾に付けられた伊達家重臣一二人の起請文で「評定之理非決断事」として『御成敗式目』の起請文を引用し、裁判の時は公正・率直に意見を述べるべきで、評定衆が訴訟人・縁者に加担をする行為を否定している。そして、『御成敗式目』の起請文にはない内容の文を加え、伊達家への直奏のときに評定衆が片方を贔屓することは法令を破ることであり、また、非分の人と理運の人を正しく見極めて判断しなければ正義を曲げることになるとしている。この『塵芥集』独自の部分は、おそらくこれまでの伊達家の裁判で実際にみられた不正行為について具体的に述べたものであり、評定衆たちは今後このような不正な裁判を行なわないことを起請文の形で誓っている(38)。

六角氏の場合では、逆に家臣たちから公正さを要求されている。『六角氏式目』の制定には二つの事件が背景にあるとされており、一つは六角義治が家臣後藤氏を殺害したことにより家臣たちが北の浅井長政と手を結んで六角氏の観音寺城を攻めた観音寺騒動で、もう一つは家臣進藤賢盛が六角承禎に直訴して後藤氏が進藤氏から借銭をしたときの担保安国寺を質流れにさせることを承禎に承認させた安国寺質流れの相論である(39)。これらの事件によって家臣たちは六角氏の独断・独裁に危機感を抱き、さらにはこの六角氏領国の不安定さが浅井氏の侵攻を招く事態に発展するため、法の制定によって領国内を安定させる必要があった。特に、六角氏の独裁の阻止は重要な課題であった。

『六角氏式目』(40)第三七条には、

一、不被遂御糺明、一方向不可被成御判幷奉書事。

とあり、六角氏が裁判の審理を行なわないで一方的に判物や奉書を付与することを禁じている。また、第三八条では、

一、御代々於御判・奉書等之証文者、不可被棄破之、幷江雲寺殿御成敗不可被改之。但為非拠儀、不可被引用後例事。

として、代々の六角氏から付与された判物・奉書を反古にすることや、六角定頼（江雲寺殿。承禎の父）の判決を改めたりすることを禁じている。これも六角承禎・義治による勝手な改変を防ぐための法である。六角承禎・義治も、起請文前書のなかで「御沙汰可為憲法上者、於及訴論子細者、或就親近之浅深令贔屓、或依奏者之好悪致偏頗儀、不

可在之、任道理之旨、対万民如順路可加成敗事」と誓っており、裁判は公正（「憲法」）であるべきで、贔屓・偏頗をせずに道理に従って判決を出すとしている。

『六角氏式目』は、二つの事件にみられた六角氏の独裁に対する批判・反省から、公正な裁判を行なって家臣たちの権益を守るために作成されたといえる。

分国法制定の目的は、依怙贔屓や恣意的な判断による不正な判決を防止して公正な裁判を行なうことにあったことが指摘できる。分国法は公正な判決の拠り所となる法律として制定されたのである。

四　分国法の独自性

各分国法の内容にはそれぞれに独自性があり、分国法制定の理由と関係すると思われる。ここでは伊達稙宗制定の『塵芥集』と武田晴信（信玄）制定の『甲州法度之次第』を取り上げ、その独自性について考察する。

1『塵芥集』

『塵芥集』は、文字がほとんど仮名で書かれており、ほかの分国法が漢文を用いていることと照らし合わせると（表11）、独自の特色をなしている。おそらく漢字が読めないレベルの人々（下級武士・庶民等）にも広く読ませるために仮名字で書かれたのであろう。なお、『今川仮名目録』は法典名に「仮名」と記されているが、その文体は、前節で引用して示したように、仮名文字と漢文が入り混じった形である。『日葡辞書』(41)には、「仮名に言う」の意味として、皆の人がわかるようにやさしく話すとあり、『今川仮名目録』の「仮名」も、人々にわかりやすく書いたという意味である可能性が高い。

『塵芥集』の一七一ヵ条の内容は、ほかの分国法が条数が少なく内容に偏りがあるのに比べ、刑事・民事等幅広く多岐に渡っており、総合的な法典といえる。なかでも刑法が多いこと（七〇ヵ条）について、小林宏氏は伊達氏の刑事裁判・刑罰権の一元的掌握への志向を指摘している(42)。

　刑法では、ほかの分国法とは異なった判断を下している条文がいくつもある。具体例を挙げると、喧嘩に対する処罰規定としては『今川仮名目録』第八条の喧嘩両成敗が有名であるが、この今川氏親が大永六年（一五二六）に発布した法典より一〇年後に作られた『塵芥集』(43)第三八条には、

表11　分国法の文字・文体

分国法	制定者	使用の文字・文体
相良氏法度	相良為続 相良長毎 相良晴広	仮名・漢文の混合 仮名・漢文の混合 仮名・漢文の混合
今川仮名目録	今川氏親	仮名・漢文の混合
仮名目録追加	今川義元	仮名・漢文の混合
塵芥集	伊達稙宗	仮名
甲州法度之次第	武田晴信	漢文
結城氏新法度	結城政勝	仮名・漢文の混合
六角氏式目	六角義賢・義治	漢文
新加制式	三好氏	漢文
長宗我部氏掟書	長宗我部元親・盛親	漢文

一、けんくわ《喧嘩》・こうろん《口論》により人をきる事ハ、ておい《手負》おほき《多》かたのりうん《理運》たるへし。たゝしておい・しにん《死人》おほくとも、かゝり候ハヽ、かゝりてのをつと《越度》たるへき也。

とある。つまり、喧嘩・口論では負傷の多い方に道理があるが、先に仕掛けた場合はその者の方が悪いとしており、両成敗ではない。また、その処罰については具体的には規定しておらず、単に「理運」あるいは「越度」（落度）と記しているだけである。これらは『今川仮名目録』との関係が見出せない内容である。

　また、第二七条は、勝手に別の主人に仕えた被官人に関する条文である。

一、人のひくわん《被官》、本しうにん《主人》をすて、あらためしうをとる

事あらは、いまめしつかふしうにんのかたへ申と丶け候うへ、なをよくりう《抑留》いたし、本しうにんへかへさす候ハ、、一ひつ《筆》をとり、見あひにこれをうつへし。もし又ふミの返事にもをよはすハ、しさい《子細》をひろうすへし、其是非により、くたんのひくハん、ならひにきよよう《許容》いたし候やから、ともにもつてせいはい《成敗》をくわふへきなり。

本主人を捨てて別の主人に仕えた被官人については、現在の主人に申し届けてもその被官人を返さない場合は、一文を書かせて、その被官人を見つけ次第に討て、とある。また、現在の主人が返書もよこさなければ伊達氏に訴えよ、裁判によって被官人と現在の主人を処罰する、ともしている。

主人を勝手に変えた被官人については、『甲州法度之次第』（五五箇条本）[44]第一五条では、別の主人に仕えた譜代の被官人は、現在の主人に断ってから受け取れ、もし現在の主人が承知の上で逃げた場合は代わりの一人を弁償させよ、としている。逃げた百姓あるいは被官人を現在の主人に断ってから連れ戻せとする法令（人返令）は、武田氏・北条氏の発給文書に多く見られ、広範囲の地域社会での慣習法でもあった[45]。これに対し、『塵芥集』第二七条では、現主人が返さない場合には、見つけ次第被官人を討つこと、さらには伊達氏に訴えることも定めており、慣習法とは異なった厳しい処分内容になっている。

このほかにも、刑事事件の証人かつ容疑者でもある「生口」についての規定があり（第四一・五〇・五一条）、この「生口」の規定はほかの分国法にはみられない『塵芥集』独自の刑事訴訟法である。

また、家族法についても『塵芥集』には独自性がみられる。女子への所領譲与については、中世後期に一期知行が慣習法となり[46]、戦国期においても、石山本願寺証如の『天文日記』[47]天文六年（一五三七）四月二十八日条に「町野祖父女子為譲扶助候処ニ、（中略）女子死去候者、即町野へ返付大法候間」とあり、女子の死後は実家の町野家に所領を返すこと（一期知行）が「大法」、すなわち慣習法であるとしている。しかし、『塵芥集』第一〇四条では、女子への所領譲与について、「によし《女子》ゆつりのしよたい《所帯》の事、そのおやのかきわけまかせたるへきなり」として、親の譲状に任せるとしている。『六角氏式目』の場合は第四八条で、「粧田」（女子に譲る所領）については、「約諸の文書」（譲状）に任せるとしながらも、文書がなければ一期の後に生家に返せとしており、慣習法である一期知行も条文に取り入れている。慣習法である女子の一期知行を取り入れずに親の譲状に任せるとした『塵芥集』第一〇四条は、親権が強いといえる。

勝俣鎮夫・藤木久志両氏(48)は、在地社会の法・慣習を戦国大名が吸収して法令化したことを指摘している。『塵芥集』の場合、ほかの分国法とは異なって慣習法の影響が少ない傾向にあり、制定者伊達氏の意向を強く反映させた法典と考えられる。仮名文字で書かれているのも、伊達氏独特の法を領国民に広く知らしめる目的があったためではないだろうか。

2 『甲州法度之次第』

『甲州法度之次第』は、一三ヵ条が『今川仮名目録』を継受して作られたとされている(49)。しかし、勝俣鎮夫氏(50)は、武田家の支配体制に適合するように修正が加えられているものも多いことを指摘している。この一三ヵ条の内容を詳細に検討してみると、すべての条文で『今川仮名目録』の内容を改変している。この一三ヵ条について、両法典の相違点を表12に示す。

『今川仮名目録』第一条は地頭が名田を正当な理由なしに没収することを禁止したもので、条文の後半部分では、もし名田の年貢を増やして納めるという百姓がほかにいれば、本来の百姓にそれと同じ増分を納めるかどうかを尋ね、

表12　『今川仮名目録』と『甲州法度之次第』（55箇条本）の相違点

事　項	『今川仮名目録』〔条〕	『甲州法度之次第』〔条〕
名田を取り放つ事	〔1〕本百姓に尋ねた上で年貢増の人に付ける	〔7〕
山野の相論	〔2〕新儀の人に道理なければ所領三分の一没収	〔8〕
知行分（恩地）の売却	〔13〕勝手に行なった人は罪科	〔12〕
河流れの木	〔27〕	〔21〕橋はもとの所へ返す
召し仕う者（奴婢雑人）の逃亡	〔6〕二〇余年以後は取り戻せない	〔15〕一〇年以後は取り戻せない
出仕の座席	〔32〕勧進猿楽・田楽・曲舞の時	〔23〕
喧嘩両成敗	〔8〕合力した者の負傷・死亡は取り扱わない	〔17〕合力した者は成敗
被官人の喧嘩・盗賊	〔10〕逃亡させた主人の所領一ヵ所を没収	〔18〕逃亡させた主人の所領三分の一を没収
童部の諍いに親が鬱憤を致す	〔11〕父子ともに成敗	〔25〕父に対し世間として誡め
童部が誤って友を殺害	〔12〕一五歳以後は罪か	〔26〕一三歳以後は罪
相論途中の狼藉	〔4〕敗訴。しかし三年後に裁判を再開	〔24〕敗訴。論所を敵人に付ける
他国人	〔30〕婚姻を禁止	〔4〕婚姻・所領・被官を禁止
宗論	〔28〕諸宗を禁止	〔22〕浄土宗と日蓮宗を禁止

そのつもりがなければ増分を納める方の百姓に名田を与えよ、としており、利益を優先している。しかし、『甲州法度之次第』（五五箇条本）第七条にはこの後半部分がない。義理よりも利益を優先する『今川仮名目録』の姿勢は、武田晴信の政治理念に合わなかったと思われる。儒学の『論語』では利益優先を批判しており[51]、儒学の影響を強く受けていた晴信[52]は、利益よりも義理を重んじたと考えられる。

喧嘩両成敗の法の場合、両者の大きな違いは、喧嘩に合力した者について、『今川仮名目録』第八条では合力した者が負傷・死亡しても（訴訟として）取り扱わないとしているが、『甲州法度之次第』第一七条では合力した者も成敗するとしている。これは、蔵持重裕氏[53]が喧嘩両成敗法のねらいとして合力による紛争の拡大を規制・抑制・禁止することがあったと指摘しているように、『甲州法度之次第』では喧嘩への合力が紛争を拡大させることを恐れたため処罰を明記したと考えられる。また、喧嘩をしかけられても我慢をした者については、『今川仮名目録』は理運があるとしているだけであるが、『甲州法度之次第』では無罪としており、合力者への処罰と同様に刑罰の有無を明確に規定している。

このほか、『甲州法度之次第』の特徴的な法として、棟別銭に関する法がある。(54) 棟別銭関係の法は六ヵ条あり、賦課関係の法八ヵ条の四分の三を占めている。これは、甲斐国は山が多く田畠が少ないため、家屋に課す棟別銭が重要な税となり、棟別銭の徴収に関するトラブルが多発して規定が必要になったためと考えられる。『甲州法度之次第』は、『今川仮名目録』を参考にして作成されてはいるが、その内容は武田晴信の政治姿勢や領国特有の事情を反映させた独自の法典になっている。

おわりに

戦国大名の分国法では、多くが自らの法令を「法度」と自称している。「法度」は中国では古代から法律を意味する言葉であり、日本の戦国時代と同時代の明においても同様であった。明の皇帝は「法度」を支配の手段とし、刑法を中心とした法典を制定・頒行して刑罰による人民支配を行なった。これに対し、日本の分国法では刑法が少なく、刑罰の内容もそれほど具体的には明記されておらず、分国法の刑法による権力的な支配性は希薄であった。明の法典と日本の分国法は、同じ「法度」を称しながらもその性質は大きく異なっていた。戦国大名は、領国において法による権力的な支配を確立するための手段として分国法を制定したのではなかったといえる。

いくつかの分国法には、贔屓や恣意的な判断による不正な裁決を防ぐために制定したことが明記されている。また、分国法は、制定した大名の政治姿勢やその領国特有の事情によりそれぞれに独自の内容を有している。戦国大名は、領国内で発生した問題・紛争に対する裁判の判決の基準にするために、その大名の思想・政策や領国特有の事情に適合した分国法を制定したのであり、権力的な支配を行なうためではない。戦国大名の分国法制定の目的は、領国内の問題や紛争を公正で適正な方法で解決することであり、公正な裁判を行なうことが最大の目的であった。

注

（1）勝俣鎮夫「戦国法」（同『戦国法成立史論』東京大学出版会、一九七九年）、藤木久志「戦国法の形成過程」（同『戦国社会史論―日本中世国家の解体―』東京大学出版会、一九七四年）、浅古弘・伊藤孝夫・植田信廣・神保文夫編『日本法制史』（青林書院、二〇一〇年）第三編第二章「戦国大名の法」、河野恵一「「分国法」の比較研究」（『歴史読本』二〇一〇年一一月号）等。

（2）佐藤進一・池内義資・百瀬今朝雄編『中世法制史料集　第三巻武家家法Ⅰ』（岩波書店、一九六五年）「解題」。なお、水林彪・大津透・新田一郎・大藤修編『新体系日本史2　法社会史』（山川出版社、二〇〇一年）Ⅱ中世五章「中世から近世へ」（新田一郎）では、領国内の人々は法の直接の受け取り手ではなく、統治作用の客体となることによって間接的に分国法を体験したことを指摘している。

（3）『中世政治社会思想　上』（日本思想大系）（岩波書店、一九七二年）「解説」（石母田正）。

（4）笠松宏至「中世法の特質」（同『日本中世法史論』東京大学出版会、一九七九年）。

（5）勝俣注（1）論文。

（6）河合正治「戦国武士の教養と宗教」（同『中世武家社会の研究』吉川弘文館、一九七三年）。

（7）藤木注（1）論文。

（8）拙稿「戦国大名と「国法」―武田・北条氏領国の場合―」（『武田氏研究』三六号、二〇〇七年、本書第Ⅲ部第二章）、同「武田信玄領国の法体系」（柴辻俊六編『新編武田信玄のすべて』新人物往来社、二〇〇八年）。

（9）中田薫「大法」（同『法制史論集　第三巻下』岩波書店、一九四三年、第四刷一九九四年）。

(10) 拙稿注(8)論文。

(11) 池享「戦国期の「国」について」（同『戦国期の地域社会と権力』吉川弘文館、二〇一〇年）で、元来「くに」は生活空間の「国」であったとしている。なお戦国大名は、分国法や古文書では自国のことを「分国」と称している場合が多い。

(12) 『日本国語大辞典　第二版　第十一巻』（小学館、二〇〇一年）で、「法」の意味の一つとして中世における生活規範を挙げている。

(13) 佐藤進一・池内義資・百瀬今朝雄編『中世法制史料集　第三巻武家家法Ⅰ』（注(2)）。『中世政治社会思想　上』（注(3)）も参照。

(14) 注(13)。

(15) 注(13)。

(16) 東京大学史料編纂所のデータベース「古記録フルテキストデータベース」「平安遺文フルテキストデータベース」「鎌倉遺文フルテキストデータベース」等で「法度」を検索して参照。

(17) 佐藤進一・池内義資編『中世法制史料集　第一巻鎌倉幕府法』（岩波書店、一九五五年）〔附録二〕。

(18) 東京大学史料編纂所のデータベース「日本古文書ユニオンカタログ」等参照。

(19) 佐藤進一・百瀬今朝雄編『中世法制史料集　第四巻武家家法Ⅱ』（岩波書店、一九九八年）第一部二七八号。

(20) 佐藤進一・百瀬今朝雄編『中世法制史料集　第四巻武家家法Ⅱ』（注(19)）第一部四三六号。

(21) 注(19)、佐藤進一・百瀬今朝雄編『中世法制史料集　第五巻武家家法Ⅲ』（岩波書店、二〇〇一年）。

(22) 藤井専英『新釈漢文大系第六巻　荀子　下』（明治書院、一九六九年）。

(23) 廣池千九郎「東洋法制史序論—東洋に於ける法律と云ふ語の意義の研究—」（同〔内田智雄校訂〕『東洋法制史研究』創文社、一九八三年）。

(24) 『明実録　附校勘記』（〔胡適題〕中央研究院歴史語言研究所校印、一九六六〜六八年）「明太祖実録」巻一一六、四頁。

(25) 張晋藩・張希坡・曽憲義編著『中国法制史　第一巻』（中国人民大学出版社〔北京〕、一九八一年）第八章「明朝専制主義政治法律制度的高度発展」、栗勁・孔慶明・趙国斌・劉富起編著『中国法律思想史』（黒竜江人民出版社〔哈爾浜〕、一九八三年）第八章第一節「朱元璋」参照。

(26)『水滸伝』については、何心『水滸研究』（古典文学出版社〔上海〕、一九五七年）、高島俊男『水滸伝の世界』（ちくま文庫、筑摩書房、二〇〇一年）、稲田篤信編『（アジア遊学131）水滸伝の衝撃―東アジアにおける言語接触と文化受容』（勉誠出版、二〇一〇年）等参照。拙稿「中国の星座と国家・民衆―『宋史』天文志と白話小説『水滸伝』―」（『日本社会史研究』一〇〇号、二〇一二年）では『水滸伝』にみえる星について考察した。

(27)《古本小説集成》編委会編『李卓吾批評忠義水滸伝』（上海古籍出版社、一九九〇年）を使用し、『完訳水滸伝』㈠〜㈩（岩波文庫）（吉川幸次郎・清水茂訳、岩波書店、二〇〇九〜一〇年）を参照。

(28) 小口彦太・本間正道・田中信行・國谷知史『中国法入門』（三省堂、一九九一年）第一部第一章「伝統中国の法」、佐藤邦憲「明律・明令と大誥および問刑条例」（滋賀秀三編『中国法制史―基本資料の研究』東京大学出版会、一九九三年）、楊一凡「洪武《大明律》考」、同「《大誥》考」、趙姍黎「《問刑条例》考」（以上三編は、楊一凡主編『中国法制史考証　甲編第六巻　歴代法制考・明代法制考』中国社会科学出版社〔北京〕、二〇〇三年）参照。

(29) 八重津洋平「故唐律疏議」（滋賀秀三編『中国法制史―基本資料の研究』注(28)）。

(30) 池田温「唐令」（滋賀秀三編『中国法制史―基本資料の研究』注(28)）。

(31) 野口鐵郎編訳『訳註　明史刑法志』（風響社、二〇〇一年）三六頁。

(32)『皇明制書』上・下（古典研究会、一九六六〜六七年）に「大明律」「大明令」、四種の大誥、「問刑条例」等を所載。

(33) 仁井田陞『中国法制史　増訂版』（岩波全書、岩波書店、増訂第三刷一九六五年）五二・七四頁、福島正夫『中国の法と政治―中国法の歴史・現状と理論』（日本評論社、一九六六年）四頁。

(34)『大内氏掟書』は単発の法令を集めたものであり、『相良氏法度』は条数が少なすぎ、『結城氏新法度』は条文に欠損部分があるため取り上げなかった。

(35)『六角氏式目』第六一条等。

(36) 注(13)。

(37) 注(13)。

(38) 起請文の『塵芥集』独自の部分について、小林宏『伊達家塵芥集の研究』（創文社、一九七〇年）第三編「塵芥集の構造的特質」一〇四頁では、伊達稙宗の強力なリーダーシップの下に自ら式目に代るべき新法典を意欲的に制定するという体裁をとっているとしている。一方、『仙台市史　通史編二古代中世』（仙台市、二〇〇〇年）三八一頁では、『塵芥集』が地頭層でもある家臣一二人の要求をふまえて制定されたという見方をしている。

(39) 木村靖「六角氏式目制定の目的と背景」（『鷹陵史学』一号、一九七五年）、『新修大津市史　三近世前期』（大津市役所、一九八〇年）第一章第一節「六角氏の領国支配」、今岡典和「六角氏式目の歴史的位置」（有光友学編『戦国期権力と地域社会』吉川弘文館、一九八六年）参照。

(40) 注(13)。

(41) 土井忠生・森田武・長南実編訳『邦訳　日葡辞書』（岩波書店、一九八〇年）。

(42) 小林宏『伊達家塵芥集の研究』（注(38)）第三編第三章「その刑事規定」。

(43) 注(13)。

(44) 佐藤進一・池内義資・百瀬今朝雄編『中世法制史料集　第三巻武家家法Ⅰ』（注(2)）。

(45) 拙稿「戦国大名と「国法」―武田・北条氏領国の場合―」（注(8)）で論述。

(46) 拙稿「中世後期における相続と家族法」（『日本歴史』六九七号、二〇〇六年、本書第Ⅱ部第一章）。一期知行とは、所領を生きている間だけ領有して死後は実家に返すことである。なお中世では財産は各個人で所有し、夫婦別財の傾向にあった（拙著『中世の武家と公家の「家」』吉川弘文館、二〇〇七年）。

(47) 『石山本願寺日記　上巻』（清文堂出版、復刻版一九六六年）。

(48) 勝俣注(1)論文、藤木久志「大名領国制論」（同『戦国大名の権力構造』吉川弘文館、一九八七年）。

(49) 木島誠三「塵芥集に就て」（『歴史と地理』二七―六号、一九三一年）、佐藤進一・池内義資・百瀬今朝雄編『中世法制史料集　第三巻武家家法Ⅰ』（注(2)）「解題」。

(50) 勝俣鎮夫「戦国の家法と家訓」（同『中世社会の基層をさぐる』山川出版社、二〇一一年）。

(51) 『論語』里仁篇十二には「子曰、放於利而行、多怨」（子曰わく、利によりて行なえば、怨み多し）、同篇十六には「子曰、君子喩於義、小人喩於利」（子曰わく、君子は義に喩り、小人は利に喩る）とある（金谷治訳注『論語』岩波文庫、岩波書店、二〇〇二年）。

(52) 足利衍述『鎌倉室町時代之儒教』（日本古典全集刊行会、一九三二年、復刻版、有明書房、一九七〇年）第三編第一一章第二五節「武田氏」、拙著『占いと中世人—政治・学問・合戦』（講談社現代新書、講談社、二〇一一年）第五章1「武田信玄と占い」。

(53) 蔵持重裕「紛争の解決と階級関係」（同編『中世の紛争と地域社会』岩田書院、二〇〇九年）。

(54) 甲斐武田氏の棟別銭については、柴辻俊六『戦国大名領の研究—甲斐武田氏領の展開—』（名著出版、一九八一年）、同『戦国大名武田氏領の支配構造』（名著出版、一九九一年）、笹本正治『戦国大名武田氏の研究』（思文閣出版、一九九五年）、平山優『戦国大名領国の基礎構造』（校倉書房、一九九九年）、勝俣鎮夫「戦国の家法と家訓」（注(50)）、鈴木将典「武田氏領国の税制」（柴辻俊六編『新編武田信玄のすべて』注(8)）等多くの論考がある。

第四章　戦国武将と易占い

はじめに

古代の朝廷では中務省に陰陽寮を設けて占いや天体観測などを行ない、中世の朝廷と幕府も政治には陰陽道の占いを多く活用していた。しかし戦国時代においては、戦国武将の間で易筮による易占いが用いられるようになる。戦国時代に易筮の伝授で知られていたのが関東の下野国の足利学校であるが、イエズス会の宣教師フランシスコ・ザビエルは足利学校のことを、日本では最大にしてもっとも主要な大学、としている。(1) この足利学校の学問・教育については川瀬一馬『増補新訂　足利学校の研究』等の諸研究があり、(2) 足利学校の校長である庠主《しょうしゅ》や学徒についても諸論考がある。(3) 足利学校では『易経』の易学と易筮の教授が行なわれ、戦国武将たちが軍事に易占いを活用していたことから、足利学校の修学者が戦国武将らの軍師に任用されたとする考え方がある。(4)

しかし、足利学校で行なわれていた講義は、儒学や『史記』『文選』など中国漢文文化圏では正統的な学問に相当する内容で、『易経』は儒学の一部である。足利学校の教育の目的自体は易占いの軍師を養成することではなかった。(5) また、戦国武将らが足利学校の修学者に期待した内容は易占いだけではなく、また、武将らは軍事に限らず広い範囲で易占いを用いていた。

本章では、足利学校の学問における易学の位置付けを明確にした上で、戦国時代の武将たちが易占いを活用したことについて、武田信玄と島津氏の場合から具体的に考察する。中国においては、北宋の時代の『武経総要』や明《みん》代の『武備志』などの軍事書には天文占い・気象占い・六壬占等が見え[6]、易占いは軍事書には見当たらない。中国とは異なった活用がされていた戦国時代の日本において、易占いが果した役割とその意義について考えてみたい。また、武田信玄の軍師山本勘助が用いたとされる五音占いや雲気占いなど、戦国時代に軍事に使用されたほかの占いについても取り上げる。

一　足利学校と易学

1　上杉憲実の再興と講義内容

足利学校は現在の栃木県足利市にあり、今では学校跡の史跡として隣の鑁阿寺とともに観光名所になっている。足利学校の創設については、室町時代の軍記物『鎌倉大草紙』[7]によれば、小野篁が承和六年（八三九）に上野国司のときに建立した所に、同九年に陸奥守になって赴任するときに学所を建てたといい、その後上杉憲実が再興し、近年の開山は快元という禅僧であったという。小野篁は学者として有名な人物で、承和九年に陸奥守になったことは確かであるが[8]、おそらく室町時代の学校再興のときに、著名な学者の小野篁と関係させることで足利学校に由緒と権威を付与しようとしたのであろう。

足利学校を再興したという上杉憲実は、応永二十六年（一四一九）の九歳のときに伊豆・上野両国の守護になり関東管領に就任している。[9] 足利学校は、応永三十年八月上旬の学校省行堂日用憲章[10]で療養所の省行堂に関する五ヵ条の規則を定めているので、同三十年八月には足利学校が再興されていた。

憲実は文安三年（一四四六）六月晦日に足利学校に関わる三ヵ条[11]を定めた。この三ヵ条は足利学校の規則とされていることが多いが、実は足利学校内ではなく、足利学校を含む足利荘に対して出された規則であった。[12]

この三ヵ条のうち、第一条の大意は次のような内容である。

三註・四書・六経・列子・荘子・老子・史記・文選以外の講義を、学校において禁止したことは旧規で定めた。今後は脇の講義等も禁止する。ただし、五山・十刹等の大寺院の高僧が（足利荘に）在荘している場合は例外とする。禅録・詩註・文集等の学問については都・地方の大寺院にあり、また仏教の経文の教えは経論を研究する寺にある。（足利）荘内では儒学以外を禁止する。なお、前掲の書物以外について開講をした在所に対しては、学校から断固として禁止を要求せよ。それでも要求に応じない場合は鎌倉公方に訴えよ。

これによれば、足利学校がある足利荘内では儒学以外を禁止しており、同校は儒学を専門とした学校であった。この第一条に挙げられている三註以下の書物は、みな中国で学問に用いられた書物である。[13]

三註は『蒙求』『胡曾詩』『千字文』の三書の注釈書のことで、[14] 具体的には、後晋（五代）の李瀚の『蒙求注』、宋の胡元質の『胡曾詩註』、後梁（五代）の李暹の『千字文注』を指している。[15] このもとの三書は、『蒙求』が唐の李翰の撰で、古人の名とその人物の特質を四字句にしたものが五九二句ある教訓歌、『胡曾詩』が唐の胡曾の詠史詩、『千字文』が梁の周興嗣の撰で、すべて異なる漢字千字を使った四言古詩二五〇句から成る学習書である。

四書は『論語』『大学』『中庸』『孟子』である。『大学』と『中庸』は、元来はそれぞれ『礼記』のなかの一篇であったが、宋の朱子が独立させて『論語』『孟子』とともに註釈書の四書集注を著した。

六経は、五経の『周易』（易経）・『尚書』（書経）・『毛詩』（詩経）・『礼記』・『春秋左氏伝』に『孝経』を加えたものである。[16] 五経は前漢の時代に国家の学問となり、唐では国家事業として『五経正義』を編纂している。また、『孝経』には『古文孝経』と『今文孝経』があり、『今文孝経』のなかでも玄宗皇帝が注釈をした『御注孝経』は、日本では男子の読書始のテキストによく使われた。

『列子』『荘子』『老子』の三書は紀元前に無為自然を説いた道家の主要な書物で、『史記』は前漢の司馬遷著の歴史書、『文選』は梁の昭明太子蕭統の編纂した詩文集である。

これらの書物を学習のレベルで分けてみると、初等レベルの三註と『孝経』、中等レベルの四書、高等レベルの五経や『史記』『文選』等、と段階的にそろっており、足利学校では初等レベルから総体的に漢学の学問の講座を設けていたといえる。

2　庠主と易学・易筮

足利学校の校長は、中世では「能化」（指導者という意味）と呼ばれていたが、[17] 江戸時代に「庠主」と称するようになった。「庠」は中国古代の周で学校を意味していたので、[18] 足利学校はこの周の時代の「庠」を取り入れて庠主と称したと考えられる。近世初期までの第一世〜第九世の庠主は表13の通りである。[19] 学徒名は、足利学校における名前のことで、僧侶（禅僧）名・俗名とは別の名である。

これらの庠主のなかで活動が比較的によくわかる第九世庠主三要について取り上げよう。

三要は、足利学校では第七世庠主九華から教わり、抜群に出来たので庠主に代わって学徒たちに講義をしたという。[20]

三要は第八世宗銀が天正十五年（一五八七）に辞した後に庠主になった。

料金受取人払郵便

本郷局承認

7058

差出有効期間
2027年1月
31日まで

郵便はがき

113-8790

東京都文京区本郷7丁目2番8号

吉川弘文館 行

愛読者カード

本書をお買い上げいただきまして、まことにありがとうございました。このハガキを、小社へのご意見またはご注文にご利用下さい。

お買上 **書名**

＊本書に関するご感想、ご批判をお聞かせ下さい。

＊出版を希望するテーマ・執筆者名をお聞かせ下さい。

お買上書店名　　区市町　　書店

◆新刊情報はホームページで　https://www.yoshikawa-k.co.jp/

◆ご注文、ご意見については　E-mail:sales@yoshikawa-k.co.jp

ご氏名《ふりがな》	年齢　　歳	男・女
〒 □□□-□□□□ ご住所	電話	
ご職業	所属学会等	
ご購読新聞名	ご購読雑誌名	

今後、吉川弘文館の「新刊案内」等をお送りいたします(年に数回を予定)。
ご承諾いただける方は右の□の中に✓をご記入ください。　□

注 文 書

月　　日

書　名	定　価	部　数
	円	部
	円	部
	円	部
	円	部
	円	部

配本は、○印を付けた方法にして下さい。

イ. 下記書店へ配本して下さい。
(直接書店にお渡し下さい)

(書店・取次帖合印)

書店様へ＝書店帖合印を捺印下さい。

ロ. 直接送本して下さい。
代金(書籍代＋送料・代引手数料)は、お届けの際に現品と引換えにお支払下さい。送料・代引手数料は、1回のお届けごとに500円です(いずれも税込)。

＊お急ぎのご注文には電話、FAXをご利用ください。
電話 03－3813－9151(代)
FAX 03－3812－3544

豊臣秀吉の甥で養子の豊臣秀次が、天正十九年十月に、陸奥国の九戸政実を討って帰る途中に足利学校に立ち寄り、三要を京都に連れて行った。[21] 学問・文芸を愛好していた秀次に三要は仕えたが、秀次が謀反を疑われて文禄四年（一五九五）年七月に高野山で自害した後は徳川家康に仕えた。[22] 公家の山科言経の日記『言経卿記』によれば、三要は慶長二年（一五九七）・同三年に伏見城にいる家康に伺候し、家康に『毛詩』（詩経）の講義を行なっている。[23] また、同三年に三要は家康の子秀忠に中国の軍事書『六韜』の講義を行なっている[24]（『六韜』については次節で述べる）。このように、三要は家康・秀忠に進講していた。なお豊臣秀吉が没したのはこの慶長三年の八月である。

また三要は、家康の命により『孔子家語』等を伏見の円光寺から刊行し、これらは伏見版と呼ばれている。円光寺は家康が三要を開山として建立した寺で、「上方の学校」として設置されたという。[25] 三要は家康から木活字十万余個を与えられて伏見版を開版し、慶長四年に『孔子家語』、同五年に『貞観政要』、同四、五、九年に『三略』『六韜』、同十年に『周易』、同十一年に『武経七書』（『孫子』『呉子』『司馬法』『尉繚子』『李衛公問対』『三略』『六韜』）を刊行

表13　足利学校の庠主（第一世～第九世）

世	学徒名	禅僧名	俗名	出身の地・寺	没した年月日（享年）
一	快元			円覚寺	文明元年（一四六九）四月二十一日
二	天矣			肥後国	延徳三年（一四九一）か同四年の二月十六日
三	南計（南斗カ）			筑前国カ	十月五日カ
四	九天				永正四年（一五〇七）か同五年の六月二日
五	東井		吉川之好	安芸国山県郡	大永七年（一五二七）か同八年の三月五日
六	文伯			建仁寺	天文十九年（一五五〇）頃の七月十六日
七	九華	玉崗瑞璵	伊集院氏	大隅国	天正六年（一五七八）八月十日（七九歳）
八	宗銀			日向国	天正十七年（一五八九）十月二十日
九	三要	閑室元佶	野辺田氏	肥前国小城郡	慶長十七年（一六一二）五月二十日（六五歳）

した。[26]

さらに、慶長五年の関ヶ原の合戦のときには三要も家康軍に従軍し、家康から指物を賜った。彼が家康から拝領した白色の練絹には朱色の丸のなかに「学」の一字が書かれていた。この「学」はおそらく学校の「学」であろう。また、三要は家康が出陣するたびにその日にちの吉凶を占って上申したという。[27]

なお、毛利家の「毛利家文書」には慶長九年正月の三要の筮書が残されている。[28]毛利輝元は関ヶ原の合戦では石田三成方として大坂城にいたため、敗戦後は七ヵ国の知行国を二ヵ国に減らされ、長門国の萩に城を築いて移り住んだ。三要の筮書はこの萩城の築城地を占定したもので、萩城はこの筮書を参考にして日本海に面して築かれたようである。[29]三要は慶長七年に足利学校の庠主を正式に辞任して寒松に庠主を譲った。[30]同八年に家康が江戸に幕府を開いた後、三要は同十二年に将軍秀忠の命により幕府の朝鮮来聘使への復書を作成し、[31]同十三年には外国渡航の朱印状を担当した。[32]家康は同十二年に駿府城に移ると、同十四年に駿府に円光寺を建立して三要を住持とした。三要は駿府で家康に仕え、同十七年に駿府において六五歳で没した。[33]

家康の『毛詩』受講や秀忠の『六韜』受講、伏見版の『孔子家語』『貞観政要』『武経七書』等の刊行は、武士が政治をつかさどる上では中国の儒学書・軍事書の学習が必要、と家康が考えていたことを示している。家康が三要に期待したことは、武士たちに必要な儒学・軍事等の学問の普及・浸透に携わることであり、また儒学等の漢学の知識を政治に役立てることであった。易学・易筮はこれらの一端といえる。

三要は肥前国の晴気城主千葉胤連の家臣野辺田伝之助の子であるが、実は胤連の御落胤であった。[34]他の足利学校の庠主で俗名がわかる者は、表13で示したように、第五世東井が安芸国の吉川氏、第七世九華が大隅国の伊集院氏であり、みなその地域では上級クラスの武士の家の出身である。イエズス会の宣教師フランシスコ・ザビエルは、「武士達は自らの屋敷で子弟を教育する習慣を持ち、師匠達を抱えております」と書簡[35]に書いており、上級武士の家出身の僧たちは足利学校で学んで帰郷した後、その家中やその地域の武士の子弟らに儒学等の学問を教授したことが考えられる。

二　武田信玄と占い

1　文武両道の信玄

甲斐国の戦国大名武田信玄は合戦に強い戦国武将というイメージがあるが、この信玄が易占いを用いたことについては、足利衍述氏が儒教との関係で述べ[36]、また小和田哲男氏は信玄の戦勝祈願の願文（「戸隠神社文書」）にみえる易筮を取り上げている[37]。その後、柴辻俊六・黒田基樹編『戦国遺文　武田氏編』と『山梨県史　資料編』が刊行されて信玄の占い関係の史料をさらに見出せるようになり、拙著『占いと中世人〈政治・学問・合戦〉』[38]でこれらの史料を取り上げたが、これまで信玄の占い愛好については詳細には考察されていなかったといえる。

信玄は天正元年（一五七三）四月十二日に没し、死後三年経ってから仏事が信玄の菩提寺で臨済宗妙心寺派の恵林寺[39]で行なわれた。同四年と同七年の仏事のときには信玄ゆかりの禅僧たちが法語等を作成し、これらを収めたものが『天正玄公仏事法語』[40]である。信玄のことを書き記したこれらの法語等からは信玄の人間像をかいま見ることができる。

戦国末期に恵林寺住持であった快川紹喜の法語は、信玄の文武両道について記している。快川紹喜は、恵林寺が天正十年に織田信長に攻められたときに、有名な言葉「心頭滅却すれば火もおのずから涼し」を残して焼き殺されたことで知られている。快川は天正七年に行なわれた信玄の七回忌で陞座を務め、その陞座法語のなかで信玄について、「詠和歌賦唐詩、嗜伎芸読兵書、工書翰伝弓馬、而四書六経諸史百家之書、無尽不学」とした。(41) つまり信玄は、和歌を詠み漢詩を作り、技芸をたしなみ兵書を読み、書簡の字が巧みで、弓馬の武芸を伝え、四書・六経、歴史書、老子・荘子等の百家の書をみな学びつくしたという。やや誇大な表現とはいえ、信玄が文と武の両方に励んでいたことを示している。

信玄が易学を学んで易占いを用いていたことはこの『天正玄公仏事法語』からも知ることができる。恵林寺長興庵住持の大円智円が信玄の七回忌の安骨仏事で作った安骨法語には、信玄について「学周易則勘一陽来復」とあり、(42) 信玄は『周易』を学んでその「復」の卦（☷☳）の「一陽来復」、すなわち、悪い運（陰）が続いた後によい運（陽）が返ってくることについて考えたという。

信玄が常に易占いに頼っていたことについては、信玄の正室ゆかりの円光院の住持説三恵璨が、七回忌の拈香法語で「造四聖人之霊容屋常卜疑猜」としている。(43) つまり、四聖人の像を安置した建物を造り、常に疑問に思ったことについて占ったという。この四聖人について、足利氏は『周易』の祖宗の伏義・神農・文王・周公としているが、(44) 神農は農業の創始者であり、易と直接の関係はない。また、後漢の時代には上古の伏義、中古の文王・周公父子、近古の孔子の三聖（文王・周公父子を合わせて一とする）が易を作ったとする「三聖三古」の伝承が成立しており、(45) この「四聖人」は、文王と周公を別々に数えて伏義・文王・周公・孔子とした方がよいであろう。伏義は中国古代の伝説上の皇帝で、文王は周の武王の父、周公は武王の弟で名を旦という。孔子は魯の思想家で儒教の始祖である。「三聖三古」は、伏義が八卦と六四卦、文王・周公が卦辞・爻辞、孔子が彖伝・象伝などの十翼を作ったとしている。信玄はこの易を作った伏羲・文王・周公・孔子の四聖人の画像かあるいは立体的な像を置く建物を造り、そこで易筮を行なっていたのである。

信玄が自ら易筮を行なっていたかどうかについては不明確であるが、『天正玄公仏事法語』所載の東谷宗杲（駿河国臨済寺住持）の掛真拙語には、信玄について「卜筮非態」とある。(46)「態」はすがた・かたちを表わす語であり、信玄の卜筮はかたちだけではなく、心の入ったものであったことを示しており、信玄自らも易筮を行なった可能性が高い。

2　信玄の合戦と占い

武田信玄の「信玄」は出家してからの法号で、名前は晴信という。武田晴信は甲斐国守護武田信虎と大井信達娘との子で、天文十年（一五四一）に父信虎を追放して家督を相続した。

晴信は隣国の信濃国に攻め入り、天文二十二年には越後国との国境に近い川中島付近まで支配勢力を拡大していた。上杉謙信との戦いで有名な川中島の合戦は、天文二十二年から永禄七年（一五六四）の間に全部で五回あった。すなわち、①天文二十二年八月下旬、②弘治元年（一五五五）七月十九日、③同三年八月、④永禄四年九月十日、⑤同七年八・九月で、このなかで謙信と直接対決した場面で有名な合戦は四回目である。

三回目の川中島合戦の翌年に、晴信は信濃国の戸隠神社に次の願文(47)を奉納した。

奉納　戸隠山大権現神前　願状

右意趣者、先筮曰、来戊午之歳欲移居於信州、則十二郡可随吾存分哉否之占卜、舛之九三也、其辞昇虚邑無所疑注曰往必得也、又越後与甲州円融和同之事、停止之、動甲戈可吉哉否之先卜、坤之卦也、斯文曰、君子有攸往、先迷後得主利、安貞吉云云、由是今移居於信州、則当歳之内、一国不残卓錐之土、可帰予掌握、若越士動干戈者、

任先筮坤卦之吉文、敵忽滅亡、得晴信勝利者必矣、粤孔方五十緡為当社修補、可奉供　権現宝前者也、仍如件、

維持永禄元年戊午八月如意日　源晴信（花押）敬白

戸隠山中院

（「戸隠神社文書」）

この願文によれば、晴信は永禄元年（戊午）に信濃国に移り住むことを考え、同国一二郡が自分に従うかどうかを筮で占ったところ、六十四卦の一つである升の卦（☷☴）で、九三の爻と出た。九三の爻の象辞には「虚邑に昇る、疑ところなし」とあり、その注釈文には「往きて必ず得るなり」とあった。この「虚邑に昇る」とは、人のいない村に入るように妨げる者がいないという意味である(48)。また、越後の上杉勢と甲州の武田勢との和睦をやめて出兵すべきかどうかを占ったところ、坤の卦（☷☷）であった。その文には「君子に行くところがあり、人に先んじて行こうとすれば道に迷い、人の後に行こうとすれば主の利を得る。正しい道にかなっていて吉である」とあるという(49)。これによって今年中に信州に移り住んで一国を支配下に治めるとし、もし越後勢が先に出兵すれば、坤の卦によって滅亡し、晴信が勝利するとしている。そして、銭五〇緡（五〇貫文）を神社の修理費として奉納している。晴信はこの易占いの結果に従って、越後方面への出兵はしばらく控えたと思われる。なお、卦や爻などについては次節で説明する（表14に六十四卦）。

晴信は永禄元年（一五五八）末頃に出家して信玄を称した。信玄は永禄二年に越後国境辺に攻め入っており、同年の六月二十六日付の室町幕府将軍家（足利義輝）御内書(50)（「上杉家文書」）には、「甲越一和之事、対晴信度々雖加下知無同心、結句至分国境目乱入之由、無是非候」とある。長尾景虎（上杉謙信）は、関東管領の上杉家を継ぐために、

同年四月から六月にかけて京都に滞在して将軍足利義輝に拝謁しており、晴信はそのすきをついて越後国境を攻略したのであった。

さらに信玄は、越後攻めに際し、信濃国の下之郷諏訪神社（生島足島神社）に次の願文[51]を奉納した。

敬白願書

言帰命頂礼　下郷諏方法性大明神曰、徳栄軒信玄相待越軍出張、可令防戦哉否吉凶、預卜問四聖人、其辞曰、九二之孚有喜也、経薦約為神所享、斯之為喜云々、希随天鑑、与越軍戦、則如信玄存分得勝利、加之長尾景虎忽追北消亡者、併仰下郷両社之保祐者也、神明無私、奏凱歌、到帰家安泰之日、従己未歳始之、十ヶ年之間、毎歳青銭捨（拾）緡、為修補可奉社納者也、仍願状如件、

維時永禄二年己未

秋九月一日　　武田徳栄軒信玄（花押）

（「生島足島神社文書」）

信玄は越後勢の出兵を待ってこれを防戦すべきかどうかを、四聖人に占いにより伺いを立てたところ、その辞には「九二の孚、喜有るなり」とあった。この辞は九二の爻の象辞で、「孚」はまこと、真実という意味であり、「九二の孚、喜有るなり」は、真心があれば喜を得られるという意味になる。「喜有るなり」に続く小文字の部分は、『周易正義』[52]の「升」のこの部分の解釈で、神への供物が簡約な物でも神に享受されることにより喜びとなる、という意味になる。信玄は景虎の越後勢と戦うことを決意して下之郷諏訪神社に加護を願い、無事に凱旋して帰って来たならば、この年より一〇年間、毎年銭一〇緡（一〇貫文）を奉納すると約束している。

信玄は天文二十三年（一五五四）に今川義元・北条氏康と三国同盟を結び、互いの子供たちを結婚させて結束を強

めたが、永禄十一年（一五六八）十二月に信玄が駿河の今川氏を攻め、さらに同十二年には今川方の北条氏が信玄と敵対したため、同年十月に信玄は北条氏の本拠地小田原城を取り囲んでいる。三国同盟は完全に崩壊し、北条氏は上杉輝虎（政虎・謙信）と和睦して武田対上杉・北条・今川という構図に変わった。

信玄は元亀元年（一五七〇）に、上野国沼田に上杉輝虎が陣を置いているものの、北条氏領国の伊豆国を攻めることを考え、卜筮を行なっている。（元亀元年）四月十四日武田信玄書状写(53)（春日虎綱宛、「歴代古案」四）に、

雖輝虎沼田在陣候、任《（ママ）》卜筮出馬候間、信州衆早々参陣候由、遣飛脚候キ、但輝虎定五日之内可帰国之条必然候、心易可出馬候間、於于当府沼田退散之有無可聞合候、（中略）動者吉原津ニ掛船橋、向豆州可及行候、（後略）

とあり、卜筮に従い、輝虎に対しては信濃衆を向かわせて輝虎を追い払わせ、信玄は甲府で輝虎退去の報告を聞いた上で、伊豆国を攻める予定であった。この伊豆国攻略を占った卜筮について記していると思われるのが、（年未詳）二月二十八日武田信玄書状(54)（「諏訪家旧蔵文書」）である。この書状は智昌院の僧に占いを依頼する内容で、「明日午未両刻之間ニ来過、向于豆州表、動干戈之是非、卜問所希候也」とあり、伊豆国に出陣すべきかどうかを占うために来て欲しいと頼んでいる。そして追而書（追伸）に、「於于霊前、則被抽丹祈、御卜問可為肝要候也」とあり、信玄の館の霊前での心をこめた祈りと占いを要請している。信玄の館の霊前といえば、先述の「霊容屋」の四聖人のことと思われ、この占いは易筮と考えられる。

以上に挙げた易占いの事例では、信玄が出陣の可否を易占いで決定していたことを示しているが、信玄は合戦だけでなく、政治などその他のことにも易占いを用いていた。

上野国の和田城主和田業繁は、越後の上杉方であったが、永禄五年（一五六二）頃に武田方に変わり、甲府の信玄の館に出頭して来た。業繁は信玄に逆心がないことを縷々述べたが、信玄は不安であった。業繁は老母を人質として

渡すとして詫び言を言うので、信玄は結局「以易筮和田之仕置相定」[55]、つまり易筮で和田氏の処遇を決めることにした。その後業繁は信玄の子勝頼の代まで武田氏の家臣であったので、この時の易占いの結果は業繁の出仕を認めるものであったらしい。

また、合戦や政治とは直接関係がなさそうな易占いとしては、神宮寺上坊（普賢寺）に宛てた（年未詳）九月二日武田信玄書状[56]に、先日信玄を訪ねて来たときに話すひまがなくて残念であったので、「仍卜筮候処」、つまり易筮で占ったところ、神前で五百座の普賢法（密教の普賢延命法）を勤行すれば大吉と出た、とある（「望月家文書」）。信玄は易占いを日常的に用いていたことがうかがわれる。

なお信玄は易占いのほかに、神社の神前においても占いを行なっていた。上野国一宮社の神主に宛てた（年未詳）十二月十二日武田信玄書状[57]には、

於神前恒例之占卜候之処ニ、大吉候哉、珍重候、上州静謐之事ニ候、偏奉守当社候条、弥祈念願入候、（後略）

とあり、神社の神前において占いを行なったところ大吉と出たという。これはおそらく籤引きの占いであり、明らかに易筮ではない。信玄は神社の籤引きの類の占いも用いていたことになる。

3　山本勘助の占い

武田信玄・勝頼の事績・軍事等について記した『甲陽軍鑑』には信玄の軍師として山本勘助がみえる。山本勘助は『甲陽軍鑑』合戦之巻一によれば[58]、三河国うしくぼの侍で、今川義元への奉公を望んだが召し抱えられなかった。晴信（信玄）は、勘助が片目しか見えず手足も少々不自由で醜男であったにもかかわらず名声が高いのは、よほど優れた侍なのであろうと思って二〇〇貫文で召し抱えたといい、晴信が信濃国の攻略に成功したのはみな勘助の武略によ

るとしている。

『甲陽軍鑑』品第七には、山本勘助の軍配、すなわち軍陣の指揮法について次のようにある。[59]

(前略) 此山本勘助入道道鬼ぐんばいハ、宮《きう》・商《しやう》・角《かく》・徴《ち》・羽《う》の五つよりわけて見る。雲気・煙気、其外、ゐぎ・さご・すだ、来りやう・行《ゆき》やう、右のほかも口伝あれ共、勘介流ハちゞめて、これは一段みじかし。(後略)

宮・商・角・徴・羽の五つは五音と呼ばれるもので、五行思想の土・金・木・火・水に対応している。この五音を使った占いについては、中国の軍事書『六韜』に記されている。『六韜』は周の太公望(呂尚)の著とされているが、実際は太公望に仮託した後世の書である。しかし、『孫子』『呉子』などとともに『武経七書』の一つとされ、日本の戦国時代には武将らに多く読まれた。[60] この『六韜』の巻第三「竜韜」に「五音」があり、それには宮・商・角・徴・羽の音について次のようにある。[61]

敵人驚動則聴之。聞枹鼓之音者角也。見火光者徴也。聞金鉄矛戟之音者商也。聞人嘯呼之音者羽也。寂寞無聞者宮也。此五者声色之符也。

つまり、敵の音を聴き、鼓やバチの音が聞こえたら角、火の光が見えたら徴、金属の矛の音が聞こえたら商、人の声や口笛が聞こえたら羽で、何も聞こえず静かであれば宮であるという。山本勘助の五音の占いはおそらく『六韜』の五音に基づいたものであろう。

また前掲した『甲陽軍鑑』の品第七には勘助の占いとして「雲気」もみえる。雲気占いに関しては、中国の唐の李筌の著『太白陰経』巻八「雑占」に「占雲気」があり、[62] そこでは、天地が相感し陰陽の気が積もって雲が形成され、雲の気を占うことでいろいろな事象がわかるとして、猛将気・勝軍気・敗軍気・城塁気・伏兵気・暴兵気・戦陣気・陰謀気・四夷気・遠近気を挙げている。また、北宋の曽公亮・丁度の撰『武経総要』巻十八にも「雲気占」があり、[63]

将軍気象・軍勝気象・城吉気象・戦陣気象・陰謀気象・攻城気象・暴兵気象・伏兵気象・軍敗気象について記している。

前掲の『甲陽軍鑑』品第七には「えぎ」「さご」「すだ」がみえるが、「えぎ」は烏、「さご」は鳶、「すだ」は鳩のことで、この三つは軍鳥とされ、その飛ぶ方向から戦いの勝敗を占ったという。(64) 烏の占いについては、北宋の許洞の撰『虎鈴経』巻十九に時加占烏情・遠加占烏情・雑占烏情・六甲占烏情があり、(65) 烏の行動・声と時・方角・位置等を関連させた占いについて記している。

山本勘助の五音・雲気・軍鳥等の占いはこれらの中国の軍事書に由来していると思われる。また、勘助は片目しか見えず、手足も少々不自由であったが、それを補うために身体のほかの部分の機能が発達していたと考えられる。五音の占いには彼の鋭敏になった聴覚を用い、雲気についても敏感に感じ取ることができたのではないだろうか。五音・雲気等は勘助の身体的機能を生かした占いであり、信玄は人と違った彼の軍師としての才能を直感的に見抜いて採用したのかもしれない。

三　島津家と占い

1　明人黄友賢の易占い

九州南部の薩摩国の戦国大名島津氏には、中国の明人の黄友賢という人物が易占いで仕えていた。黄友賢は後に日本に帰化して江夏氏を名乗り、慶長十五年（一六一〇）に七三歳で没して大隅国始良郡加治木郷木田村の実窓寺に葬られた。江夏友賢の墓は現在も鹿児島県姶良市加治木町木田に残されている[66]。

黄友賢は、伊地知季安の『漢学紀源』三の第三十五「黄友賢」によれば[67]、明国福建省連江県江夏郡の人で、明の嘉靖十七年（天文七年・一五三八）に生まれ、同三十九年（永禄三年・一五六〇）に賊に捕らえられて日本に来たという。そのときは二三歳で、船で薩摩国の川内に着き、その後薩摩・大隅・日向の国の間を漂泊した。幼年のときから学んだ家学のなかでは易筮にもっとも精通していたという。

この友賢の帰化名「江夏」の由来となった福建省連江県（現、福州市）の江夏郡については、連江県地方志編纂委員会編『連江県志』[68]でくまなく調べたが、過去にも現在にも江夏という地名を見出せなかった。そもそも明の時代には郡という行政単位は存在していない。そこで江夏郡について調べてみると、前漢の時代に現在の湖北省の武漢市付近に江夏郡が置かれ、黄氏はこの江夏郡の土着の名家であった[69]。つまり、江夏は連江県にあったのではなく、前漢の頃の黄氏の出身地である江夏郡を指していたのであり、それが日本では友賢の出身地である連江県の地名と誤解されてしまったと考えられる。

なお、『連江県志』の「大事記」嘉靖三十九年条には、「倭寇洗劫沿海二十七都、安徳、保安、嘉賢及内地中鵠、安義、仁賢、清河等地、沿途焼殺搶掠歴時3个月《ママ》」とあり、倭寇が沿海の二十七都、安徳・保安・嘉賢、内地の中鵠・安義・仁賢・清河等を三ヵ月間略奪し尽くしたという。黄友賢はこのときに倭寇に捕らえられたのである。同書によれば、倭寇は嘉靖十四年から連江県辺に出没するようになり、同三十三年からは毎年何千人もの倭寇が沿海を中心に略奪・放火・殺人を行ない、同四十二年に副総兵戚継光が水陸軍を率い倭寇を殲滅させてその巣窟を破壊するときまで続いた。

先述の『漢学紀源』によれば、友賢は島津家に仕える以前は、龍源寺住持で薩南学派の儒学者一翁玄心と親交・往来があり、友賢は朱子学の講義をして一翁の弟子文之玄昌（後に薩南学派の第一人者となる）にも教えたという。

友賢が島津家の易者として初めてみえるのは、島津家家臣上井覚兼の日記『上井覚兼日記』(70)の天正十年（一五八二）十二月二十一日条で、友賢が四五歳のときであった。この年は、肥前国では同八年にキリシタンになった有馬晴信が竜造寺隆信と対立して島津義久に通じ、十二月十三日に有馬晴信は、対竜造寺戦で肥後国八代に陣を置いていた義久弟忠平（義弘）を訪れた。晴信は忠平にもてなされた後、家臣の安富左衛門尉を残して船で帰国した。二十一日に覚兼は忠平より夕食の寄合に呼び出され、寄合では安富左兵衛尉が帰国したいことを申し伝えてきたことが問題となった。

『上井覚兼日記』同日条には次のようにみえる。

（前略）安富左兵衛尉、頻有馬のことく帰帆仕度由、鎌刑《鎌田政広》にて申候、然者如何可有歟にて、友賢ニトなとさせられ候、先々御帰なされ候て、御あいしらい肝要之由申候也、

つまり、安富は有馬晴信のように船で帰りたいと鎌田刑部左衛門尉政広を通して言ってきたので、友賢に占いをさせたところ、友賢は「先の先にお返しになってほどよく対応なさることが大事」と忠平に申し上げた。忠平はこの占いの結果に従ったらしく、同二十九日には安富を八代にしばらく留め置くことが決定している。

上井覚兼は天正四年頃に島津家の加判役、すなわち老中になり、同八年には日向国宮崎城主になって同国佐土原城の島津家久（義久・義弘の弟）を補佐してきた。しかし、覚兼は同十一年四月頃から体調を悪くし、義久の医者高樋三官に脾胃の病気と診断された。六月に覚兼は老中を辞退したいことを義久に使者を送って伝えたが、義久は承知しなかった。悩んでいた覚兼は、十一月に再び肥後国八代に出陣したときに、友賢を自分の宿所に呼び出した。『上井覚兼日記』同年十一月二十一日条には次のようにある。

大明友賢へ易之占頼候、拙宿へ来候て占候、加判役御佗、去夏已来申懸候間、左様之儀也、本卦雷地豫、変卦雷水解也、心静ニ上意ニ随候て、次第〳〵ニ御佗申候て可然之由也、（後略）

占いの結果は、本卦が雷地豫（豫、☳☷）で、変卦が雷水解（解、☳☵）となった。つまり、豫の六二の老陰の爻が陽に変化して解となったのである。

ここで、八卦、豫・解などの六四卦、卦を構成する爻、老陽・老陰、本卦・変卦（之卦）などについて説明しよう[71]。八卦とは八つの小成卦、すなわち乾☰、兌☱、離☲、震☳、巽☴、坎☵、艮☶、坤☷のことで、小成卦を二つ重ねて大成卦を作る。大成卦は八×八で六四卦ある（表14）。

爻は大成卦を構成する一つ一つの画のことで、⚊は陽の爻、⚋は陰の爻で、全部で六つの爻がある。この六つの爻は下から、初爻、二爻、三爻、四爻、五爻、と数え、一番上の爻は上爻という。爻が陽（⚊）であれば九、爻が陰（⚋）であれば六とし、下の爻から初・二・三・四・五・上を、九または六に付けて呼ぶ。一番下が陽ならば初九、陰ならば初六と呼ぶ。一番上が陽ならば上九、陰ならば上六と呼ぶ。ほかの爻は、九二または六二、九三または六三というように、九または六を先にして呼ぶ。

老陽・老陰について説明しよう。本筮法では、筮竹を左右の手で数え分けてゆき（詳細についてはここでは省略する）、三変これをくり返して手元に残った筮竹の総数を数えて一つの爻を得られ、これを六回繰り返して六つの爻が得られる。一つの爻について、三変の残りが一三本（五・四・四本）の場合を老陽、二五本（九・八・八本）の場合を老陰とし、老陽の爻は陰の爻に、老陰の爻は陽の爻に変化する。変化する以前の卦を本卦、変化した後の卦を変卦または之卦という。筮竹の残りが一七本（五・四・八本）を少陰、二一本（九・八・四本）を少陽とし、これらは変化しない。

表14　六十四卦

上＼下	☰ 乾	☱ 兌	☲ 離	☳ 震
☰ 乾	乾（乾為天）	履（天澤履）	同人（天火同人）	无妄（天雷无妄）
☱ 兌	夬（澤天夬）	兌（兌為澤）	革（澤火革）	随（澤雷随）
☲ 離	大有（火天大有）	睽（火澤睽）	離（離為火）	噬嗑（火雷噬嗑）
☳ 震	大壮（雷天大壮）	帰妹（雷澤帰妹）	豊（雷火豊）	震（震為雷）
☴ 巽	小畜（風天小畜）	中孚（風澤中孚）	家人（風火家人）	益（風雷益）
☵ 坎	需（水天需）	節（水澤節）	既濟（水火既濟）	屯（水雷屯）
☶ 艮	大畜（山天大畜）	損（山澤損）	賁（山火賁）	頤（山雷頤）
☷ 坤	泰（地天泰）	臨（地澤臨）	明夷（地火明夷）	復（地雷復）

上＼下	☴ 巽	☵ 坎	☶ 艮	☷ 坤
☰ 乾	姤（天風姤）	訟（天水訟）	遯（天山遯）	否（天地否）
☱ 兌	大過（澤風大過）	困（澤水困）	咸（澤山咸）	萃（澤地萃）
☲ 離	鼎（火風鼎）	未濟（火水未濟）	旅（火山旅）	晋（火地晋）
☳ 震	恆（雷風恆）	解（雷水解）	小過（雷山小過）	豫（雷地豫）
☴ 巽	巽（巽為風）	渙（風水渙）	漸（風山漸）	観（風地観）
☵ 坎	井（水風井）	習坎（坎為水）	蹇（水山蹇）	比（水地比）
☶ 艮	蠱（山風蠱）	蒙（山水蒙）	艮（艮為山）	剝（山地剝）
☷ 坤	升（地風升）	師（地水師）	謙（地山謙）	坤（坤為地）

『易経』で占うとき、変爻がなければ本卦の卦辞で占い、一爻が変化した場合は本卦の変爻の辞で占う、という具合に、変爻の数によって『易経』のなかのどの辞で占うかが定まっている。

前述の友賢の易占いでは、豫の六二の老陰の爻が陽に変化して解になっており、一爻が変化しているので、本卦の変爻の辞、つまり六二の辞で占うことになる。豫の六二の辞は、

介于石。不終日、貞吉。

であり[72]、「かたきこと石のごとし。日を終えず、貞にして吉」と読み、節操が堅固なことは石のようである、日が終わるのを待たずに機をみて速やかに動き、貞正にして吉である、という意味になるという[73]。これについての友賢の占断は、「心を静かにして義久の意に従い、徐々にお願い事を申し上げた方がよい」というものであった。

その後、覚兼は何度か義久に辞職を願い出たが許されず、結局翌年二月六日に義久に出仕したときに、「この上は上意次第に御奉公申すべく候」と申し上げて辞職を断念している。石のように固かったのは義久の意志であったといえよう。

島津義久は天正十五年（一五八七）に豊臣秀吉軍に敗れて降伏し、義弘（忠平）が島津家の家督を継いだ。友賢は、慶長元年（一五九六）に明の使者沈惟敬が来日したときに義弘にしたがって上洛し、伏見城で沈惟敬と邂逅した。『漢学紀源』によれば、沈惟敬の友賢に対する態度が特に慇懃であったので、皆は友賢がただ者ではないことを知ったという。友賢の名声を聞いた後陽成天皇は友賢に筮木を下賜し、聖護院道澄親王からは「環瓊先生」の号を賜った。その後、友賢は同七年の義弘の鹿児島城築城のときにはその地を卜筮して占定し、同十二年に義弘が加治木城に移るときも友賢がその地を占定したという。友賢は江夏氏を名乗り、その子も父の易筮を継いで島津家に仕えた。

2　心易の占い

上井覚兼は心易という占いを自ら行なっていた。心易については、これまであまり考察されていなかったといえる。中国では時間のかかる複雑な本筮法に代わり、銭貨を投げてその表裏から陰陽を出す擲銭法など簡略化された易占いが生み出された。心易も簡略な易占いの一つで、宋の邵康節（邵雍、一〇七七年没）が梅花を観て始めたとされたことから「梅花心易」とも呼ばれた。明の時代には民間で六壬占などとともに梅花心易も流行ったらしく、明の景泰五年（一四五四）に心易の解説書『家伝邵康節先生心易掛数』(74)が出された。日本に心易が伝わったのはおそらく戦国時代頃で、『上井覚兼日記』にみえる記事は日本では早い時期の心易史料になる。

心易は、『家伝邵康節先生心易掛数』によれば、筮竹を使わずにその起きた現象に深く関わる数を使って『易経』で占う方式である。数は年月日と時から算出した数字を用いることが多い。心易を年月日と時で占う場合の計算方法は、年は十二支をその順次の数字で数え、年と月と日を合計した数を八で割る。余りが一の場合は八卦のうちの乾、二の場合は兌、三は離、四は震、五は巽、六は坎、七は艮で、余りがない場合は坤となり、これを上の卦とする。次に年・月・日に時の数（子の刻は一、丑の刻は二、寅の刻は三で、亥の刻は一二という具合）を加えて八で割り、これを下の卦とする。さらに、年・月・日・時の総数を六で割り、余りが一の場合は初爻を変爻とし、余りが二の場合は二爻を変爻、という具合にし、余りがない場合は上爻を変爻にして、変卦を出す。

『上井覚兼日記』には覚兼が心易で占ったことの記事が三ヵ所にある。

まず、同記天正十年（一五八二）十二月四日条には次のようにある。

（前略）此日、有馬表へ火色見え候間、忠棟《伊集院》彼方之吉凶心易にて可卜之由候間、其分に候、申時卜候、山地剥卦、変卦山水蒙、互卦重坎也、然者本卦ハ比和にて候、変卦土尅水にて候間、定而軍御勝利無疑之卜也、併変所王之位にて候間、城なと落居之事ハ如何之由申候也、（後略）

つまり、有馬晴信救援のために八代に陣を置いていた島津軍から有馬軍前線辺に火が見えたため、島津家家臣伊集院忠棟がこの吉凶を心易で占うよう覚兼に言ってきた。覚兼は忠棟が言ってきた時で占うと、本卦が山地剝（☶☷）、変卦が山水蒙（☶☵）となり、互卦が重坎であった。したがって本卦は比和、つまり五行同位で（ここでは☶艮が五行の土、☷坤も土で、土と土）、変卦は土尅水（☶艮が土、☵坎が水で、土が水に勝つ）となり、島津軍の勝利は間違いないという占断になった。なお互卦とは、卦の六爻のうちの二・三・四の爻で作った卦と三・四・五の爻で作った卦のことであるという。

天正十一年六月六日、島津義久の加判役（老中）であった覚兼は、病気によりこの役職を辞退したい旨を義久に使者を遣わして訴えた。同月十日、覚兼は自分の訴えが義久に届いたのではないかと思い心易で占ってみた。『上井覚兼日記』同日条には、「本卦地雷復卦にて候、変卦震卦、互卦重坤にて候、可然占さうに候条、頼母敷存候」とあり、本卦は地雷復（☷☳）、変卦が震（☳☳）で、互卦は重坤（☷と☷）となった。この占いの結果は覚兼の意に沿うものであったらしい。しかし、義久は覚兼の辞職を認めなかったことについては前述した。

天正十四年七月、筑前国の高橋鎮種（紹運）の岩屋城を攻めるために船で向かっていた島津軍の覚兼は、その途中の肥後国高瀬に宿営していた時に夢を見た。ある山伏が、日向国砂土原のひでり仏に三度三三文の銭を持って参詣すれば今度の戦いはうまくいく、と承ったことを教えてくれた夢であった。覚兼はこれの意味を心易で占ってみた。同記同月二十日条には次のようにある。

（前略）心易にて卜候て見申候、始之三十三を四八三十二と候へハ、得一金、中三十三又同、然者乾之卦にて候、

終之三十三を五六三十と候へハ、変卦天沢履卦にて候、如履虎尾之課、安中防危之象、如此之時者、一方ニ思定
候て可然卜也と、心中に祈念共申候也、

三度の三十三のうち、初めの三十三は4×8＝32で余りが1となり、中の三十三も同じで、乾（乾為天）の卦☰☰になった。終わりの三十三は5×6＝30で余りが3となり、三爻が変化して変卦が天沢履（履）☰☱になった。「虎の尾を履む」は、履の卦辞に「虎の尾を履《ふ》む。人を咥《か》まず、亨《とお》る」とあり、[75]虎の尾を踏んで危険な状況にあるが、虎は人をかまず、志はかなう、という意味である。七月二十七日の岩屋城攻めでは、覚兼は城壁を登るときに石に打たれ、さらには鉄砲で顔を撃たれて負傷したが、岩屋城は落城して城主高橋鎮種らは討死した。覚兼は虎の尾を踏んで負傷したが、岩屋城は落城して願い事はかなった。心易の占いは一応当たっていたことになる。

なお島津家では、易筮・心易のほかに修験者による鬮引きの占いも行なわれていたが、[76]紙数も尽きたので省略する。

おわりに

中世後期の足利学校は、儒学を中心とした漢学の学問を教授する学校であった。第九世庠主三要は、徳川家康・秀忠に儒学書・軍事書を進講し、家康の命により伏見版で儒学・政治・軍事関係の漢籍を刊行した。また、家康の出陣のときには従軍して易筮の占いを行ない、さらには将軍秀忠の対外文書の作成にも携った。三要の徳川家における主な役割は、儒学・軍事関係の学問の普及と政治・合戦への活用であり、易筮はその一部分であった。三要のような武家出身の僧で足利学校で学んだ者は、郷里の家中等でその学問の普及と活用に携ったことが推定できる。

一方、戦国時代には易筮を軍事等に用いた戦国大名がおり、武田信玄と島津氏がそのよい例である。信玄はライバ

ル上杉謙信の越後勢との合戦に関してたびたび易筮で占い、軍事以外についても迷った場合にはしばしば易筮を用いた。また、信玄の軍師山本勘助は、中国の軍事書に由来する五音占い・雲気占い・鳥占いを使っており、これらは勘助の身体的特徴ゆえの鋭敏な感覚を生かした占いといえる。九州の島津家の場合は、易筮を得意とした黄友賢が明から倭寇によって日本に連れて来られ、薩南学派に儒学を教授した後、島津家中でさまざまな問題に関し易筮で占って助言をした。また、島津家家臣上井覚兼も数字を使った易占いの心易で自ら占いを行なっていた。

本筮法の易占いは時間がかかる複雑な占いであるため、中国の明では心易のような簡略化された易占いが広まったが、日本ではむしろ易筮が重視されるようになった。その一因でもある足利学校では易学と易筮も教授し、易筮を伝授された者には伝授状が与えられた(77)。足利学校が易筮で知られるようになったことには、易の筮法を習得した者に伝授状が付与されたことや、学校の儒学中心の学問教育が易占いに用いる儒学書の『易経』を解釈するためには必要であったことが関係していたと考えられる。

戦国大名たちが易占いを用いたのは、彼らの周辺に学問に優れた僧侶等がおり、それらのなかに易筮を習得した者がいたことが理由の一つである。武田信玄の場合、学問に熱心であった信玄の周囲に易筮を習得した優秀な儒学者の僧侶がいたためであろう。また島津家の黄友賢は、日本に来て薩南学派に儒学を教授した後、島津家に仕えるようになってからも、易筮で占うだけでなく家中で儒学も教えていたと考えられる。易占いは儒学の学問と合わせて考える必要がある。

注

（1）一五四九年十一月五日（天文十八年十月十六日）付、フランシスコ・ザビエル書翰（東京大学史料編纂所編『日本関係海外史料　イエズス会日本書翰集　譯文編之一（上）』〔東京大学、一九九一年〕二九）。

（2）足利衍述『鎌倉室町時代之儒教』（日本古典全集刊行会、一九三二年、有明書房、復刻版一九七〇年）、川瀬一馬『増補新訂 足利学校の研究』（講談社、一九七四年、〈新装版〉吉川弘文館、二〇一五年）、結城陸郎『足利学校の教育史的研究』（第一法規出版、一九八七年）、和島芳男『日本宋学史の研究 増補版』（吉川弘文館、一九八八年）、前澤輝政『足利学校―その起源と変遷』（毎日新聞社、二〇〇三年）、拙稿「足利学校の学問と教育」（同『日本中世の学問と教育』同成社中世史選書、同成社、二〇一四年）等。

（3）今泉淑夫「足利学校学徒表稿」（『日本歴史』四二八号、一九八四年）、橋本芳和「近世初頭の足利学校庠主に関する基礎的研究」（『政治経済史学』二二八号、一九八五年）、倉澤昭壽「足利学校庠主年譜稿」（『学校』三号、二〇〇三年）、同「足利学校学徒考」（『学校』四号、二〇〇四年）等。

（4）川瀬注（2）著第三章「室町時代における足利学校の教学目的とその存在意義」、小和田哲男『軍師・参謀』（中公新書、中央公論社、一九九〇年）八九頁、同『戦国大名と読書』（柏書房、二〇一四年）一二五頁。

（5）拙稿注（2）論文。

（6）唐の李筌著『太白明経』（神機制敵太白明経）、北宋の曽公亮・丁度撰『武経総要』と許洞撰『虎鈐経』（以上は、劉楽賢・彭明哲主編『傳世藏書・子庫・兵書』〔海南国際新聞出版中心誠成文化出版有限公司〔湖南〕、一九九五年〕に収載）、明の茅元儀撰『武備志』（『和刻本明清資料集』第四集、第五集、古典研究会、一九七四年）。

（7）『群書類従 第二十輯』（続群書類従完成会、訂正三版）。

（8）『日本文徳天皇実録』『公卿補任』。

（9）『上杉系図』（『続群書類従 第六輯下』）、「上杉家文書」応永二十六年八月二十八日将軍足利義持袖判御教書。

（10）「長徳寺所蔵文書」。結城注（2）著二〇頁に写真を掲載。

（11）国立公文書館内閣文庫所蔵「榊原家所蔵文書」（『栃木県史 史料編 中世三』〔栃木県、一九七八年〕「榊原家所蔵文書」二）。

（12）和島注（2）著、拙稿注（2）論文。

（13）中国の古典の書物については、竹内照夫『四書五経』（東洋文庫、平凡社、一九六五年）、近藤春雄『中国学芸大事典』（大修館書店、一九七八年）、大庭脩・王勇編『日中文化交流史叢書9 典籍』（大修館書店、一九九六年）、張小鋼『中国人と書物―その歴史と文化』（あるむ、二〇〇五年）等を参照。

（14）古辞書の『下学集』（元和三年〔一六一七〕刊本）に「三註蒙求・胡曾詩・千字文」とある。『古辞書叢刊〈第二〉元和三年版 下学集』（山

田忠雄監修・解説、新生社、一九六八年）一四三頁。
(15) 近藤注(13)著二七七頁。
(16) 桂菴玄樹著『桂菴和尚家法倭点』に「六経者五経加孝経也」とある（東京大学史料編纂所編『大日本史料　第九編之一』〔東京大学出版会、一九二八年、覆刻一九八六年〕永正五年六月十五日条）。
(17) 足利学校に伝えられた「礼記集説」の巻一・二・三・五の巻末の識語に、「能化肥後之産天矣」や「能化天矣」とあり、また、北条氏政が永禄三年に寄進した宋刊『文選』巻二四・五七の巻末識語に「能化九華」とみえる（川瀬注(2)著八三・九三頁）。
(18) 『孟子』巻五。
(19) 足利学校遺蹟図書館所蔵『住持世譜略』（『足利市史　下巻』〔足利市役所、一九二九年〕二七四頁）、足利注(2)著、川瀬注(2)著等による。
(20) 『清溪稿』所載の熙春龍喜の偈（『続群書類従　第十三輯』続群書類従完成会、訂正三版）。なお、三要の事績については、東京大学史料編纂所編『大日本史料　第十二編之九』（一九〇六年、覆刻、東京大学出版会、一九七一年）慶長十七年五月二十日条、川瀬注(2)著、倉澤「足利学校庠主年譜稿」（注(3)）等を参照。
(21) 『羅山林先生詩集』巻六（京都史蹟会編、平安考古学会、一九二〇年）八八頁。
(22) 渡辺世祐『豊太閤の私的生活』（日本文化名著選、創元社、一九三九年）第四章「豊臣秀次」。
(23) 『言経卿記』慶長二年十月二十四日、同三年三月三十日、四月四・十一日、五月十四日、六月五日、七月九・二十日、九月三日、十一月十七日条。倉澤「足利学校庠主年譜稿」（注(3)）で指摘。
(24) 『言経卿記』慶長三年六月二十一日条。
(25) 「円光寺由緒之覚」（『円光寺文書』）（東京大学史料編纂所編『大日本史料　第十二編之九』〔注(20)〕八四三頁）。
(26) 川瀬一馬『増補古活字版之研究』中巻（The Antiquarian Booksellers Association of Japan　一九六七年）六九四〜六九八、九五二頁、川瀬注(2)著一〇八頁。
(27) 「下毛埜州学校由来記」（東京大学史料編纂所編『大日本史料　第十二編之九』〔注(20)〕八四五頁）。
(28) 『大日本古文書　家わけ第八　毛利家文書之三』（東京帝国大学、一九二二年）一一七四号。
(29) 拙稿「足利学校の学問と教育」（注(2)著、九七頁）。

(30) 川瀬注(2)著、一〇七頁。
(31) 東京大学史料編纂所編『大日本史料　第十二編之四』(一九〇三年、覆刻、東京大学出版会、一九六九年)慶長十二年五月十一日条。
(32) 東京大学史料編纂所編『大日本史料　第十二編之五』(一九〇四年、覆刻、東京大学出版会、一九六九年)慶長十三年正月十一日条。
(33) 東京大学史料編纂所編『大日本史料　第十二編之九』(注(20))慶長十七年五月二十日条。
(34)『鍋島勝茂譜考補』(東京大学史料編纂所編『大日本史料　第十二編之九』〔注(20)〕八四六頁)。
(35) 一五五二年一月二十九日(天文二十一年一月四日)付、フランシスコ・ザビエル書翰(東京大学史料編纂所編『日本関係海外史料　イエズス会日本書翰集　譯文編之一(下)』〔東京大学、一九九四年〕四七)。拙著『日本人の生活文化〈くらし・儀式・行事〉』(吉川弘文館、二〇〇八年)九五頁で引用。
(36) 足利注(2)著。
(37) 小和田哲男『呪術と占星の戦国史』(新潮選書、新潮社、一九九八年)。
(38) 拙著『占いと中世人—政治・学問・合戦』(講談社現代新書、講談社、二〇一一年)。
(39) 恵林寺については、『恵林寺の文化財と歴史』(野澤公次郎執筆、(財)信玄公宝物館、二〇〇〇年)、『山梨県史　通史編2　中世』(山梨県、二〇〇七年)七三三〜七四六頁を参照。
(40)『山梨県史　資料編6　中世3上　県内記録』(山梨県、二〇〇一年)。
(41)『山梨県史　資料編6　中世3上　県内記録』(注(40))二六〇頁。
(42)『山梨県史　資料編6　中世3上　県内記録』(注(40))二七一頁。
(43)『山梨県史　資料編6　中世3上　県内記録』(注(40))二六六頁。
(44) 足利注(2)著。
(45) 今井宇三郎『新釈漢文大系　第二三巻　易経(上)』(明治書院、一九八六年、再版一九八九年)「易経解題」。
(46)『山梨県史　資料編6　中世3上　県内記録』(注(40))二六七頁。
(47) 柴辻俊六・黒田基樹編『戦国遺文　武田氏編　第一巻』(東京堂出版、二〇〇二年)六〇二号。

(48)　今井宇三郎『新釈漢文大系　第二四巻　易経（中）』（明治書院、一九九三年）九一八～九二〇頁参照。

(49)　『易経（上）』（岩波文庫、髙田真治・五島基巳訳、岩波書店、一九六九年、第五〇刷二〇〇七年）九七～九九頁、今井宇三郎『新釈漢文大系　第二三巻　易経（上）』（注(45)）一六一頁。ここでは、前者の解釈の方がこの願文の内容と合うので、前者の訳を参考にした。

(50)　東京大学史料編纂所編『大日本古文書　家わけ十二ノ三　上杉家文書之三』（東京大学出版会、一九六三年、覆刻一九八一年）一一二三号。

(51)　柴辻俊六・黒田基樹編『戦国遺文　武田氏編　第一巻』（注(47)）六七〇号。

(52)　今井宇三郎『新釈漢文大系　第二四巻　易経（中）』（注(48)）九二〇頁、『周易正義（十三経注疏）』（北京大学出版社［北京］、二〇〇〇年）二二六頁。

(53)　柴辻俊六・黒田基樹編『戦国遺文　武田氏編　第三巻』（東京堂出版、二〇〇三年）一五三九号。

(54)　柴辻俊六・黒田基樹編『戦国遺文　武田氏編　第三巻』（注(53)）一五一七号。

(55)　柴辻俊六・黒田基樹編『戦国遺文　武田氏編　第一巻』（注(47)）八五一号、（永禄六年ヵ）十二月十七日武田家朱印状（内閣文庫所蔵「諸州古文書」）。

(56)　柴辻俊六・黒田基樹編『戦国遺文　武田氏編　第三巻』（注(53)）二〇九七号。

(57)　柴辻俊六・黒田基樹編『戦国遺文　武田氏編　第三巻』（注(53)）二一一八号（小幡洋資氏所蔵「上野国一宮由緒願書」）。

(58)　酒井憲二編著『甲陽軍鑑大成　第一巻　本文篇上』（汲古書院、一九九四年）。

(59)　同右、八一頁。

(60)　小和田『戦国大名と読書』（注(4)）七七頁。

(61)　岡田脩『六韜・三略』（中国古典新書、明徳出版社、一九七九年）。

(62)　劉楽賢・彭明哲主編『傳世藏書・子庫・兵書』（注(6)）一七六～一七九頁。

(63)　劉楽賢・彭明哲主編『傳世藏書・子庫・兵書』（注(6)）六二九～六三二頁。

(64)　『日本国語大辞典　第二版　2』（小学館、二〇〇一年）六〇七頁。

(65)　劉楽賢・彭明哲主編『傳世藏書・子庫・兵書』（注(6)）七五二～七五三頁。

(66) 姶良市デジタルミュージアムのサイト（江夏友賢墓｜姶良市デジタルミュージアム）（令和六年十月二十二日閲覧）。

(67) 東京大学史料編纂所編『大日本史料　第十二編之七』（東京大学出版会、一九〇五年、覆刻一九七〇年）三八六頁。

(68) 連江県地方志編纂委員会編『連江県志』（方志出版社［北京］、二〇〇一年）。

(69) 復旦大学歴史地理研究所《中国歴史地名辞典》編委会『中国歴史地名辞典』（江西教育出版社［南昌］、一九八八年）三三八頁、皮明庥主編『武漢通史・秦漢至隋唐巻』（武漢出版社［武漢］、二〇〇六年）二九・四七頁。

(70)『大日本古記録　上井覚兼日記』上・中・下（岩波書店、第二刷一九九一年）。

(71) 中村璋八・古藤友子『周易本義』（中国古典新書続編、明徳出版社、三版二〇〇五年）「解説」参照。

(72) 今井宇三郎『新釈漢文大系　第二三巻　易経（上）』（注(45)）三八八頁。

(73) 今井宇三郎『新釈漢文大系　第二三巻　易経（上）』（注(45)）三八九〜三九一頁。

(74) 藪田曜山『訳注　梅花心易〔家伝邵康節先生心易卦数〕』（三密堂書店、二版一九八三年）に訳・註・解説がある。心易については同書を参照。

(75) 今井宇三郎『新釈漢文大系　第二三巻　易経（上）』（注(45)）三〇四頁。

(76) 拙著『占いと中世人―政治・学問・合戦』（注(38)）第五章「戦国の世と占い」2で詳述した。

(77) 第七世庠主九華の永禄十一年（一五六八）二月の占筮伝承系図が慶應義塾図書館に所蔵されており、これが易筮の伝授状に相当する。川瀬注(2)著口絵四四頁、史跡足利学校事務所・足利市立美術館編『足利学校―日本最古の学校　学びの心とその流れ―』（足利市教育委員会、二〇〇四年）四四頁に写真を掲載。

付図1　将軍足利家・日野家関係系図

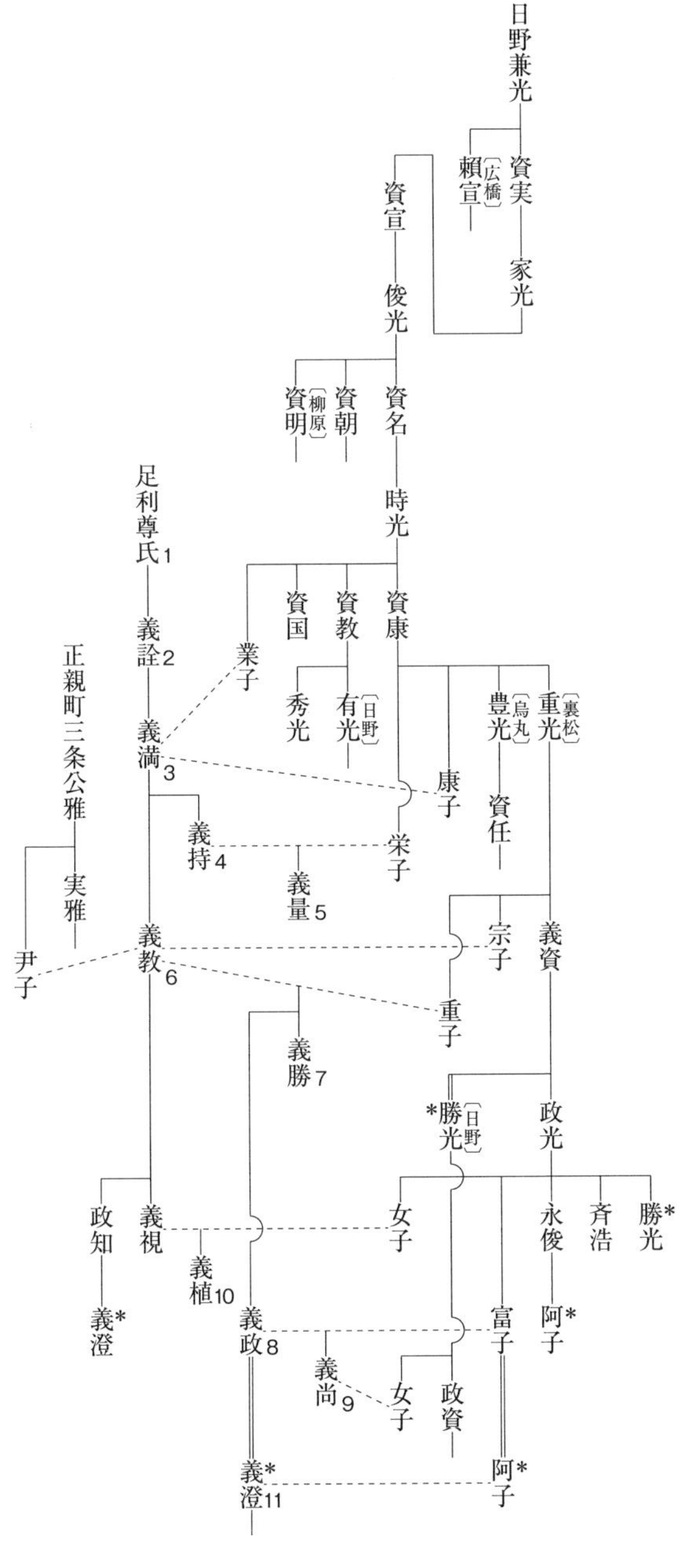

注　-----は婚姻　═══は養子。＊は二ヵ所に名前がある。数字は室町幕府将軍の代。

付図2　伊勢氏略系図

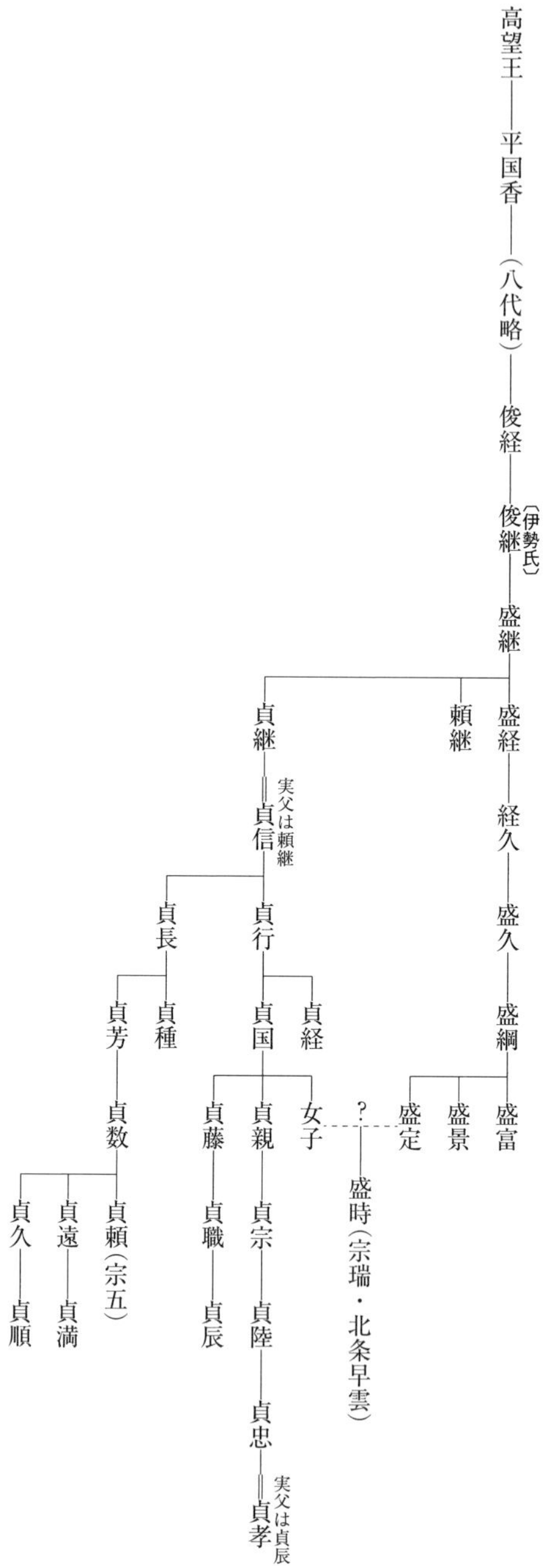

注　═は養子　……は婚姻。出典：『尊卑分脈』をもとに作成し、一部では『北条系図』も参照。

あとがき

私が家族や法学・法制史に強い関心を持つようになったのは、四〇歳を過ぎてからである。二〇代、三〇代のころは、公家領荘園や公家社会を中心に研究し、ときどき旗やお伽草子など文化史関係の論文等を書いていた。東京女子大学を卒業して早稲田大学大学院文学研究科博士前期課程史学専攻に入学し、中世史の瀬野精一郎先生のゼミが「家」をテーマに取り上げたときには、高群逸枝について報告したことはあったが、それが家族や女性史の研究に結びつくことはなかった。

三〇代のころに、東京女子大学・早稲田大学・和光大学等で非常勤講師として授業を担当する機会を得た。なかでも、その後の研究の幅を広げる意味でも大変役に立ったのが、一九九三年度から二〇一七年度までの二五年間担当していた和光大学の授業である。私は早稲田大学大学院在学時に経済学研究科の永原慶二先生の授業にも四年間出席し、『政基公旅引付』等をご一緒に読んだが、永原先生が和光大学を定年退職されるときに、「あなたは史料が読めるから」と私に言われて、三コマの授業のうちの二コマをくださった。一つは古文書のくずし字を読む授業で、もう一つは、のちに共通教養の科目として科目名が「日本の中世社会―史料を読む」になった授業である。

この「日本の中世社会―史料を読む」では副題を自由に決めて講義することができたので、私は毎年違うテーマを取り上げることにし、中世史に関わる異なるテーマを毎年選んだ。その範囲は、中世の諸文化から政治・経済・法制、関東甲信越辺の地域史・戦国大名、文化比較・交流史、対外交渉史に至るまで、自分自身の勉強も含めて幅広く扱い、学生たちには関係する史料を提示して、彼らが理解しやすいように読み下して解説をした。本書第Ⅲ部第二章の「国法」の解釈をめぐる論文は、この授業の準備のために史料を読んでいて気がついたのがそもそもの発端である。

この「日本の中世社会―史料を読む」で最初に法関係を取り上げたのは二〇〇三年度で、副題を「法と生活」とし、前期に中世の法全般を、後期に徳政令等の金融関係の法を中心に講義をした。この年に和光大学で法関係の授業テーマを選んだ理由はおそらく、この二〇〇三年度から学習院女子大学で日本文化学科の「日本社会制度史」の授業を担当しており、学習院女子大学の授業内容に合わせて和光大学の前期を同内容の講義にしたと思われる。しかし、法に以前から関心があったことは確かである。私は中学・高校生のときは数学が大好きで、高校では理科系のクラスにいたが、法には数学に通じる論理的な思考が感じられ、どことなく惹かれるところがあった。そのため、中世の法について授業で取り上げて自分も勉強したいと考えていたのである。

ところが、学習院女子大学の「日本社会制度史」で半分は法制史的な話をしたものの、自分の法学に関する知識不足を感じ、法学を本格的に勉強したいと思い、ついでに以前から勉強したいと思っていた政治学と経済学も学べる大学の通信教育部を探した。スクーリング時の通学時間も合わせて考え、一時間以内で行くことのできる日本大学通信教育部法学部政治経済学科を選んで二〇〇四年度に編入学をした。政治学と経済学は必修科目があったが、法学は選択必修で、私は最初に家族法の科目を選択して単位を取得した。このころ家族法について関心があったからである。経済学の必修科目（マクロ経済学・ミクロ経済学）はほとんど数学の世界で、市販の問題集を買って勉強をし、なんとか科目試験に合格することができた。通信教育部法学部では三年間で必要な単位を取得して卒業し、学士（法学）になった。瀬野先生への手紙にこの通信教育部法学部卒業のことを書いてお伝えすると、先生はお返事に、「法学士になられたのですね」と書いてこられ、喜んでおられるように思えた。

この通信教育のスクーリングで聴講した授業のなかで、一番面白いと感じたのが、国際政治と国際法である。私の研究の関心の目が以後グローバルな国際社会に向けられる直接の契機になった。また、この国際法の講義では、成文化されていない慣習法というものが存在していたことを初めて知った。

家族史や「家」への関心は、私が一九九九年度から総合女性史研究会（現、総合女性史学会）の役員（編集委員）を一〇年間務めていたことと関係する。この研究会の諸姉に啓発されて、史料に書かれている女性や家族に着目するようになった。二〇〇〇年度後期から二年半担当した川村学園女子大学の「家庭経済論」では、家族関係を中心に講義をし、同大学ではその後複数回「家族史」の授業を担当した。また、夫婦や家族に関しては私の個人的な体験も深く影響している。私は結婚していたときに悲しい出来事があり、結局自分自身の家族を作ることができなかったが、このことが私に夫婦や家族について多角的に考えさせることとなった。

私が総合女性史研究会の役員になった当時では、中世後期の女性は財産の相続権を持たず、離婚権もなかったとする考え方が主流であった。しかし、私には家族の心情から考えてもそれらはあり得ず、愛する娘が貧困化して遊女に身を落とすのを父親が黙って見ていられようかという気がした。また、離婚に関しても、妻が不当な扱いをされてこの不幸な状態から逃れたいと思ったならば、離婚を禁止されていようとも必死で逃げ出す努力をするはずであると考えた。さらに、密懐法についても、当時の研究では夫の成敗権や妻の地位低下と関係させて解釈する傾向にあったが、私にはシェークスピアの『オセロウ』が思い起こされ、夫が妻の不倫を疑ったならば冷静でいられるはずもなく、怒りと嫉妬心で逆上するのではないかと思われた。中世の夫も父も我々と同じ感情を持つ人間であり、夫婦や家族のことに関しては、その心の動きを想像して考えてみる必要がある。本書に収めた家族と法に関する論文は、こうした疑問から始まって諸史料を検討し直し考察したものである。

本書のいくつかの論考では、イエズス会関係史料や中国の文献資料も用いて考察している。これらは先述した国際社会への関心とつながるが、実はその下地はすでにそれ以前から存在していた。私の母珠子（学習院女子大学名誉教授）の専門が西洋服飾史で、家には西洋・日本の服飾史関係の本のほかに西洋美術や西洋文化史に関する本もあり、また、母は西洋美術関係の展覧会に私をよく連れて行ってくれた。私はこの母の影響で大学一年の前期までは西洋史を専攻するつもりでいたのであるが、その年の夏休みに、アメリカ合衆国のワシントン・D・Cに当時に住んでいた地質学者の叔父とその家族とともに、ワシントン・D・Cから出発して東海岸の都市（フィラデルフィア、ニューヨーク、ボストン等）を車で旅行して廻り、その後、カナダのバンクーバーにも立ち寄った。私はこの旅行で、改めて日本文化の美しさ、すばらしさに気づかされ、日本史を専攻する道を選んだのである。在学していた東京女子大学（家の近くにあった）はキリスト教のプロテスタントの大学で、必修科目にキリスト教学があり、学内の教会でのキリスト教関係の催しに参加したこともあった。しかし正直なところ、私は大学のモットーであるService & Sacrificeに少々違和感を覚えていた。それは西洋のキリスト教文化と日本の文化・思想との根本的な違いから来るものであった気がする。

キリスト教カトリックのイエズス会関係の史料については、和光大学の二〇〇四年度の授業で副題を「西洋人からみた日本」として取り上げ、その後、学習院女子大学・成蹊大学・法政大学の授業でも取り上げて、拙著『日本人の生活文化〈くらし・儀式・行事〉』（吉川弘文館、二〇〇八年）にもまとめた。

中国文化への関心については、私の母方の祖母の実家川口家が福岡県八女の漢学者の家で、祖母（歌人で平安文学を研究していた）の父川口深造は『稿本八女郡史』（大正六年刊）の編著者であり、私も子孫として漢学の知識を身につけておこうと思い『論語』等の儒学書を読んでいた。そのようなか、中国語講師の中国人の友人から聞いた中国の話に興味を持ち、ラジオ講座で毎日英語を聴いていたついでに、そのすぐ後の中国語の番組も聴き始めた。そして、発音の難しさなどから、中途半端な姿勢では習得できないと考え、本腰になって独学で中国語の勉強を始めた。中国語は日本の中世の漢文と語句などで共通する部分があり、読む方は上達が早かった。本書第Ⅲ部第三章は、中国語が読めるようになったころに書いた論文である。

その後、私が中国語を勉強していることを知った友人の紹介により、吉原浩人先生の早稲田大学日本宗教文化研究所と、中国杭州の浙江工商大学東亜研究院、韓国の蔚山大学日本語日本学科の共催で、毎年持ち回りで開催していた国際シンポジウム「東アジア文化交流」に、二〇一六年と二〇一九年の二回、浙江工商大学で開催されたときに参加して研究発表をした。また、中国には大きなシルク博物館が二つあり、このシンポジウムとは別のときに、上海（友達の友達が案内してくれた）から一人で高速鉄道に乗って杭州の中国シルク博物館を訪れ、また、蘇州のシルク博物館等には完全に一人旅で訪れた。これらの中国旅行では、中国の一般の人々は都会の日本人よりも親切で人間的な温かさを持っているように思われた。上海の地下鉄では、駅や車内で知らない人とも普通に会話をし、日本の車内の静けさ、無関心さとはだいぶ異なった、どこか家族的で庶民的な雰囲気が車内には漂っていた。どこの国でも、実際に行ってみないとその国と人々の本当の姿はわからないものである。

この中国語のおかげで、今年二〇二四年の八月には、北京で開催された旗章学協会国際連盟（FIAV）主催の第三〇回国際旗章学会議（ICV30）に日本旗章学協会のメンバーとして参加し、私は英語でペーパー・プレゼンテーションを行なって、最高賞の The Whitney Smith Award を受賞した。この国際会議では、中国やアメリカ、フランス、オーストラリア、インド等の各国の人々と旗を通して交流することができ、また、私の研究内容が国際社会では公正な方法で人種・性別・外見とは関係なく評価していただけたという思いがして、この受賞が本当に嬉しく感じられた。

本書は、二〇〇六年から二〇二一年までに刊行された拙稿論文等のうち、家族・親族、婚姻関係、法、戦国大名に関する論文（一部は改稿）に、新稿の家族・親族と関係する天皇近臣の公家衆についての論文と、序章に新稿の中世の家族制度・法の研究史的論文を加えたものである。この一五年の間には、ほかに陰陽道、服飾史、旗、お伽草子等の文化史関係の論文も少なからず執筆・刊行しているが、これらは本書には収録しなかった。

本書の刊行にあたっては、吉川弘文館の方々にいろいろとお世話になった。また、瀬野精一郎先生が最初の拙著『中世公家の経済と文化』の出版のときに私を吉川弘文館に紹介してくださったことが、現在のこの出版のご縁につながったといえる。今は亡き瀬野先生の多大な御恩に感謝申し上げるばかりである。

二〇二四年一一月

菅原正子

初出一覧

序章　新　稿

第Ⅰ部

第一章「将軍足利義満と公家衆」（『日本史研究』五七三号、二〇一〇年）を少々修正した。

第二章「家司になった人々―日野家の家司を中心に―」（日本史史料研究会監修、中脇聖編著『家司と呼ばれた人々　公家の「イエ」を支えた実力者たち』ミネルヴァ書房、二〇二一年）に加筆・修正と注を加えて改稿した。

第三章　新　稿

第Ⅱ部

第一章「中世後期における相続と家族法」（『日本歴史』六九七号、二〇〇六年）に加筆・修正を加えた。

第二章「中世後期の婚姻形態と居住」（『総合女性史研究』二六号、二〇〇九年）に加筆した。

第三章「嫁迎えの伊勢流武家故実の成立」（『歴史読本』五五巻一〇号、二〇一〇年）に加筆・修正と、「「北条宗哲覚書」にみえる嫁入り」と注を加えて改稿した。

第Ⅲ部

第一章「戦国大名の密懐法と夫婦―家父長権力再考―」（『歴史評論』六七九号、二〇〇六年）に少々修正を加えた。

第二章「戦国大名と「国法」―武田・北条氏領国の場合―」（『武田氏研究』三六号、二〇〇七年）に少々修正を加えた。

第三章　「戦国大名の「法度」と分国法—中国の法典と比較して—」（法政大学経済学部『経済志林』八〇巻三号、二〇一三年）に少々修正を加えた。

第四章　「戦国武将と易占い」（赤澤春彦編『新陰陽道叢書　第2巻　中世』名著出版、二〇二一年）に加筆・修正と表「六十四卦」を加えた。

菅原正子著

中世公家の経済と文化

〈オンデマンド出版〉Ａ5判・四〇八頁
一二五〇〇円

中世において公家は、最大の転換期を迎えた。重要な経済的基盤である荘園経営の実態と変遷を、家政機構などに焦点をあて、緻密な史料分析により解明。また公家文化である家業などをとりあげ、中世公家と社会の特質を究明。

中世の武家と公家の「家」

〈オンデマンド出版〉Ａ5判・三三四頁
一一五〇〇円

中世に成立した「家」とは何か。旗や家紋、家業を継いだ女性、所領の運営、年中行事や人生儀礼などを通して、「家」の成立を考察。武家と公家、二つの社会集団・身分階級の「家」の実態を、文化と経済の両面から解き明かす。

日本人の生活文化 くらし・儀式・行事

四六判・一八六頁
一九〇〇円

私たちが「日本の伝統文化」とする風習は、本当に古来から続くものなのか。イエズス会士が驚いた男色・夫婦別財などの慣習、ひな祭りや七五三、結婚式などの本来の姿を明らかにし、日本固有の文化とは何かを探り出す。

吉川弘文館
（価格は税別）

著者略歴

一九五九年　東京都に生まれる
一九八九年　早稲田大学大学院文学研究科博士後期課程単位取得退学、博士（文学）
日本学術振興会特別研究員、和光大学非常勤講師等を経て
現在　学習院女子大学非常勤講師

〔主要著書・論文〕
『中世公家の経済と文化』（吉川弘文館、一九九八年）
『中世の武家と公家の「家」』（吉川弘文館、二〇〇七年）
『占いと中世人―政治・学問・合戦―』（講談社現代新書、二〇一一年）
『日本中世の学問と教育』（同成社、二〇一四年）
「中世の即位式における天皇・公家・女官の礼服―中国王朝の冕服と関連して―」（『国際服飾学会誌』四六、二〇一四年）

中世の家族と政治・法

二〇二五年（令和七）二月十日　第一刷発行

著　者　菅《すが》原《わら》正《まさ》子《こ》
発行者　吉　川　道　郎
発行所　株式会社　吉川弘文館
郵便番号一一三―〇〇三三
東京都文京区本郷七丁目二番八号
電話〇三―三八一三―九一五一〈代〉
振替口座〇〇一〇〇―五―二四四番
https://www.yoshikawa-k.co.jp/

印刷＝株式会社 三秀舎
製本＝株式会社 ブックアート
装幀＝山崎　登

ISBN978-4-642-02995-7

索　　引

I 人　　名

あ 行

さ　行

た　行

な　行

は　行

ま　行

や　行

ら 行

わ 行

Ⅱ 史 料 名

あ 行

か 行

さ　行

た　行

な 行

は 行

ま 行

や 行

ら 行

わ 行